TRAINING

Haupt-/Mittelschule

Arbeit · Wirtschaft · Technik
9. Klasse

Josef Seger

STARK

Bildnachweis

© 2019 Stark Verlag GmbH
www.stark-verlag.de
1. Auflage 2007

Inhalt

Vorwort

Autor: Dr. Josef Seger

Vorwort

Liebe Schülerin, lieber Schüler,

mit diesem Trainingsbuch kannst du im Fach **Arbeit-Wirtschaft-Technik (AWT)** die zentralen Lerninhalte der 9. Klasse selbstständig üben und wiederholen.

▶ Die **Kapitel** enthalten eine Vielzahl von **anschaulichen Materialien**. Lies dir zunächst die Texte aufmerksam durch. Dort wird der Unterrichtsstoff verständlich erklärt. Wichtige Begriffe sind dabei farbig hervorgehoben. Anhand von **über 300 Aufgaben** kannst du die wesentlichen Inhalte dann einüben und festigen. Die vielfältigen Abbildungen, Fallbeispiele und Rätsel sorgen beim Üben für Abwechslung.

▶ Nachdem du alle Kapitel durchgearbeitet hast, kannst du mit den anschließenden **Übungsaufgaben** dein **Wissen** unter Beweis stellen. Die Übungsaufgaben bieten dir gleichzeitig einen Überblick darüber, welche Themenbereiche du noch vertiefen musst.

▶ Zu allen Aufgaben findest du am Ende des Buches **ausführliche Lösungsvorschläge**. Hier kannst du überprüfen, ob du erfolgreich gearbeitet hast. Versuche aber, jede Aufgabe zunächst selbstständig zu lösen, und schlage erst zur Kontrolle deiner Ergebnisse in der Lösung nach.

Viel Erfolg und Freude bei der Arbeit mit diesem Buch!

Dr. Josef Seger

Arbeit, Beruf und Recht

1 Wege in den Beruf

Bevor man nach der Schule ins Berufsleben startet, sollte man sich zunächst einige grundlegende Gedanken machen. Für die Berufswahl sind deshalb drei Schritte wichtig.

Informieren	→	Entscheiden	→	Verwirklichen
Betriebspraktikum		Liegt mir der Beruf?		Bewerbung
Eltern, Freunde		Bin ich dafür geeignet?		Test
BIZ				Vorstellung
AWT-Unterricht				Vertragsabschluss

In manchen Berufszweigen gibt es mehr Bewerber als offene Lehrstellen, deshalb muss man immer mit Absagen rechnen. Bei der Berufsinformation und -entscheidung ist es deshalb wichtig, sich verschiedene Möglichkeiten offenzuhalten und sich nicht nur auf einen einzigen Beruf festzulegen. Besonders schwierig ist es in sogenannten **Traumberufen** wie z. B. Kfz-Mechatroniker oder Kauffrau für Bürokommunikation. Hier steht einer sehr großen Anzahl von Bewerbern eine begrenzte Zahl von Ausbildungsstellen gegenüber. Wer also flexibel ist und mehrere **Alternativen** hat, der besitzt größere Chancen als jemand, der einseitig auf nur einen Beruf bzw. eine Stelle festgelegt ist.

Große Bedeutung für die Berufswahl hat natürlich der Schulabschluss.
Die Haupt-/Mittelschule bietet drei Abschlüsse:
▶ Mittlere Reife (M-10)
▶ Qualifizierender Hauptschulabschluss
▶ Erfolgreicher Hauptschulabschluss

Erreicht man keinen dieser Abschlüsse, bleibt die Möglichkeit, sich ein Hauptschulzeugnis ohne Abschluss ausstellen zu lassen. Je qualifizierter allerdings der Schulabschluss ist, desto größer sind die Chancen auf einen Ausbildungsplatz im Wunschberuf.

Folgende Möglichkeiten bieten sich für Hauptschüler:

1. Berufsausbildung in einem **Ausbildungsberuf** (vgl. Kap. 2, Seite 6)

2. Besuch einer **Berufsfachschule:** Zu unterscheiden sind hier zwei Formen: Es gibt Berufsfachschulen, die in zwei Jahren eine praktische und theoretische Ausbildung im Vollzeitunterricht bieten. Anschließend muss noch für ein Jahr eine betriebliche Ausbildung absolviert werden, erst dann hat man einen Berufsabschluss erreicht. Zum andern gibt es Berufsfachschulen, die zu einer abgeschlossenen Berufsausbildung führen. Schließt man diese Ausbildung mit einem Notendurchschnitt von mindestens 3,0 und ausreichenden Englischkenntnissen ab, erwirbt man zugleich den mittleren Schulabschluss (Quabi).

3. **Berufsgrundschuljahr** (BGJ): Für bestimmte Berufe wie z.B. Hauswirtschafter/in oder Holztechniker/in ist in Bayern ein Berufsgrundschuljahr vorgeschrieben. Im BGJ übernimmt die Berufsschule neben der fachtheoretischen auch die fachpraktische Ausbildung des ersten Lehrjahrs. Ab dem zweiten Jahr wechselt die Ausbildung zwischen Betrieb und Berufsschule.

4. **Berufsvorbereitungsjahr** (BVJ): Wer keine Ausbildungsstelle bzw. Arbeitsstelle erhält, der muss für ein Jahr im Vollzeitunterricht die Berufsschule besuchen. Dabei wird auf eine Berufsausbildung oder eine berufliche Tätigkeit vorbereitet.

5. **Ungelernter:** Wer gleich nach der Schule eine Stelle als Ungelernter annimmt, der muss im ersten Jahr einmal in der Woche die Berufsschule besuchen.

1 Welche drei Schritte sind bei der Berufswahl wichtig?

_____   _____   _____

2 Der Berufswahl vorangestellt ist zunächst einmal die Informationsbeschaffung. Wo kannst du dich über verschiedene Berufe informieren?
Kreuze die richtigen Lösungen an.

☐ Betriebspraktikum   ☐ Schulamt

☐ BIZ   ☐ Stadtverwaltung

☐ Pfarramt   ☐ Eltern, Freunde

☐ Redaktion der Lokalzeitung   ☐ Volkshochschule

☐ AWT-Unterricht   ☐ Polizei

3 Alle Schülerinnen und Schüler denken am Ende ihrer Schulzeit darüber nach, welchen Ausbildungsberuf sie gerne erlernen möchten. Oft legen sie sich dabei auf einen einzigen Berufswunsch fest und ziehen keinerlei Alternativen in Betracht.
Nimm Stellung zu der folgenden Aussage. Stimmst du ihr zu? Begründe deine Antwort.

Seine Chancen, einen Ausbildungsplatz zu bekommen, erhöht derjenige, der nicht nur seinen Traumberuf in Betracht zieht, sondern sich auch alternative Berufe überlegt.

Ich stimme zu: ☐ ja   ☐ nein

Begründung: _____

_____

_____

_____

4 An der Haupt-/Mittelschule kann man drei verschiedene Abschlüsse erwerben.

a Welche Abschlüsse sind das?

_____

_____

_____

b Peter und Max bewerben sich beide um eine Lehrstelle als Mechatroniker in der gleichen Firma. Peter hat den Quali geschafft, Max den Erfolgreichen Hauptschulabschluss. Obwohl beide im Zeugnis in Mathematik, die für diesen Beruf sehr wichtig ist, eine Drei haben, bekommt Peter die Lehrstelle. Max versteht die Welt nicht mehr.
Kannst du ihm erklären, warum Peter die Stelle erhielt?

_____

_____

_____

_____

5 Welche zwei Formen der Berufsfachschulen gibt es, und wie unterscheiden sie sich?

_____

_____

_____

_____

6 **a** Was bedeutet die Abkürzung BGJ?

_____

b Lies die folgenden Aussagen zum BGJ und kreuze jeweils an, ob die Aussage zutrifft oder nicht.

Im BGJ ...

	trifft zu	trifft nicht zu
geht man im ersten Jahr nur in den Betrieb.	☐	☐
besucht man im ersten Jahr nur die Berufsschule.	☐	☐
lernt man drei Jahre lang entweder in einem Betrieb oder in einer speziellen Berufsschule.	☐	☐
wechselt ab dem zweiten Jahr die Ausbildung zwischen Betrieb und Berufsschule.	☐	☐
kann der Auszubildende zwischen theoretischer und praktischer Ausbildung wählen.	☐	☐

7 **a** Was bedeutet die Abkürzung BVJ?

_____

b Ergänze den Lückentext zum BVJ:

Wer keine _____ bzw. Arbeitsstelle erhält, der

muss für _____ Jahr im _____ die Berufsschule

besuchen.

8 Welche Aussage ist richtig? Kreuze an.

☐ Wer nach dem Schulabschluss sofort eine Arbeit als Ungelernter annimmt, ist von der Berufsschulpflicht befreit.

☐ Ein Ungelernter muss jede Woche drei Tage in die Berufsschule und an
zwei Tagen in die Arbeit.

☐ Ein Ungelernter muss im ersten Jahr einmal wöchentlich zur Berufsschule.

9 Dein Freund bekommt in seinem Traumberuf Kfz-Mechatroniker keine Lehrstelle. Er sagt zu dir: „Das macht mir nichts, dann warte ich halt ein Jahr und
jobbe nebenbei im Supermarkt."
Was würdest du ihm als guter Freund darauf antworten?

_____

_____

_____

_____

_____

_____

_____

_____

2 Das Duale System der Ausbildung

In Deutschland beginnen rund zwei Drittel aller Jugendlichen ihren Berufsweg mit einer Berufsausbildung im **Dualen System**. Dabei erlernen sie einen von rund 350 staatlich anerkannten Ausbildungsberufen. Die Ausbildung findet an zwei Lernorten statt: im Betrieb und in der Berufsschule. Deshalb spricht man vom Dualen Ausbildungssystem (dual: von lat. *duo* = zwei).

> Das Duale System: Ausbildung im Betrieb + Unterricht in der Berufsschule

Der Unterricht in den Berufsschulen – im Durchschnitt etwa 11 Unterrichtsstunden pro Woche – findet an einem oder zwei Tagen in der Woche statt. Die übrigen drei bis vier Tage lernen die Jugendlichen im Betrieb. Etwa ein Drittel des Berufsschulunterrichts beansprucht die **Allgemeinbildung** (Deutsch, Sozialkunde, Religion), zwei Drittel entfallen auf die **Fachbildung**. In der Regel werden die Auszubildenden eines Ausbildungsberufs in **Fachklassen** zusammengefasst. Die wöchentlichen Berufsschultage können aber auch zu Blöcken zusammengezogen werden. Die Auszubildenden sind dann mehrere Wochen ausschließlich in der Berufsschule.

Die Inhalte in Betrieb und Berufsschule ergänzen einander. Der Betrieb ist dabei mehr für die **Praxis**, die Berufsschule stärker für die **Theorie** zuständig. Betrieb und Berufsschule tragen gemeinsam zu einer möglichst guten Ausbildung der Jugendlichen bei.

Für die Ausbildung im Betrieb gelten bundesweit einheitliche Regelungen. Grundlage für die Ausbildung in der Berufsschule ist der Rahmenlehrplan der Kultusministerkonferenz der Länder. Die bayerischen Lehrpläne werden durch das bayerische Kultusministerium erlassen.

In der **Ausbildungsordnung** wird bestimmt, dass in der Berufsausbildung sowohl eine breit angelegte berufliche Grundbildung als auch die zur Ausübung einer qualifizierten beruflichen Tätigkeit notwendigen Fertigkeiten und Kenntnisse (berufliche Fachbildung) vermittelt werden müssen. Den Auszubildenden muss in der Berufsausbildung auch die notwendige Berufserfahrung ermöglicht werden.

Der **Vorteil der praktischen Ausbildung** im Betrieb liegt darin, dass neue Verfahren, Maschinen, Einrichtungen und Techniken sehr viel eher kennengelernt werden als in der Berufsschule. Die Praxisnähe der betrieblichen Ausbildung garantiert außerdem die enge Bindung von Ausbildungssystem und Arbeitsmarkt. Die im Betrieb zu vermittelnden Fertigkeiten und Kenntnisse sind für jeden Ausbildungsberuf in besonderen Vorschriften festgelegt.

Manche Ausbildungsbetriebe sind von ihrer Ausstattung her nicht in der Lage, alle vorgeschriebenen Ausbildungsinhalte zu vermitteln. Wenn z. B. der Maschinenpark nicht auf dem neuesten Stand ist oder bestimmte Spezialmaschinen fehlen, dann können dem Auszubildenden möglicherweise nicht alle wichtigen Kenntnisse und Fertigkeiten beigebracht werden. Ein Betrieb verarbeitet manchmal auch nicht alle Materialien, die für einen bestimmten Ausbildungsgang notwendig sind. In diesem Fall kommt die überbetriebliche Ausbildung als Teil der betrieblichen Ausbildung zum Tragen. Sie wird von den **Kammern** (Zusammenschluss aller Betriebe eines bestimmten Handwerks, z. B. für den Einzelhandel die Handelskammer) durchgeführt, die auf diese Weise Pflichtaufgaben ihrer Mitglieder übernehmen.

Die **überbetriebliche Ausbildung** ...

▶ macht vertraut mit den neuesten technischen Entwicklungen und Erfordernissen.

▶ vermittelt Erfahrungen mit neuesten Maschinen, Materialien und Arbeitsformen.

▶ ergänzt praktische Fähigkeiten und Kenntnisse.

▶ übernimmt die Ausbildung für spezialisierte Betriebe.

Bei der überbetrieblichen Ausbildung steht das Kennenlernen der **neuesten Materialien**, **Werkzeuge** und **Techniken** im Mittelpunkt.

10 Erkläre den Begriff „Duales System".

_____

_____

11 Berufsschulen bilden nicht allein in den beruflichen Lernfeldern aus, sondern auch in allgemeinbildenden Fächern.
Welche sind das? Kreuze an.

☐ Geschichte ☐ Sozialkunde

☐ Deutsch ☐ Religion

☐ Mathematik ☐ Erdkunde

☐ AWT ☐ Musik

12 Ergänze den Lückentext:

Die _____ eines Ausbildungsberufes

werden in _____ zusammengefasst.

13 Im Dualen System bilden sowohl Berufsschule als auch Betrieb aus.
Welchen Vorteil hat diese doppelte Form der Ausbildung für den Auszubildenden? Erkläre.

_____

_____

_____

_____

_____

14 Als Teil der betrieblichen Ausbildung gibt es die überbetriebliche Ausbildung.
Beantworte die folgenden Fragen.

a Wer führt die überbetriebliche Ausbildung durch?

_____

b Welche Inhalte vermittelt die überbetriebliche Ausbildung?

_____

_____

c Warum führen die Betriebe diese Ausbildung nicht selbst aus?

_____

_____

15 Was ist richtig? Kreuze an.

Die bayerischen Lehrpläne der Berufsschulen werden festgelegt ...

☐ von der Kultusministerkonferenz der Länder.

☐ von den Schulleitern der Berufsschulen.

☐ vom bayerischen Kultusministerium.

16 Die überbetriebliche Ausbildung kostet den ausbildenden Betrieb viel Geld. Dein Meister sagt zu dir: „Das ist doch die reinste Vergeudung. Das brauchst du doch nicht." Du bist allerdings der Auffassung, dass eine überbetriebliche Ausbildung von Vorteil für dich und den Betrieb ist.
Wie argumentierst du deinem Meister gegenüber?

_____

_____

_____

_____

_____

17 Nimm Stellung zu folgenden Aussagen zum Dualen Ausbildungssystem. Stimmst du den Aussagen zu? Begründe deine Antwort.

Der Unterricht in der Berufsschule ist überflüssig, da für die berufliche Praxis nichts gelernt wird.
Ich stimme zu: ☐ ja   ☐ nein
Begründung: _____   _____
Berufsschule und Betrieb stehen in keinerlei Beziehung zueinander. Beide bilden unabhängig voneinander aus.
Ich stimme zu: ☐ ja   ☐ nein
Begründung: _____   _____

3 Ausbildung nach Berufsfeldern

In der Bundesrepublik Deutschland gibt es derzeit ungefähr 350 staatlich anerkannte Ausbildungsberufe. Nicht für jeden Beruf kann es aber eine eigene Berufsschulklasse geben. Aus diesem Grund fassen die Berufsschulen verwandte Berufe zu **Berufsfeldern** zusammen. Berufe mit ähnlichen Tätigkeiten, Aufgabenstellungen oder Arbeitsgegenständen bzw. Werkstoffen werden in 13 Berufsfelder eingeteilt. Für alle Berufe eines Berufsfeldes gelten im ersten Ausbildungsjahr die gleichen Ausbildungsmaßnahmen, d. h., jeder Auszubildende erlernt die gleichen Grundkenntnisse und Grundfertigkeiten und übt die gleichen Grundtätigkeiten aus. Diese breite, **berufsübergreifende Grundbildung** fördert die berufliche Mobilität und Flexibilität, denn eine allzu frühe Spezialisierung wird so vermieden und damit ein Wechsel unter verwandten Berufen leichter möglich.

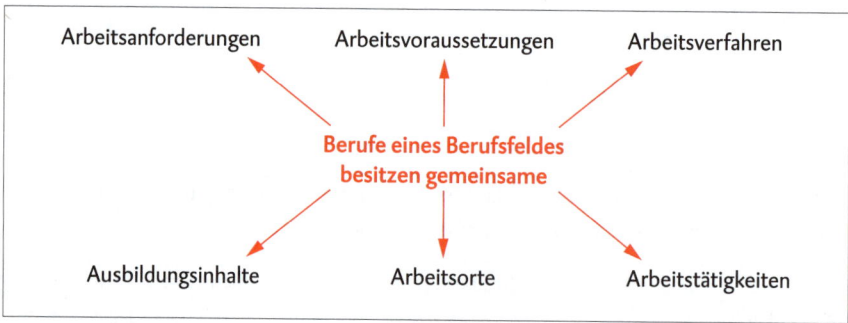

Die 13 Berufsfelder lauten:
▶ **Wirtschaft und Verwaltung**
  (z. B. Kaufmann/-frau im Einzelhandel, Fachverkäufer/in, Bürokaufmann/-frau)
▶ **Bautechnik**
  (z. B. Maurer/in, Straßenbauer/in, Dachdecker/in)
▶ **Holztechnik**
  (z. B. Tischler/in, Bootsbauer/in, Holzmechaniker/in, Wagner/in)
▶ **Drucktechnik**
  (z. B. Buchbinder/in, Schriftsetzer/in, Drucker/in, Mediengestalter/in)
▶ **Farbtechnik und Raumgestaltung**
  (z. B. Maler/in und Lackierer/in, Raumausstatter/in, Parkettleger/in)
▶ **Körperpflege**
  (z. B. Friseur/in, Kosmetiker/in, Podologe/in)

▶ **Agrarwirtschaft**
(z. B. Landwirt/in, Forstwirt/in, Gärtner/in, Tierwirt/in)

▶ **Metalltechnik**
(z. B. Zerspanungsmechaniker/in, Kfz-Mechatroniker/in,
Zweiradmechaniker/in)

▶ **Elektrotechnik**
(z. B. Informationselektroniker/in, Elektroanlagenmonteur/in,
Elektroniker/in)

▶ **Textiltechnik und Bekleidung**
(z. B. Herrenschneider/in, Modist/in, Modenäher/in)

▶ **Chemie, Physik, Biologie**
(z. B. Biologielaborant/in, Fotolaborant/in, Chemikant/in)

▶ **Ernährung und Hauswirtschaft**
(z. B. Bäcker/in, Fleischer/in, Konditor/in, Hauswirtschafter/in)

▶ **Gesundheit**
(z. B. Medizinische/r Fachangestellte/r, Augenoptiker/in,
Gesundheits- und Krankenpfleger/in)

18 Kreuze richtig an.
Wie viele anerkannte Ausbildungsberufe gibt es derzeit in Deutschland?

☐ ungefähr 300

☐ ungefähr 350

☐ ungefähr 400

19 Erkläre den Begriff „Berufsfelder". Formuliere einen vollständigen Satz.

_____   _____

_____

_____

20 Ergänze den Lückentext:

Für alle Berufe eines Berufsfeldes sind alle _____

im ersten Ausbildungsjahr _____. Jeder Auszubildende erlernt die

gleichen _____ und _____,

und jeder übt die gleichen _____ aus.

21 Eine Ausbildung nach Berufsfeldern hat zunächst einmal den Vorteil, dass die Auszubildenden eine breite, berufsübergreifende Grundbildung erhalten. Welche Vorteile ergeben sich wiederum daraus?

_____

_____

_____

_____

_____

_____

22 Berufe eines Berufsfeldes besitzen gemeinsame Merkmale. Ergänze das Cluster.

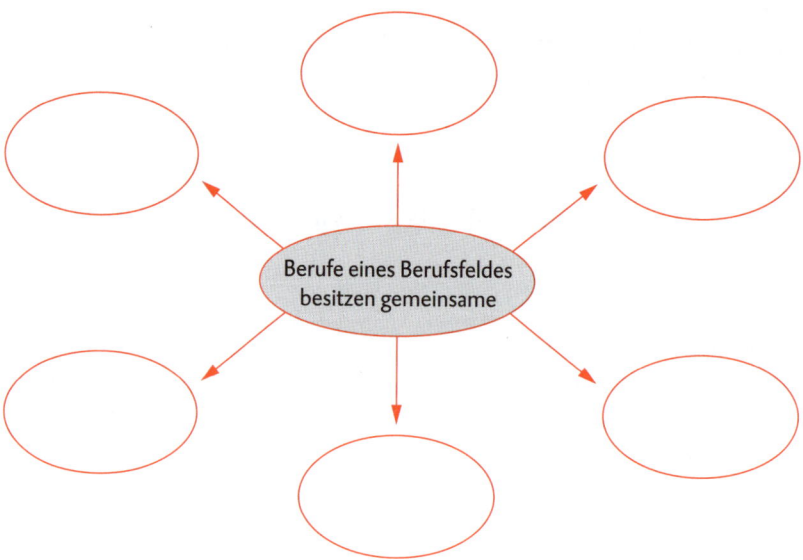

23 Welche falschen Berufsfelder haben sich hier eingeschlichen? Streiche sie durch.

Bautechnik – Holztechnik – Kunststofftechnik – Körperpflege – Kontaktpflege – Metalltechnik – Elektrotechnik – Computertechnik – Agrarwirtschaft – Betriebswirtschaft – Gesundheit – Wellness

24 Ordne den Berufen jeweils das richtige Berufsfeld zu:

a Fleischer/in _____

b Kürschner/in _____

c Friseur/in _____

d Straßenbauer/in _____

e Bürokaufmann/-frau _____

f Tischler/in _____

g Raumausstatter/in _____

h Tierwirt/in _____

i Informationselektroniker/in _____

j Fotolaborant/in _____

k Kfz-Mechatroniker/in _____

l Augenoptiker/in _____

m Mediengestalter/in _____

25 Ordne jedem Berufsfeld drei Berufe zu.

a Textiltechnik und Bekleidung:

_____

_____

b Körperpflege:

_____

_____

c Ernährung und Hauswirtschaft:

_____

_____

d Drucktechnik:

_____

_____

e Chemie, Physik, Biologie:

_____

_____

f Elektrotechnik:

_____

_____

g Wirtschaft und Verwaltung:

_____

_____

h Holztechnik:

_____

_____

i Agrarwirtschaft:

_____

_____

j Bautechnik:

_____

_____

k Metalltechnik:

_____

_____

l Gesundheit:

_____

_____

26 Welche Berufsfelder verstecken sich in dem Buchstabensalat?

GAWFRRTAHSIRCTA _____

MILGEPIHOHEBSCIKYEOI _____

KACHITUNBE _____

4 Berufswünsche von Mädchen und Jungen

Zur Zeit unserer Großeltern gab es typische Männer- und typische Frauen-berufe. Aktuelle Statistiken zur Ausbildung zeigen, dass die Berufswahl von Jungen und Mädchen auch heutzutage noch sehr unterschiedlich ausfällt. Ob-wohl den Mädchen mittlerweile – mit wenigen Ausnahmen – fast alle Berufe und Positionen offenstehen und in bislang männerdominierten Berufen sogar um weibliche Auszubildende geworben wird, ist der Arbeitsmarkt weiterhin geschlechtsspezifisch (also in typische Frauen- und Männerberufe) aufgeteilt. Während Frauen hauptsächlich **Dienstleistungsberufe** und **sozialpflege-rische Berufe** ausüben, sind Männer überwiegend im **gewerblich-techni-schen Bereich** beschäftigt.

Die Top Ten der Ausbildungsberufe

Zahl der neu abgeschlossenen Ausbildungsverträge 2017 in Deutschland

Junge Frauen		Anteil weibl. Azubis %	Anteil männl. Azubis %		Junge Männer
Kauffrau für Büromanagement	20 688	72,2 %	95,8 %	21 276	Kfz-Mechatroniker
Medizinische Fachangestellte	15 885	97,6 %	97,9 %	13 683	Elektroniker
Zahnmedizinische Fachangestellte	12 648	98,1 %	92,3 %	12 069	Fachinformatiker
Kauffrau im Einzelhandel	12 435	50,8 %	49,2 %	12 039	Kaufmann im Einzelhandel
Verkäuferin	12 117	53,4 %	98,6 %	12 030	Anlagemechaniker (Sanitär-, Heizungs- u. Klimatechnik)
Industriekauffrau	10 338	58,0 %	93,6 %	11 805	Industriemechaniker
Friseurin	8 253	78,3 %	46,6 %	10 563	Verkäufer
Hotelfachfrau	5 730	62,0 %	88,2 %	9 294	Fachkraft für Lagerlogistik
Kauffrau im Groß- u. Außenhandel	5 499	38,3 %	61,7 %	8 841	Kaufmann im Groß- u. Außenhandel
Fachverkäuferin im Lebensmittelhandwerk	5 277	81,6 %	27,8 %	7 968	Kaufmann für Büromanagement

Quelle: Bundesinstitut für Berufsbildung, Erhebung zum 30. September 2017

Frauen bevorzugen kaufmännische, aber häufig auch pflegerische, soziale und hauswirtschaftliche Berufe und damit Berufe, in denen die Verdienstmöglich-keiten gering und die Aufstiegschancen schwierig oder kaum vorhanden sind. Die technischen, handwerklichen und industriellen Berufe – und damit auch die besser bezahlten Berufe – werden fast ausschließlich von Männern ausgeübt. Auch in der beruflichen Hierarchie befinden sich Frauen meist auf den unteren Rängen, während die leitenden und finanziell attraktiveren Positionen in erster Linie von Männern eingenommen werden.

Aus der großen Bandbreite von ungefähr 350 anerkannten Ausbildungs-berufen wählt mehr als die Hälfte der Mädchen aus nur zehn verschiedenen Berufen im dualen Ausbildungssystem. Darunter findet sich kein einziger naturwissenschaftlich-technischer Beruf – trotz vieler Werbekampagnen von Industrie und Handwerk.

Warum ist das so? Eine Reihe von Gründen spielt bei der Berufswahl von Jun-gen und Mädchen eine wichtige Rolle: Hartnäckig hält sich die Meinung, dass Frauen „von Natur aus" eher sozialpflegerische Talente besäßen, was insbeson-dere die Mutterrolle zeige. Männer dagegen besäßen mehr Kraft und verfügten eher über eine technische Begabung. Als Beleg wird dazu oft die menschliche Vorgeschichte angeführt: In der Zeit, in der die Menschen als Jäger und Sam-mler lebten, war die Arbeitsteilung klar geregelt, die Männer jagten, die Frauen kümmerten sich um den Nachwuchs. Gerne wird dabei übersehen, dass Frauen bei ihrer Arbeit auch enorme körperliche Leistungen zu vollbringen hatten.

Erziehung und gesellschaftliche **Tradition der Rollenverteilung** haben die geschlechtsspezifische berufliche Trennung jahrhundertelang aufrechterhalten und verfestigt. Frauenarbeit wurde lange Zeit und wird auch heute noch ge-ringer gewertet und schlechter bezahlt. Der Anteil von Frauen in Führungs-positionen ist immer noch sehr niedrig.

Das Grundgesetz der Bundesrepublik Deutschland ist in seiner Aussage eindeutig:

Grundgesetz Art. 3
(1) Alle Menschen sind vor dem Gesetz gleich.
(2) Männer und Frauen sind gleichberechtigt. Der Staat fördert die tatsächliche Durchsetzung der Gleichberechtigung von Frauen und Männern und wirkt auf die Beseitigung bestehender Nachteile hin.
(3) Niemand darf wegen seines Geschlechtes [...] benachteiligt [...] werden. [...]

In der Gegenwart befinden Mädchen sich in einer widersprüchlichen Situation: Einerseits wird der Anspruch von Frauen auf Selbstständigkeit und finanzielle Unabhängigkeit immer stärker betont, andererseits gibt es aber immer noch die traditionellen Vorstellungen von Frauenberufen.

Die Entwicklung in der Berufswelt hebt aber dennoch die alten Verhaltensmuster langsam auf. Spielten früher bei typischen Männerberufen in Handwerk und Industrie hohe **körperliche Belastungen** eine große Rolle, so wird dies durch den Einsatz von **Maschinen** und **Robotern** immer bedeutungsloser. Die humanere Ausgestaltung von Arbeitsplätzen trägt dazu bei, dass körperliche Belastungen zunehmend verringert werden, und so dringen in der Gegenwart immer mehr Mädchen in typische Männerberufe vor. Aber auch umgekehrt lässt sich Neues beobachten: Für einen Jungen war in früheren Zeiten die Berufswahl z. B. eines Erziehers unvorstellbar. Heute erlernen auch Jungen – wenngleich bislang noch wenige – diesen früher typischen Frauenberuf.

27   Die Frankfurter Bundestagsabgeordnete Ulli Nissen zum Thema Frauenberufe:

Mehr Frauen für typische „Männerberufe" begeistern: Der Girls' Day 2015

[…] der Mädchen-Zukunftstag ist das größte Berufsorientierungsprojekt für Mädchen und junge Frauen weltweit: „Der Girls' Day soll Mädchen motivieren, Berufe unabhängig von typischen Frauenberufen kennenzulernen", sagt die Frankfurter Bundestagsabgeordnete Ulli Nissen. Es sei eine Schande, dass Frauen immer noch 22 Prozent weniger verdienen als Männer. Ein Grund hierfür liege auch darin, dass „Männerberufe" meist besser bezahlt sind als die sogenannten Frauenberufe.

So sind Mädchen und Frauen überdurchschnittlich in Branchen mit einem insgesamt geringeren Verdienstniveau tätig: Im Gesundheitsbereich sind 77 Prozent aller Beschäftigten weiblich, im Erziehungswesen etwa 65 Prozent. Auch der jüngste Berufsbildungsbericht belegt die festgefahrenen Rollenbilder bei der Berufswahl: Im Jahr 2014 haben sich junge Frauen mit großem Abstand für eine Ausbildung zur Kauffrau für Bürokommunikation; junge Männer hingegen für den Kfz-Mechatroniker entschieden.

Die Berufs- und Studienfachwahl von jungen Frauen und Männern ist auch heute noch von traditionellen Rollenbildern geprägt. Der Frauenanteil im MINT-Bereich (Mathematik, Informatik, Naturwissenschaft und Technik) ist immer noch verschwindend gering: […] Bei den nicht-akademischen MINT-Berufen […] finden sich gerade einmal 14 Prozent Frauen, unter den Auszubildenden sogar nur 11,8 Prozent.

„Wir wollen mehr Frauen in Männerberufen, aber wir wollen auch bessere Bezahlung für Sozial- und Erziehungsberufe", fordert die Politikerin.

Der Girls' Day kann dazu beitragen, Mädchen eine Tür in neue Berufsfelder zu öffnen und in diese einfach mal einen Tag lang hineinzuschnuppern, urteilt Ulli Nissen. […]

Quelle: Im Internet unter: http://www.ulli-nissen.de/index.php?nr=28036&menu=1, veröffentlicht am 22. 04. 2015

a Wie heißt das größte Berufsorientierungsprojekt für Mädchen und junge Frauen?

_____

_____

_____

b Frauen verdienen immer noch fast ein Viertel weniger als Männer. Welcher Grund wird dafür im Text angeführt?

_____

_____

_____

_____

c In welchen Branchen sind laut Text Mädchen und Frauen überdurchschnittlich stark vertreten? Kreuze an.

☐ Gewerblich-technischer Bereich

☐ Gesundheitsbereich

☐ Erziehungswesen

☐ MINT-Berufe

d Erkläre den Ausdruck „festgefahrene Rollenbilder".

_____

_____

_____

28 Kennzeichne durch ein m (männlich) oder ein w (weiblich) diejenigen Berufe, in denen überwiegend Männer bzw. Frauen tätig sind.

Beruf	m/w
Maurer/in	
Gesundheits- und Krankenpfleger/in	
Mechatroniker/in	
Altenpfleger/in	
Hotelfachmann/-frau	

29 Frauen üben nicht nur mehrheitlich Berufe aus, in denen sie durchschnittlich weniger verdienen, sie nehmen auch seltener Führungspositionen ein.

Berufsposition A	Berufsposition B	Frauenanteil A	Frauenanteil B
Arzt/Ärztin	Krankenschwester/-pfleger	20 %	85 %
Apotheker/in	Apothekenhelfer/in	50 %	93 %
Anwalt/Anwältin	Anwaltsgehilfe/-in	3 %	über 75 %
Chef/in	Sekretär/in	unter 2 %	95 %

Quelle: Zentrale für Unterrichtsmedien im Internet e. V. Im Internet unter: www.zum.de

a In welcher Berufsposition ist der Frauenanteil am höchsten und in welcher am niedrigsten?

_____

_____

_____

_____

b Beschreibe, inwiefern die Angaben der Statistik die Vorstellung von typischen Frauenberufen bestätigt.

_____

_____

_____

_____

30 Ergänze den Lückentext:

Aus der großen Anzahl von Ausbildungsberufen wählt _____

_____ der Mädchen aus nur _____ verschiedenen Berufen im

dualen Ausbildungssystem, darunter ist kein einziger _____

_____ .

31 Die geschlechtsspezifische berufliche Trennung wurde über Jahrhunderte hinweg aufrechterhalten.
Welches sind die Gründe dafür? Kreuze an.

☐ Wunsch der Frauen

☐ Erziehung

☐ biologische Gründe

☐ gesellschaftliche Tradition der Rollenverteilung

32 Rechtfertigt das Grundgesetz einen geringeren Lohn für Frauen bei gleicher Tätigkeit?
Nimm Stellung und ergänze den Lückentext.

☐ ja

☐ nein

Laut _____ heißt es: Alle Menschen sind vor dem

Gesetz _____. Männer und Frauen sind _____.

Niemand darf wegen seines Geschlechts _____ werden.

33 Richtig oder falsch?
Kreuze an.

	richtig	falsch
Eine hohe körperliche Belastung spielt in Handwerk und Industrie auch heute noch eine große Rolle.	☐	☐
Der Einsatz von Maschinen und Robotern verringert die körperliche Belastung.	☐	☐
Der Einsatz von Maschinen und Robotern erhöht die körperliche Belastung.	☐	☐
In Handwerk und Industrie spielte eine hohe körperliche Belastung früher eine große Rolle.	☐	☐

34 In den vergangenen Jahren hat sich dennoch die Berufswahl der Jungen und Mädchen langsam verändert, und immer häufiger ergreifen auch Jungen typische Mädchenberufe und Mädchen typische Jungenberufe.
Bearbeite dazu die folgenden Aufgaben.

a Ergänze das Cluster.

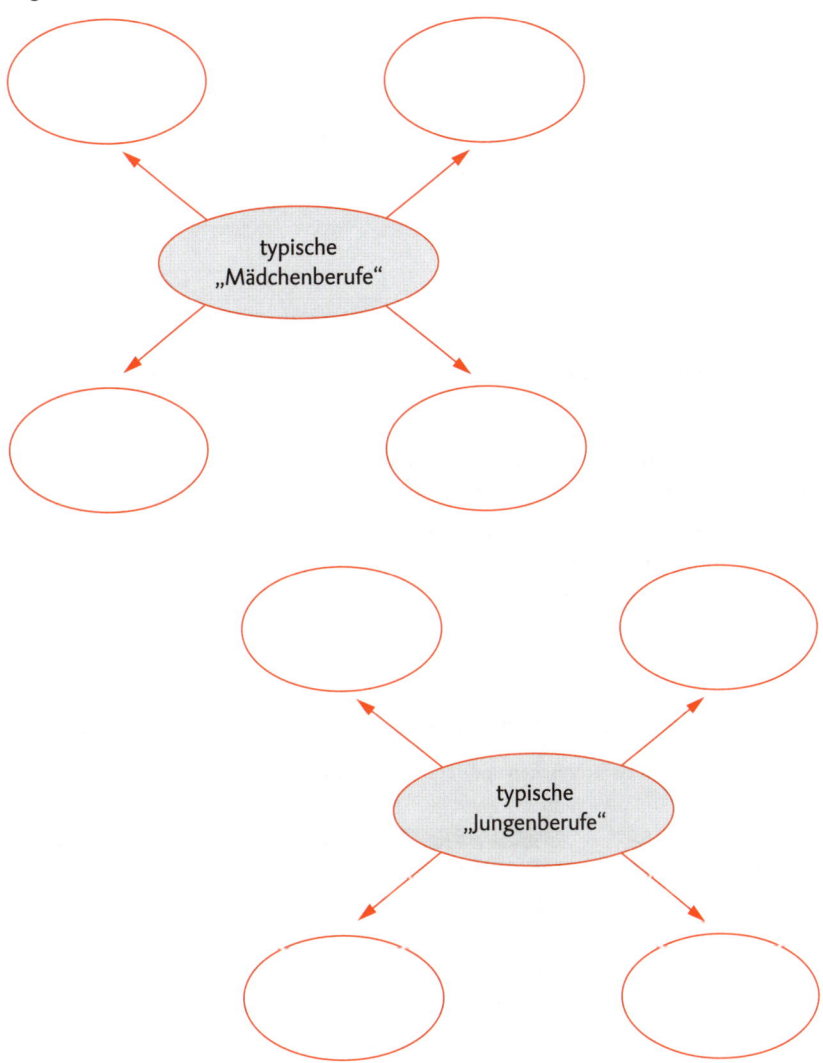

b Überlege, warum die von dir im Cluster gesammelten Berufe hauptsächlich von Jungen bzw. von Mädchen ergriffen werden.

_____

_____

_____

_____

_____

_____

c Welche der von dir im Cluster genannten typischen Mädchenberufe üben heutzutage auch Jungen aus?

_____

_____

_____

35 Lies den folgenden Text und sieh dir das Diagramm an. Beantworte anschließend die Fragen.

Girls' Day – ein Zukunftstag für Mädchen

Am *Girls' Day* öffnen Unternehmen, Betriebe und Hochschulen in ganz Deutschland ihre Türen für Schülerinnen ab der 5. Klasse. Die Mädchen lernen dort Ausbildungsberufe und Studiengänge in **IT, Handwerk, Naturwissenschaften und Technik** kennen, in denen Frauen bisher eher selten vertreten sind. Oder sie begegnen weiblichen Vorbildern in Führungspositionen aus Wirtschaft und Politik.

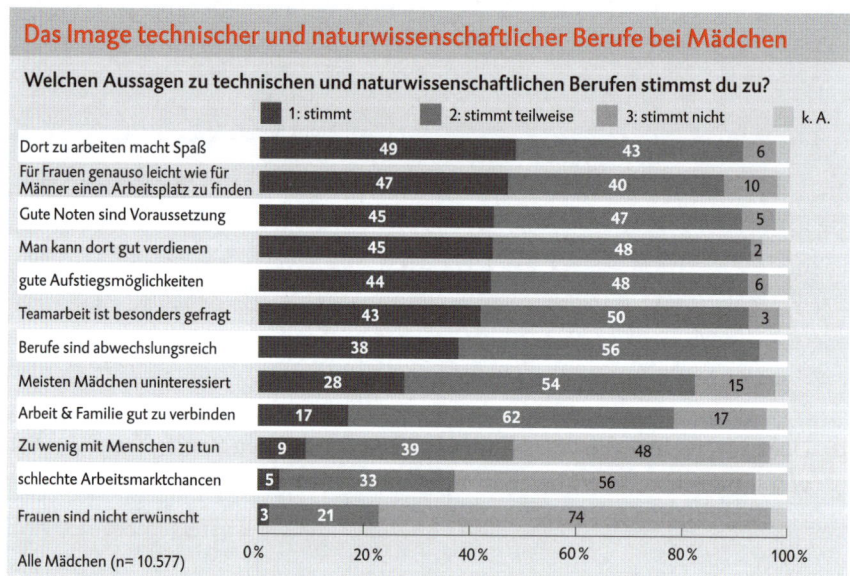

Das Image technischer und naturwissenschaftlicher Berufe bei Mädchen

Welchen Aussagen zu technischen und naturwissenschaftlichen Berufen stimmst du zu?

1: stimmt 2: stimmt teilweise 3: stimmt nicht k. A.

Aussage	1: stimmt	3: stimmt nicht	k. A.
Dort zu arbeiten macht Spaß	49	43	6
Für Frauen genauso leicht wie für Männer einen Arbeitsplatz zu finden	47	40	10
Gute Noten sind Voraussetzung	45	47	5
Man kann dort gut verdienen	45	48	2
gute Aufstiegsmöglichkeiten	44	48	6
Teamarbeit ist besonders gefragt	43	50	3
Berufe sind abwechslungsreich	38	56	
Meisten Mädchen uninteressiert	28	54	15
Arbeit & Familie gut zu verbinden	17	62	17
Zu wenig mit Menschen zu tun	9	39	48
schlechte Arbeitsmarktchancen	5	33	56
Frauen sind nicht erwünscht	3	21	74

Alle Mädchen (n= 10.577) 0% 20% 40% 60% 80% 100%

Quelle: Bundesweite Koordinierungsstelle Girls' Day – Mädchen Zukunftstag.
© Kompetenzzentrum Technik-Diversity-Chancengleichheit e. V. 2013

a Kreuze an, ob die folgenden Aussagen zutreffen oder nicht.

	trifft zu	trifft nicht zu
56 % der Befragten glauben, dass die Arbeitsmarktchancen in technisch-naturwissenschaftlichen Berufen schlecht sind.	☐	☐
Knapp die Hälfte der befragten Mädchen glaubt, dass es Spaß macht, in solchen Berufen zu arbeiten.	☐	☐
Über 90 % der befragten Mädchen sind ganz oder teilweise der Meinung, dass man in technisch-naturwissenschaftlichen Berufen gut verdienen kann.	☐	☐
92 % der befragten Mädchen sind ganz oder teilweise der Meinung, dass man in technisch-naturwissenschaftlichen Berufen keine guten Aufstiegsmöglichkeiten hat.	☐	☐

b Welches Image haben technisch-naturwissenschaftliche Berufe insgesamt bei den befragten Schülerinnen?

_____

_____

_____

36 Stimmst du der Aussage zu? Begründe deine Antwort.

Der Girls' Day trägt dazu bei, dass Mädchen ihre beruflichen Perspektiven überdenken und auch technisch-naturwissenschaftliche Berufe in ihre Berufsplanung mit einbeziehen.

Ich stimme zu: ☐ Ja   ☐ nein

Begründung: _____

_____

_____

_____

5   Der Berufsausbildungsvertrag

Vor Beginn einer Berufsausbildung müssen Auszubildender und Ausbildender (Betrieb) einen **Berufsausbildungsvertrag** abschließen. Ein Vertrag ist eine **verbindliche Vereinbarung** zwischen zwei oder mehreren Vertragspartnern, die übereinstimmend erklären, was sie durch diesen Vertrag regeln wollen. Mit der Unterschrift beider Seiten wird das dabei entstandene Rechtsgeschäft besiegelt, das bedeutet, dass die Partner ihre Bereitschaft erklären, den Vertrag einzuhalten.

Minderjährige dürfen Verträge nicht ohne die Zustimmung der Erziehungsberechtigten abschließen, d. h., auch ein Berufsausbildungsvertrag kann von noch nicht volljährigen Jugendlichen nur mit der Einwilligung und Unterschrift der Erziehungsberechtigten rechtsgültig abgeschlossen werden.

Jeder Jugendliche ist vor Abschluss eines Berufsausbildungsvertrags dazu verpflichtet, eine ärztliche Gesundheitsbescheinigung vorzulegen, die nicht älter als 14 Monate ist. Diese ärztliche Untersuchung ist für Schülerinnen und Schüler kostenlos.

Ein abgeschlossener Berufsausbildungsvertrag muss der zuständigen Kammer (Handwerkskammer bzw. IHK) vorgelegt werden, sodass diese die Rechtmäßigkeit des Vertrags überprüfen und feststellen kann, ob der Vertrag alle Vorgaben des Berufsbildungsgesetzes erfüllt.

Ein Berufsausbildungsvertrag muss folgende Angaben enthalten:

1. **Namen** und **Anschriften** der Vertragspartner, das sind Ausbildender (Betrieb) und Auszubildender (Lehrling)
2. **Bezeichnung** des Ausbildungsberufes
3. **Ziel** der Ausbildung sowie sachliche und zeitliche Gliederung der Ausbildung
4. **Beginn** und **Dauer** der Ausbildung
5. Dauer der **Probezeit** (mindestens 1 Monat, höchstens 4 Monate)
6. Dauer der regelmäßigen täglichen **Arbeitszeit**
7. **Ausbildungsmaßnahmen** außerhalb der Ausbildungsstätte
8. Höhe der **Ausbildungsvergütung**
9. Dauer des **Urlaubs** je Ausbildungsjahr
10. Voraussetzungen, unter denen der Berufsausbildungsvertrag **gekündigt** werden kann
11. **Unterschriften** der Vertragspartner
    (Ist der Auszubildende bei Vertragsabschluss noch nicht volljährig, ist die Unterschrift der Eltern erforderlich.)

Wichtige Begriffe im Berufsausbildungsvertrag sind: **Auszubildender, Ausbildender** und **Ausbilder:**

▶ Auszubildender ist derjenige, der ausgebildet wird (Lehrling).

▶ Ausbildender ist, wer jemanden zur Ausbildung einstellt.

▶ Ausbilder ist, wer die Ausbildung durchführt (in großen Betrieben eigens bestimmte Meister).

Mit dem Abschluss eines Ausbildungsvertrags gehen Ausbildender und Auszubildender eine Reihe von Verpflichtungen ein:

Die Pflichten des Ausbildenden

Der Ausbildende muss ...

▶ die Auszubildenden selbst ausbilden oder einen persönlich und fachlich geeigneten Ausbilder ausdrücklich damit beauftragen.

▶ dafür sorgen, dass den Auszubildenden Wissen und Können vermittelt werden, die zum Erreichen des Ausbildungsziels nach der Ausbildungsordnung erforderlich sind.

▶ die Auszubildenden charakterlich fördern und verhindern, dass diese sittlich oder körperlich gefährdet werden.

▶ die Berufsausbildung planmäßig, zeitlich und sachlich gliedern und die Auszubildenden zum Besuch der Berufsschule sowie zu Ausbildungsmaßnahmen auch außerhalb der Ausbildungsstätte freistellen.

▶ den Auszubildenden Ausbildungsmittel, zum Beispiel Werkzeuge, Geräte, Werkstoffe, Maschinen und Berichtshefte für die Berufsausbildung kostenlos zur Verfügung stellen.

▶ den Auszubildenden bei Beendigung des Berufsausbildungsverhältnisses ein Zeugnis ausstellen.

▶ den Auszubildenden eine angemessene Vergütung gewähren.

Die Pflichten des Auszubildenden

Der Auszubildende muss …

▶ sich bemühen, das notwendige Wissen und Können zu erwerben, das den erfolgreichen Abschluss der Ausbildung gewährleistet.

▶ die aufgetragenen Aufgaben sorgfältig und gewissenhaft ausführen.

▶ ein vorgeschriebenes Berichtsheft ordnungsgemäß führen und auf Aufforderung vorlegen.

▶ am Berufsschulunterricht und an Ausbildungsmaßnahmen außerhalb der Ausbildungsstätte sowie an Prüfungen teilnehmen.

▶ den Weisungen der Ausbilder im Rahmen der Ausbildung folgen und die Betriebsordnung beachten.

▶ Werkzeuge, Geräte, Maschinen und sonstige Einrichtungen pfleglich behandeln.

▶ sich vor Beginn der Ausbildung ärztlich untersuchen und nach Ablauf des ersten Ausbildungsjahres nachuntersuchen lassen.

▶ Betriebs- und Geschäftsgeheimnisse für sich behalten.

Jede Ausbildung beginnt mit einer **Probezeit**, die mindestens einen Monat und nicht mehr als vier Monate betragen darf. In der Probezeit hat der Auszubildende Gelegenheit zu prüfen, ob er für den gewählten Beruf geeignet ist und ob ihm die Arbeit und der Beruf zusagen. Der Ausbildende dagegen hat seinerseits die Möglichkeit, den Auszubildenden zu beobachten und festzustellen, ob dieser die beruflichen Anforderungen erfüllt. Sollte das nicht der Fall sein, kann das Ausbildungsverhältnis während der Probezeit jederzeit sowohl vom Auszubildenden als auch vom Ausbildenden ohne Angabe von Gründen und ohne das Einhalten einer Frist gekündigt werden.

Nach Ablauf der Probezeit kann der Ausbildende dem Auszubildenden nur noch außerordentlich (fristlos) bei Vorliegen eines schwerwiegenden Grundes kündigen. Eine **ordentliche Kündigung** (mit Kündigungsfrist) ist nicht mehr möglich, dies ist nur in der Probezeit möglich. Der Auszubildende kann das Ausbildungsverhältnis nach Ablauf der Probezeit nur kündigen, wenn er die Berufsausbildung gänzlich aufgeben oder sich für eine andere Berufstätigkeit ausbilden lassen will. Er muss dabei allerdings eine gesetzlich geregelte Kündigungsfrist von vier Wochen einhalten. Eine Kündigung muss stets schriftlich und nach der Probezeit mit Angabe des Grundes erfolgen.

Ein reguläres Ausbildungsverhältnis endet in der Regel mit bestandener **Abschlussprüfung**. Besteht der Auszubildende die Abschlussprüfung nicht, so verlängert sich das Ausbildungsverhältnis auf sein Verlangen bis zur nächsten Wiederholungsprüfung, höchstens aber um ein Jahr.

Ergänzende Anmerkungen zum Berufsausbildungsvertrag
(Auszug)

§1 Ausbildungsdauer

1. Dauer
Die Dauer der Ausbildung ist in der jeweiligen Ausbildungsordnung bzw. Regelung festgelegt. Über Abkürzungen gemäß §8 Abs. 1 Berufsbildungsgesetz entscheidet die zuständige Stelle.

2. Probezeit
Die Probezeit beträgt mindestens einen und maximal vier Monate. Wird die Ausbildung während der Probezeit um mehr als ein Drittel dieser Zeit unterbrochen, so verlängert sich die Probezeit um den Zeitraum der Unterbrechung.

3. Vorzeitige Beendigung des Ausbildungsverhältnisses
Bestehen Auszubildende vor Ablauf der vereinbarten Ausbildungszeit die Abschlussprüfung, so endet das Berufsausbildungsverhältnis mit Bekanntgabe des Ergebnisses durch den Prüfungsausschuss.

4. Verlängerung des Ausbildungsverhältnisses
Bestehen Auszubildende die Abschlussprüfung nicht, so verlängert sich das Berufsausbildungsverhältnis auf ihr Verlangen bis zur nächstmöglichen Wiederholungsprüfung, höchstens um ein Jahr.

§2 Ausbildungsstätte

Die Ausbildung findet vorbehaltlich der Regelungen nach §3 Nr. 12 in der Ausbildungsstelle und den mit dem Betriebssitz für die Ausbildung üblicherweise zusammenhängenden Bau-, Montage- und sonstigen Arbeitsstellen statt.

§3 Pflichten des Ausbildenden

Der Ausbildende verpflichtet sich,

1. Ausbildungsziel
dafür zu sorgen, dass dem/der Auszubildenden die berufliche Handlungsfähigkeit vermittelt wird, die zum Erreichen des Ausbildungsziels erforderlich ist, und die Berufsausbildung nach den beigefügten Angaben zur sachlichen und zeitlichen Gliederung des Ausbildungsablaufs so durchzuführen, dass das Ausbildungsziel in der vorgesehenen Ausbildungszeit erreicht werden kann;

2. Ausbilder/Ausbilderinnen
selbst auszubilden oder eine/einen persönlich und fachlich geeignete/geeigneten Ausbilderin/Ausbilder ausdrücklich damit zu beauftragen und diese/diesen der/dem Auszubildenden jeweils schriftlich bekannt zu geben;

3. Ausbildungsordnung
der/dem Auszubildenden vor Beginn der Ausbildung die Ausbildungsordnung kostenlos auszuhändigen;

4. Ausbildungsmittel
dem/der Auszubildenden kostenlos die Ausbildungsmittel, insbesondere Werkzeuge, Werkstoffe und Fachliteratur zur Verfügung zu stellen, die für die Ausbildung in den betrieblichen und überbetrieblichen Ausbildungsstätten und zum Ablegen von Zwischen- und Abschlussprüfungen, auch soweit solche nach Beendigung des Berufsausbildungsverhältnisses stattfinden, erforderlich sind;

5. Besuch der Berufsschule und von Ausbildungsmaßnahmen außerhalb der Ausbildungsstätte
die/den Auszubildende/n zum Besuch der Berufsschule anzuhalten und freizustellen. Das Gleiche gilt, wenn Ausbildungsmaßnahmen außerhalb der Ausbildungsstätte vorgeschrieben oder nach Nr. 12 durchzuführen sind;

6. Führung von schriftlichen Ausbildungsnachweisen

soweit schriftliche Ausbildungsnachweise geführt werden, diese der/dem Auszubildenden für die Berufsausbildung kostenfrei auszuhändigen und die ordnungsgemäße Führung durch regelmäßige Abzeichnung zu überwachen;

7. Ausbildungsbezogene Tätigkeiten

der/dem Auszubildenden nur Aufgaben zu übertragen, die dem Ausbildungszweck dienen und ihren/seinen körperlichen Kräften angemessen sind;

8. Sorgepflicht

dafür zu sorgen, dass die/der Auszubildende charakterlich gefördert sowie sittlich und körperlich nicht gefährdet wird.

9. Ärztliche Untersuchungen

sofern die/der Auszubildende noch nicht 18 Jahre alt ist, sich Bescheinigungen gemäß § 32, 33 Jugendarbeitsschutzgesetz darüber vorlegen zu lassen, dass sie/er

a) vor der Aufnahme der Ausbildung untersucht und

b) vor Ablauf des ersten Ausbildungsjahres nachuntersucht worden ist;

10. Eintragungsantrag

unverzüglich nach Abschluss des Berufsausbildungsvertrages die Eintragung in das Verzeichnis der Berufsausbildungsverhältnisse bei der zuständigen Stelle unter Beifügung der Vertragsniederschriften und – bei Auszubildenden unter 18 Jahren – eine Kopie oder Mehrfertigung der ärztlichen Bescheinigung über die Erstuntersuchung gemäß § 32 Jugendarbeitsschutzgesetz zu beantragen; Entsprechendes gilt bei späteren Änderungen des wesentlichen Vertragsinhaltes;

11. Anmeldung zu Prüfungen

die/den Auszubildende/n rechtzeitig zu den angesetzten Zwischen- und Abschlussprüfungen [...] anzumelden und für die Teilnahme freizustellen. [...]

§ 4 Pflichten des/der Auszubildenden

Die/der Auszubildende hat sich zu bemühen, die berufliche Handlungsfähigkeit zu erwerben, die erforderlich ist, um das Ausbildungsziel zu erreichen. Sie/Er verpflichtet sich insbesondere,

1. Lernpflicht

die ihr/ihm im Rahmen ihrer/seiner Berufsausbildung aufgetragenen Aufgaben sorgfältig auszuführen;

2. Berufsschulunterricht, Prüfungen und sonstige Maßnahmen

am Berufsschulunterricht und an den Prüfungen sowie an Ausbildungsmaßnahmen außerhalb der Ausbildungsstätte teilzunehmen, für die sie/er nach § 3 Nr. 5, 11 und Nr. 12 freigestellt wird;

3. Weisungsgebundenheit

den Weisungen zu folgen, die ihr/ihm im Rahmen der Berufsausbildung von Ausbildenden von Ausbildern oder Ausbilderinnen oder von anderen weisungsberechtigten Personen, soweit sie als weisungsberechtigt bekannt gemacht worden sind, erteilt werden;

4. Betriebliche Ordnung

die für die Ausbildungsstätte geltende Ordnung zu beachten;

5. Sorgfaltspflicht

Werkzeug, Maschinen und sonstige Einrichtungen pfleglich zu behandeln und nur zu den ihr/ihm übertragenen Arbeiten zu verwenden;

6. Betriebsgeheimnisse

über Betriebs- und Geschäftsgeheimnisse Stillschweigen zu wahren;

7. Führung von schriftlichen Ausbildungsnachweisen

vorgeschriebene schriftliche Ausbildungsnachweise ordnungsgemäß zu führen und regelmäßig vorzulegen;

8. Benachrichtigung

bei Fernbleiben von der betrieblichen Ausbildung, vom Berufsschulunterricht oder von sonstigen Ausbildungsveranstaltungen dem Ausbildenden unter Angabe von Gründen unverzüglich Nachricht zu geben. Bei einer Arbeitsunfähigkeit infolge von Krankheit, die länger als drei Kalendertage dauert, hat die/der Auszubildende eine ärztliche Bescheinigung über das Bestehen der Arbeitsunfähigkeit sowie deren voraussichtliche Dauer spätestens an dem darauffolgenden Arbeitstag vorzulegen. [...]

9. Ärztliche Untersuchungen

soweit auf sie/ihn die Bestimmungen des Jugendarbeitsschutzgesetzes Anwendung finden, sich gemäß § 32 und 33 dieses Gesetzes ärztlich
a) vor Beginn der Ausbildung untersuchen
b) vor Ablauf des ersten Ausbildungsjahres nachuntersuchen zu lassen
und die Bescheinigung hierüber dem Ausbildenden vorzulegen.

§ 5 Vergütung und sonstige Leistungen

1. Höhe und Fälligkeit

[...] Soweit Vergütungen tariflich geregelt und nach § 11 anwendbar oder vereinbart sind, gelten die tariflichen Sätze.

Eine über die vereinbarte regelmäßige Ausbildungszeit hinausgehende Beschäftigung wird besonders vergütet oder durch entsprechende Freizeit ausgeglichen.

Die Vergütung wird spätestens am letzten Arbeitstag des Monats gezahlt. [...]

§ 6 Ausbildungzeit und Urlaub

1. Tägliche Ausbildungszeit

Die tägliche Ausbildungszeit richtet sich nach § 8 JArbSchG; Tarifverträge bzw. Betriebsvereinbarungen sollen berücksichtigt werden.

2. Urlaub

Der Ausbildende gewährt der/dem Auszubildenden Urlaub nach den geltenden Bestimmungen.

3. Lage des Urlaubs

Der Urlaub soll zusammenhängend und in der Zeit der Berufsschulferien erteilt und genommen werden. Während des Urlaubs darf die/der Auszubildende keine dem Urlaubszweck widersprechende Erwerbsarbeit leisten.

§ 7 Kündigung

1. Kündigung während der Probezeit

Während der Probezeit kann das Berufsausbildungsverhältnis ohne Einhaltung einer Kündigungsfrist und ohne Angabe von Gründen gekündigt werden.

2. Kündigungsgründe

Nach der Probezeit kann das Berufsausbildungsverhältnis nur gekündigt werden
a) aus einem wichtigen Grund ohne Einhaltung einer Kündigungsfrist
b) von der/dem Auszubildenden mit einer Kündigungsfrist von vier Wochen, wenn sie/er die Berufsausbildung aufgeben oder sich für eine andere Berufstätigkeit ausbilden lassen will.

3. Form der Kündigung

Die Kündigung muss schriftlich, im Falle der Nr. 2 unter Angabe der Kündigungsgründe erfolgen.

4. Unwirksamkeit der Kündigung

Eine Kündigung aus einem wichtigen Grund ist unwirksam, wenn die ihr zugrunde liegenden Tatsachen dem zur Kündigung Berechtigten länger als zwei Wochen bekannt sind. [...]

37 Warum muss ein Ausbildungsvertrag schriftlich abgeschlossen werden?

_____

_____

38 Wann ist die Unterschrift der Erziehungsberechtigten notwendig?

_____

_____

39 Sieh dir §3 des Berufsausbildungsvertrags (S. 27–29) genau an und ergänze anschließend die Tabelle.

Was muss der Ausbildende dem Auszubildenden kostenlos aushändigen?	
1.	§3 Nr. _____
2.	§3 Nr. _____
3.	§3 Nr. _____

40 Ein wichtiger Bestandteil des Berufsausbildungsvertrags ist die Regelung der Probezeit.

a Die Probezeit ist nicht nur für den Auszubildenden wichtig. Erkläre.

_____

_____

_____

_____

_____

_____

b Ergänze den Lückentext:

Die Dauer der Probezeit ist gesetzlich festgelegt. Sie muss mindestens

_____ Monat und darf maximal _____ Monate betragen.

c Eine Kündigung nach der Probezeit ist möglich.
Nenne die dafür erforderlichen Voraussetzungen.

_____

_____

_____

41 Worüber muss der Auszubildende Stillschweigen bewahren?

_____

42 Wann muss der Auszubildende dem Ausbildenden bei Krankheit oder Unfall eine ärztliche Bescheinigung zuleiten?

☐ am ersten Krankheitstag

☐ nach einer Woche

☐ spätestens am vierten Tag

43 Darf der Auszubildende während seines Urlaubs eine dem Urlaubszweck widersprechende Arbeit zum Geldverdienen ausüben?
Überlege mögliche Gründe, warum diese Regelung so getroffen wurde.

☐ ja

☐ nein

_____

_____

_____

44 Kann eine Kündigung des Ausbildungsverhältnisses mündlich erfolgen?

☐ Ja, eine mündliche Erklärung ist rechtsgültig.

☐ Nein, nur eine schriftliche Kündigung ist rechtswirksam.

45 Was muss der Ausbildende dem Auszubildenden bei Abschluss der Berufsausbildung ausstellen?
Kreise die richtige Antwort ein.

Führungszeugnis – Eignungsgutachten – Ausbildungszeugnis –
Bestätigung über die Betriebszugehörigkeit

46 Wann endet das Berufsausbildungsverhältnis, wenn der Auszubildende vor Ablauf der vereinbarten Ausbildungszeit die Abschlussprüfung besteht? Kreuze an.

[ ] nach der vereinbarten Ausbildungszeit

[ ] nach der bestandenen Prüfung

[ ] nach dem Willen des Ausbildenden

47 Fallbeispiele: Kläre mithilfe der ergänzenden Anmerkungen zum Berufsausbildungsvertrag auf S. 27–29 die folgenden Fälle. Gib dazu den oder die entsprechenden Paragrafen an.

Fall 1: Der Ausbildende verpflichtet seinen neuen Lehrling für die Benutzung von Werkzeugen und Maschinen einmalig 150 Euro zu bezahlen.
Darf er das?

_____

_____

_____

_____

Fall 2: Während seines Urlaubs wird ein Auszubildender bei einer Schwarzarbeit erwischt. Dabei verwendete er betriebseigenes Werkzeug.
Was sagt der BAV in diesem Fall?

_____

_____

_____

_____

Fall 3: Die Eltern eines Lehrlings erfahren, dass ihrem Sohn während der Pausen vom Ausbilder Bier, Schnaps und Zigaretten angeboten werden.
Welche seiner Pflichten verletzt der Ausbilder?

_____

_____

_____

_____

Fall 4: Ein Lehrling besteht die Abschlussprüfung nicht. Der Ausbildende möchte ihm deswegen kündigen.
Darf er das?

_____

_____

_____

_____

Fall 5: Während der dreimonatigen Probezeit erleidet ein Azubi auf dem Weg zur Arbeit einen Unfall. Er muss vier Wochen im Krankenhaus verbringen. Welche Folgen ergeben sich daraus für die Dauer der Probezeit?

_____

_____

_____

_____

Fall 6: Die Probezeit ist beendet. Der Lehrling kommt immer öfter zu spät zur Arbeit. Der Ausbildende sagt eines Morgens zu ihm: „Dein Verhalten ist nicht mehr tragbar, ich kündige dir fristlos!"
Kann der Ausbilder dem Lehrling kündigen?

_____

_____

_____

_____

Fall 7: Anna ist seit drei Wochen Azubi in einem Schuhgeschäft. Nun wird ihr die Stelle einer Drogistin angeboten. Sie möchte das bereits bestehende Ausbildungsverhältnis lösen, aber keine Gründe angeben.
Kann Anna das Ausbildungsverhältnis problemlos lösen?

_____

_____

_____

_____

Fall 8: Seit sechs Monaten wird Peter zum Maler ausgebildet. Er bekommt immer wieder Hautausschläge, weil er die chemischen Bestandteile der Farben nicht verträgt. Obwohl die Probezeit vorbei ist, will er kündigen und sich für einen anderen Beruf ausbilden lassen.
Kann er das ohne Weiteres?

_____

_____

_____

_____

Fall 9: Daniel arbeitet als Azubi in einem großen Kaufhaus. Vor Weihnachten wird jeder gebraucht, da das Geschäft sehr gut läuft. Sein Chef erklärt ihm: „Morgen kannst du nicht zur Berufsschule gehen, wir brauchen dich dringend im Geschäft."
Darf der Chef Daniel den Besuch der Berufsschule verweigern?

_____

_____

_____

_____

Fall 10: Eine Auszubildende als medizinische Fachangestellte gibt Auskunft über persönliche Daten von Patienten.
Darf sie das?

_____

_____

_____

_____

Fall 11: Ein Elektroinstallateurbetrieb verlangt von seinem Lehrling, dass dieser auf die Baustelle täglich seine private Bohrmaschine mitbringt.
Muss der Lehrling seine eigene Maschine mitbringen?

_____

_____

_____

6 Das Jugendarbeitsschutzgesetz

Zu Beginn der Industrialisierung war Kinderarbeit weitverbreitet. Schon Acht-jährige mussten im Bergbau arbeiten oder auch in den neu entstehenden Fabriken und Handwerksbetrieben. Es gab keinen 8-Stunden-Tag, keinen freien Samstag und kaum Urlaub. Viele Kinder wurden deswegen krank. Erst 1839 verbot als erstes Land das Königreich Preußen die Arbeit für Kinder unter neun Jahren, ältere Kinder und Jugendliche durften höchstens zehn Stunden am Tag arbeiten. Der Geltungsbereich dieses Gesetzes blieb allerdings zunächst auf Fabriken und Manufakturen beschränkt, d. h., in der Landwirtschaft mussten die Kinder weiterhin zwölf Stunden und mehr arbeiten.

Unser heutiges **Jugendarbeitsschutzgesetz** ist sehr viel umfangreicher. Zentrale Inhalte des Gesetzes sind:
▶ Die Gesundheit von Kindern und Jugendlichen darf nicht gefährdet,
▶ die körperliche und psychische Entwicklung nicht beeinträchtigt werden.

Als Kind gilt, wer noch nicht 15 Jahre alt ist. Jugendlicher ist, wer das 15. Lebensjahr vollendet hat, also 15 Jahre alt ist, bis zur Vollendung des 18. Lebensjahrs. Das Jugendarbeitsschutzgesetz schützt diese Altersgruppen vor Arbeit, die zu früh beginnt, zu lange dauert, zu schwer ist, körperliche oder psychische Schäden nach sich ziehen kann und für Kinder und Jugendliche ungeeignet ist. Die Bestimmungen des Jugendarbeitsschutzgesetzes gelten für Arbeitgeber und Jugendliche gleichermaßen. Im Falle eines Verstoßes werden auch beide bestraft. So darf ein Jugendlicher, auch wenn er mehr verdienen möchte, nicht länger arbeiten, als es das Gesetz vorschreibt.

Die wichtigsten Inhalte des Jugendarbeitsschutzgesetzes sind:

Arbeitszeit (§§ 4, 8, 15)	Tägliche Freizeit (§ 13)	Frühester Arbeitsanfang (§ 14)
grundsätzlich: 8 Stunden tägl. 40 Stunden in der Woche an 5 Tagen	**grundsätzlich:** 12 Stunden ununterbrochen	**grundsätzlich:** 6.00 Uhr
Ausnahmen: Landwirtschaft: 9 Stunden tägl. für Jugendliche über 16 Jahre in der Doppelwoche aber nicht über 85 Stunden	**Ausnahmen:** keine	**Ausnahmen:** 5.00 Uhr Landwirtschaft, Bäckereien, Konditoreien **Ausnahmen:** 4.00 Uhr für Jugendliche ab 17 Jahren in Bäckereien

Spätester Arbeitsschluss (§ 14)	Höchstschichtzeit (§ 12)	Verboten (§§ 16, 17, 18, 22, 23)
grundsätzlich: 20.00 Uhr	(= die Zeit von Arbeitsbeginn am Morgen bis zum „Feierabend", inkl. Pausen)	**Samstagsarbeit** aber: zahlreiche Ausnahmen
Ausnahmen: 21.00 Uhr Landwirtschaft	**grundsätzlich:** 10 Stunden	**Sonntagsarbeit** aber: zahlreiche Ausnahmen
22.00 Uhr Gaststätten, Schausteller	**Ausnahmen:** 8 Stunden Bergbau unter Tage	**gefährliche Arbeiten** (z. B. Arbeiten mit Chemikalien; körperlich schwere Arbeiten; sittlich gefährdende Arbeiten)
23.00 Uhr Schichtbetriebe	11 Stunden Gaststätten, Landwirtschaft, Tierhaltung, Baustellen	**Akkordarbeit**
Urlaub (§ 19)	**Ärztliche Untersuchungen (§§ 32, 33)**	**Ruhepausen (§ 11)**
Bei einem Alter von: unter 16 → 30 Werktage unter 17 → 27 Werktage unter 18 → 25 Werktage	**Erstuntersuchung:** Bescheinigung über die ärztliche Untersuchung darf nicht älter sein als 14 Monate **Nachuntersuchung:** Nach dem 1. Ausbildungsjahr (sonst keine Weiterbeschäftigung)	**grundsätzlich:** Als Ruhepause gilt nur eine Arbeitsunterbrechung von mind. 15 Minuten Bei einer Arbeitszeit von: 4,5 bis 6 Std. → 30 Min. mehr als 6 Std. → 60 Min.

48 Kreuze richtig an.

Das Jugendarbeitsschutzgesetz gilt für …

☐ Beschäftigte, die das 18. Lebensjahr beendet haben.

☐ Beschäftigte, die noch nicht 18 Jahre alt sind.

49 Eine wichtige Bestimmung des JArbSchG ist die Regelung der Arbeitszeit.

a Erkläre, wie die tägliche und die wöchentliche Arbeitszeit grundsätzlich geregelt sind.

_____

_____

_____

b Die Landwirtschaft bildet eine Ausnahme.
Wie ist hier die Dauer der Arbeitszeit geregelt?

_____

_____

_____

c Sieh dir die Tabelle mit den wichtigsten Inhalten zum Jugendarbeitsschutzgesetz auf S. 35–36 noch einmal an. Entnimm ihr die Informationen, die
du zum Ergänzen des Lückentextes benötigst.

Grundsätzlich dürfen Jugendliche ab _____ Uhr beschäftigt werden.

Ausnahmen gibt es in der _____ und für

_____ und _____, hier

dürfen Jugendliche ab _____ Uhr arbeiten. Ab 17 Jahren dürfen sie

in _____ ab 4.00 Uhr arbeiten.

Der späteste Arbeitsschluss ist grundsätzlich um _____ Uhr, aber auch

hier gibt es Ausnahmen: In der _____, darf bis

21.00 Uhr gearbeitet werden, für Gaststätten und Schausteller gilt sogar

_____ Uhr und für _____ 23.00 Uhr.

50 Kreuze richtig an. Wie viele Stunden ununterbrochene Freizeit stehen einem
Jugendlichen zwischen Arbeitsende und Arbeitsbeginn zu?

☐ 8 Stunden

☐ 10 Stunden

☐ 12 Stunden

51 Wie sind die Ruhepausen geregelt? Ergänze den Lückentext:

Jugendlichen müssen im Voraus feststehende Ruhepausen von angemessener

Dauer zugestanden werden. Ein Ruhepause muss mindestens _____ Minuten

lang dauern. Bei einer Arbeitszeit von mehr als viereinhalb Stunden muss die

Pause mindestens _____ Minuten betragen, bei einer Arbeitszeit von mehr als

sechs Stunden mindestens _____ Minuten.

52 Natürlich steht jedem Auszubildenden auch Urlaub zu. Die gesetzliche Urlaubsregelung richtet sich dabei nach dem Alter des Azubis.

Ordne dem jeweiligen Alter die richtige Zahl von Urlaubstagen zu, verbinde mit Pfeilen:

unter 16 Jahre	mindestens 27 Tage
unter 17 Jahre	mindestens 25 Tage
unter 18 Jahre	mindestens 30 Tage

53 Welche Tätigkeiten dürfen Jugendliche nicht ausführen?

_____

_____

_____

54 Für die Arbeit an Samstagen, Sonn- und Feiertagen gelten verschiedene Regeln. Lies dir die folgenden Aussagen durch und entscheide jeweils, ob die Aussage zutrifft oder nicht. Sieh dir dazu die Paragrafen 16 und 17 des JArbSchG an. Das komplette JArbSchG findest du im Internet unter dem Stichwort „Jugendarbeitsschutzgesetz".

	trifft zu	trifft nicht zu
Jugendliche dürfen an Sonntagen in Gaststätten arbeiten.	☐	☐
Jugendliche dürfen an Samstagen in Reparaturwerkstätten für Kraftfahrzeuge arbeiten.	☐	☐
Jugendliche dürfen an Sonntagen in Altersheimen nicht beschäftigt werden.	☐	☐
Jugendliche dürfen an Samstagen im Friseursalon arbeiten.	☐	☐
Jugendliche dürfen in der Landwirtschaft nur an zwei Sonntagen im Monat arbeiten.	☐	☐

55 Welche beiden ärztlichen Untersuchungen muss jeder Auszubildende vornehmen lassen und zu welchem Zeitpunkt?

_____

_____

_____

_____

56 Löse die folgenden Fallbeispiele mithilfe des Jugendarbeitsschutzgesetzes im Internet. Verweise jeweils auf die entsprechenden Bestimmungen.

a Milla (17) macht eine Ausbildung zur Krankenschwester. Die Arbeit gefällt ihr ganz gut, aber sie möchte an den Wochenenden freihaben, da sie gehört hat, dass Jugendliche an Samstagen und Sonntagen nicht arbeiten müssen. Steht ihr die Freizeit zu?

_____

_____

_____

_____

b Simona (17) macht eine Ausbildung zur Hotelfachfrau. Ihre Schicht endet um 22.00 Uhr. Kurz vor Feierabend kommt ihr Chef auf sie zu und fordert sie auf, am nächsten Morgen um 6.00 Uhr die Frühschicht zu übernehmen. Muss Simona die Frühschicht übernehmen?

_____

_____

_____

_____

c Julius (16) macht eine Lehre zum Kfz-Mechatroniker. Er arbeitet nun schon seit sieben Stunden ununterbrochen. Als er zu seinem Meister geht und eine Pause verlangt, sagt dieser: „Stell dich nicht so an, du hattest vorhin fünf Minuten, in denen du herumgestanden bist."
Steht Julius eine Pause zu?

_____

_____

_____

_____

d Can (16) macht eine Bäckerlehre. Seine Arbeit beginnt täglich um 4.00 Uhr. Steht der tägliche Arbeitsbeginn im Einklang mit dem Jugendarbeitsschutzgesetz?

_____

_____

_____

_____

_____

e Simon (17) soll noch schnell vor Feierabend Fässer mit giftigen Substanzen mit dem Gabelstapler ins Lagerhaus fahren. Er sagt: „Das habe ich doch noch nie gemacht." Sein Chef meint nur: „Los komm, das ist gleich gemacht!"
Darf Simon die Fässer ins Lagerhaus bringen?

_____

_____

_____

_____

_____

7 Warum Menschen arbeiten

Kaum ein Begriff ist so vielschichtig wie der der Arbeit. Was der eine als Arbeit empfindet, ist für den anderen Hobby oder Erholung. Tätigkeiten, die wir als Vergnügen ansehen, bezeichnen andere als Arbeit und umgekehrt. Was genau ist also Arbeit? Eine Definition für Arbeit lautet folgendermaßen: Arbeit ist ein **planvolles, auf ein Ziel ausgerichtetes Tun**. Damit sind alle Arten von Arbeit umschrieben. Als Arbeit im engeren Sinn bezeichnet man die **Erwerbstätigkeit**, also Arbeit, um Geld zu verdienen.

Auch wenn Arbeit für jeden Menschen etwas anderes bedeutet und jeder selbst bestimmen muss, welchen Wert er persönlich der Arbeit beimisst, ist doch jedem klar, dass Erwerbstätigkeit sowohl für den Einzelnen als auch für die Gesellschaft unerlässlich ist.

Warum also gehen wir täglich zur Arbeit? Zunächst einmal arbeiten wir für unseren **Lebensunterhalt**. Um uns eine Wohnung leisten zu können, um Lebensmittel oder Kleidung einzukaufen oder auch um in den Urlaub zu fahren, brauchen wir Geld, das wir durch Arbeit verdienen. Arbeit hilft außerdem, **Werte zu schaffen**. Um beispielsweise ein Haus bauen zu können oder größere Anschaffungen zu tätigen, benötigen wir Geld, das wir durch Arbeit verdienen können. Wir alle sind einen gewissen **Lebensstandard** gewohnt. Wenn wir diesen Standard halten möchten, müssen wir arbeiten gehen, um so die nötigen finanziellen Mittel zur Verfügung zu haben. Arbeit trägt auch dazu bei, **soziale Sicherheit** zu gewährleisten: Beim Eintritt ins Rentenalter erwarten Menschen ein Ruhestandsgehalt, das bekommt aber nur derjenige, der vorher viele Jahre gearbeitet und in die Rentenkasse einbezahlt hat. Ein weiterer wichtiger Grund zu arbeiten liegt für viele Menschen in dem Wunsch, **Leistung** zu erbringen. Im Beruf Erfolg zu haben, die Arbeit gut zu erledigen und dafür Anerkennung zu erhalten, trägt sehr zur persönlichen Zufriedenheit der Menschen bei. Nicht zuletzt führt Arbeit aber auch zu **gesellschaftlicher Anerkennung**. Viele Berufe wie z. B. der des Arztes oder des Anwalts sind innerhalb unserer Gesellschaft besonders hoch geschätzt. Arbeitslose Menschen dagegen fühlen sich oft nutzlos und gesellschaftlich nicht anerkannt. Arbeit als Erwerbstätigkeit spielt natürlich für die Gesellschaft insgesamt eine wesentliche Rolle, denn ohne Arbeit würden keine **Rohstoffe gewonnen** und **Waren, Lebensmittel und Maschinen produziert** werden. Sowohl die Produktion von Waren und Dienstleistungen als auch die Arbeit selbst bedeuten für den Staat **Steuereinnahmen**, und diese Steuern kommen letztlich der Gesellschaft in Form von Schulen, Straßen usw. wieder zugute.

57 Der Text nennt eine allgemeine und eine engere Definition von Arbeit. Schreibe beide Definitionen auf.

_____

_____

_____

_____

58 Warum arbeiten Menschen? Zähle vier mögliche Gründe auf.

_____

_____

59 Der monatliche Lohn macht es möglich, unseren Lebensstandard zu halten.

a Welche Faktoren bestimmen deinen momentanen Lebensstandard?

_____

_____

b Welchen Betrag würdest du monatlich veranschlagen, um deinen derzeitigen Lebensstandard aufrechterhalten zu können?

_____

60 Erkläre, warum das Erbringen von Leistungen für Menschen wichtig ist.

_____

_____

_____

_____

61 Viele Arbeitslose fühlen sich nutzlos und gesellschaftlich nicht anerkannt.
Schreibe den Grund dafür auf.

_____

_____

_____

_____

62 Es gibt in unserer Gesellschaft Berufe, die besonders anerkannt werden.
Welche Berufe könnten das sein? Begründe deine Antwort.

_____

_____

_____

_____

63 Arbeit ist nicht nur für den Einzelnen sehr wichtig, sie hat auch für die Gesellschaft eine große Bedeutung.
Kreuze die gesellschaftlich wichtigen Merkmale von Arbeit an.

Gesellschaftlich relevante Merkmale von Arbeit	richtig	falsch
Gewinn von Rohstoffen	☐	☐
Erhalten des eigenen Lebensstandards	☐	☐
Produktion von Waren, Lebensmitteln, Maschinen	☐	☐
Anerkennung und Erfolgsgefühl	☐	☐
Produktion von Dienstleistungen	☐	☐
Steuereinnahmen für den Staat	☐	☐
persönliche Zufriedenheit	☐	☐

8 Wandel der Arbeitswelt – Berufe der Zukunft

In den letzten Jahrzehnten hat sich die Arbeitswelt in Deutschland stark verändert. Die Entwicklung zur **Dienstleistungsgesellschaft** und die fortschreitende **Globalisierung** stellen neue Anforderungen an die Arbeitnehmer. So werden neben **Grundlagenkenntnissen** sogenannte **Schlüsselqualifikationen** wie Teamfähigkeit, Zuverlässigkeit, Flexibilität etc. immer wichtiger, um in der neuen Arbeitswelt bestehen zu können.

Der Wandel der Arbeitswelt hat zwei Gesichter: Während auf der einen Seite durch den effektiven Einsatz von Maschinen Arbeitsplätze verloren gehen, schaffen andererseits neue Entwicklungen auch neue Arbeitsplätze. Innovative Technologien tragen außerdem dazu bei, die Menschen von gefährlichen und körperlich anstrengenden Arbeiten zu entlasten.

Innovation heißt Erneuerung und bedeutet für Betriebe die Entwicklung neuer Produktionsformen, neuer Werkstoffe, verbesserter Produkte sowie einer verbesserten Arbeitsorganisation. Innovationen sind für Betriebe deshalb so wichtig, weil sie sich so Marktvorteile verschaffen, konkurrenzfähig bleiben und ihre Gewinne maximieren können. Beispiele für innovative Techniken bei der Produktion gibt es viele. Ein Beispiel für eine wichtige Innovation ist das für Diabetiker lebensnotwendige Insulin. Bis vor wenigen Jahren wurde es aus der Bauchspeicheldrüse von Schlachttieren gewonnen, heute wird künstliches Insulin in großen Mengen und viel günstiger durch genveränderte Bakterien hergestellt. Technische Innovationen in der Arbeitswelt gibt es unter anderem in den Bereichen der Steuerungstechnik, der Nanotechnik, der Lasertechnik, der Biotechnik und bei Verbundwerkstoffen.

Der Wandel der Arbeitswelt wird insbesondere in der immer stärkeren weltweiten Verflechtung und internationalen Zusammenarbeit vieler Unternehmen deutlich. **Globalisierung** (global = weltumspannend) heißt Wirtschaften und Wettbewerb auf weltweiten Märkten. Unternehmen produzieren an Standorten in allen Erdteilen und erschließen sich dadurch auch die Märkte weltweit. **Standortbedingungen** wie Lohnkosten, Fachkräfteangebot, Steuern, gesetzliche Vorschriften und Absatzchancen sind dabei entscheidende Auswahlkriterien. Offene Grenzen, moderne Transportsysteme und vor allem die sich ständig verbessernde Informations- und Kommunikationstechnologie beschleunigen die Globalisierung. Im Bereich der Forschung und Entwicklung etwa kann nun rund um die Uhr gearbeitet werden. Ein Beispiel dazu: Ein Entwicklungsingenieur mit Sitz in München arbeitet bis 18.00 Uhr, mailt dann den aktuellen Entwicklungsstand seines Projekts zu einem Kollegen nach New York, dessen Arbeitstag aufgrund der Zeitverschiebung gerade beginnt. Bei Dienstschluss schickt dieser die Ergebnisse wieder weiter, z. B. nach Japan, von wo der Projektstand nach erneuter Weiterentwicklung schließlich wieder nach München zurückgemailt wird.

In vielen Fällen werden Güter nicht mehr an einem Standort komplett hergestellt. Die Motoren von Audi z. B. werden in Ungarn produziert, aber in Ingolstadt in die Autos eingebaut.

Beispiel: Herstellung einer Jeans – Reise um die halbe Welt

▶ Die Baumwolle für den Jeansstoff wird in Indien angebaut.
▶ Nach der Ernte wird sie nach China gebracht und dort zu Fäden gesponnen.
▶ In Taiwan wird der Baumwollfaden anschließend gefärbt.
▶ Danach wird das Garn zum Weben des Stoffes nach Polen transportiert.
▶ Auf den Philippinen werden die einzelnen Stoffteile zu Hosen zusammengenäht.
▶ Erst dann kommt die Jeans nach Deutschland in die Läden und wird dort verkauft.

Quelle: WDR: neuneinhalb Lexikon. Im Internet unter:
http://neuneinhalb.wdr.de/lexikon/G/globalisierung.php5

Der Wandel der Arbeitswelt zeigt sich ganz deutlich an der zunehmenden Entwicklung von der Industrie- zur Dienstleistungsgesellschaft. Der Wirtschaftssektor „Dienstleistung" wird als tertiärer (dritter) Sektor (Bereich) bezeichnet. Diesen fortschreitenden Wandel nennt man auch **Tertiarisierung**.

Oftmals ist der Übergang vom produzierenden Gewerbe hin zur Dienstleistung fließend. Beispielsweise dann, wenn ein Metzger Waren (Fleisch und Wurst) nicht nur herstellt, sondern daneben auch noch einen Partyservice anbietet, bei dem er fertige Festessen ins Haus liefert und weitere Serviceaufgaben übernimmt. Oder wenn ein Installationsbetrieb neben dem Einbauen von Heizungsanlagen auch die Wartung der Anlagen übernimmt.

64 Die Arbeitswelt hat sich in den letzten Jahrzehnten stark verändert.
Nenne die beiden Hauptgründe für diese Veränderung.

_____

_____

65 Ergänze die richtigen Begriffe:

_____ und _____

werden für Arbeitnehmer immer wichtiger, um in der neuen Arbeitswelt bestehen zu können.

66 Teamfähigkeit, Zuverlässigkeit und Flexibilität sind entscheidende Schlüsselqualifikationen.
Nenne drei weitere Beispiele.

_____

_____

67 Was bedeutet der Begriff Innovation wörtlich? Kreuze an.

☐ Neuer Anfang

☐ Erneuerung

☐ Verbesserung

☐ Fortschritt

68 In vielen Bereichen der Arbeitswelt gibt es technische Innovationen.
Schreibe drei Beispiele auf.

_____

_____

69 Nenne drei Gründe, warum Innovationen für Betriebe sehr wichtig sind.

_____

_____

_____

70 Ordne die folgenden Begriffe den entsprechenden Aussagen zu.
Beachte: Nicht alle Begriffe können einer Aussage zugeordnet werden.

Innovation – Technologie – Tertiarisierung – Lohnkosten – tertiärer Sektor –
Standortbedingungen – Konjunktur – Schlüsselqualifikation – Globalisierung –
Industriegesellschaft

	Wirtschaften und Wettbewerb auf weltweiten Märkten
	Wirtschaftssektor, der den Bereich Dienstleistung umfasst
	Kriterien wie Fachkräfteangebot, Absatzchancen etc., die für die Wahl eines Produktionsorts entscheidend sind
	eine Gesellschaft, in der die meisten Erwerbstätigen im produzierenden Gewerbe arbeiten

71 In die folgende Reihe haben sich einige Fehler eingeschlichen.
Streiche Falsches durch.

Zu den Standortbedingungen zählen: Freibäder, Lohnkosten, Fachkräfteangebot, Einkaufscenter, Steuern, gesetzliche Vorschriften, Tiefgaragen, Absatzchancen.

72 Den fortschreitenden Wandel der Arbeitswelt nennt man „Tertiarisierung".
Erkläre diesen Begriff.

_____

_____

_____

73 Die unten stehende Tabelle zeigt, wie sich der Anteil der Erwerbstätigen im produzierenden Gewerbe und im Dienstleistungsbereich zwischen 1950 und 2018 verändert hat.

	1950	2018
Produzierendes Gewerbe	43 %	24 %
Dienstleistungsbereich	33 %	75 %

Quelle: Statistisches Bundesamt, Wiesbaden 2019

a Beschreibe kurz die Entwicklung der Arbeitswelt von 1950 bis 2018.

_____

_____

_____

_____

b Trage die Entwicklungen im Dienstleistungsbereich und im produzierenden Gewerbe jeweils als Linie in unten stehendes Diagramm ein.

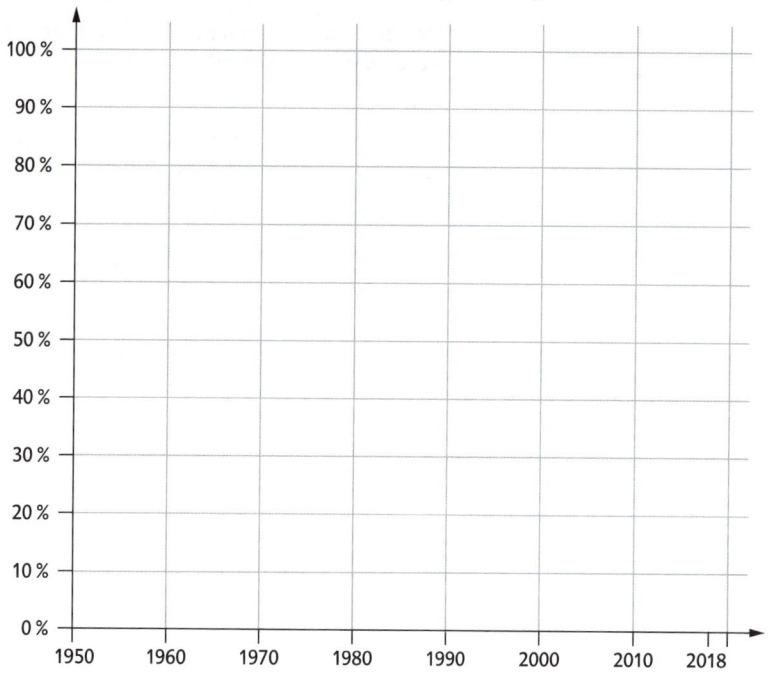

74 Nimm Stellung zu den folgenden Aussagen über die Rolle neuer Technologien in der Arbeitswelt.

Stimmst du den Aussagen zu? Begründe deine Antwort.

Durch den zunehmenden Einsatz von Maschinen gehen Arbeitsplätze verloren.

Ich stimme zu: ☐ ja ☐ nein

Begründung: _____

_____

_____

_____

_____

_____

Durch neue Technologien werden Arbeitsplätze geschaffen.

Ich stimme zu: ☐ ja ☐ nein

Begründung: _____

_____

_____

_____

_____

_____

9 Mobilität, Flexibilität und lifelong learning

Die Zeiten, in denen Menschen nach der Schule einen Beruf erlernten und diesen ein Leben lang in derselben Firma ausübten, sind vorbei. Aufgrund der Veränderungen in der Arbeitswelt gibt es solche **„Normalarbeitsverhältnisse"** kaum noch. Die Ursachen dafür liegen vor allem in der Entwicklung neuer Technologien und der Globalisierung.

Arbeitsverhältnisse in der Gegenwart sind häufig nicht mehr dauerhaft, sondern **zeitlich befristet**. Viele Menschen arbeiten in sogenannten **geringfügigen Beschäftigungsverhältnissen** (z. B. 450-Euro-Jobs – auch: „Minijob"). Weitverbreitet sind auch **Teilzeitarbeitsplätze**, ihre Zahl wächst ständig. Zahlreiche Arbeitnehmer sind bei **Zeitarbeitsfirmen** beschäftigt und werden an fremde Unternehmen für bestimmte Projekte und eine bestimmte Zeitdauer ausgeliehen. Zunehmen wird in Zukunft auch die **freie Mitarbeit**, d. h. ohne festes Beschäftigungsverhältnis, und die **Telearbeit**. Die Telearbeit bietet mittels der modernen Informations- und Kommunikationstechnologien die Möglichkeit, ortsunabhängig am Arbeitsprozess teilzunehmen, und so wird Arbeiten ohne Trennung von Wohnung und Familie möglich.

Die Fähigkeit zur **Teamarbeit** wird in der modernen Arbeitswelt verstärkt gefordert. Teamarbeit erfordert von allen Teammitgliedern gleiches Arbeitsengagement. Jeder Mitarbeiter verfügt über spezielle Fähigkeiten, die in einen koordinierten Gruppenprozess eingeordnet sind, das Ergebnis ergibt ein funktionierendes Ganzes. Auch die Ansprüche an die **Mobilität** und **Flexibilität** der Arbeitnehmer steigen. Mobil sein, d. h. beweglich sein, bedeutet an unterschiedlichen Orten zu arbeiten, unter Umständen auch für längere Zeit im Ausland. Flexibilität bedeutet Anpassungsfähigkeit. Der Arbeitnehmer muss seine Arbeitszeit an betriebliche Bedingungen wie Auftragslage und Maschinenauslastung anpassen. Ebenso muss er hinsichtlich unterschiedlicher Aufgabenbereiche und Tätigkeiten flexibel sein.

Vor allem **neue Arbeitszeitmodelle** regeln die Dauer und den Zeitraum der Beschäftigungszeiten. Eingeführt werden diese Modelle, um Maschinen und Produktionsanlagen entsprechend der Auftragslage optimal nutzen zu können und um so die Arbeitsplätze zu sichern.

Der rasche Wandel der Arbeitswelt führt auch zu starken Veränderungen in den Berufen. Eine Sekretärin, die vor 40 Jahren Schreibmaschine schrieb, muss heute am PC unterschiedliche Textverarbeitungsprogramme beherrschen. Der Beruf des Schriftsetzers ist fast völlig verschwunden. Heute werden Zeitungen und Bücher am Computer „gesetzt". Diesen Herausforderungen kann ein Arbeitnehmer nur durch die Bereitschaft zu **lebenslangem Lernen** begegnen. **Lifelong learning** wird eine Grundvoraussetzung sein, um im Berufsleben erfolgreich zu sein.

Mobilität, Flexibilität und die Bereitschaft zu lifelong learning sind also Voraussetzungen im heutigen Berufsleben. Dennoch werden immer mehr Menschen in ihrer Berufslaufbahn auch Zeiten ohne Erwerbsarbeit haben. Flexible Arbeitsverhältnisse, Phasen der Weiterbildung, Auslandsaufenthalte oder Auszeiten (Sabbaticals) führen zu Unterbrechungen im Erwerbsleben und machen den Lebenslauf zu einem bunten „Flickwerk" (engl. = Patchwork). In der Wissenschaft wurde dafür der Begriff **„Patchwork-Berufsbiografie"** geprägt.

75 Unsere Großeltern und Eltern arbeiteten in „Normalarbeitsverhältnissen".

   a Was versteht man darunter?

_____

_____

   b Nenne zwei Gründe für den Rückgang von Normalarbeitsverhältnissen.

_____

_____

76 Warum werden neue Arbeitszeitmodelle eingeführt?

_____

_____

77 Statt der Normalarbeitsverhältnisse gibt es heutzutage eine ganze Reihe von neuen Beschäftigungsformen.

Ordne den folgenden Erläuterungen jeweils die entsprechende Form des Beschäftigungsverhältnisses zu.

neue Formen der Beschäftigung	Merkmale/Erläuterungen
	zeitlich begrenzt, Arbeit im Niedriglohnbereich
	nicht die volle Zeit arbeitend, Arbeitszeit begrenzt bzw. reduziert
	Arbeitskräfte werden für einen bestimmten Zeitraum für ein bestimmtes Projekt ausgeliehen
	keine feste Anstellung, Arbeit nach Bedarf
	ortsunabhängiges Arbeiten mittels moderner Informations- und Kommunikationstechnologien

78 Die Bedeutung der Teilzeitarbeit hat in den letzten Jahren stark zugenommen. Daraus ergeben sich sowohl für den Betrieb als auch für den Arbeitnehmer Vor- und Nachteile.

Trage in die Tabelle jeweils einen Vor- und einen Nachteil für Betrieb und Arbeitnehmer ein.

	Vorteile	Nachteile
Arbeitnehmer		
Arbeitgeber		

79 Vervollständige folgenden Satz sinnvoll. Kreuze alle richtigen Antworten an.

Teamarbeit in der modernen Arbeitswelt erfordert …

- ☐ gleiche Ausbildung der Mitarbeiter.
- ☐ gleiches Arbeitsengagement der Mitarbeiter.
- ☐ gleiches Alter der Mitarbeiter.
- ☐ spezielle Fähigkeiten der einzelnen Mitarbeiter.
- ☐ Koordination in der Gruppe.

80 Schau dir die folgende Karikatur zum Thema „neue Beschäftigungsformen"
genau an und beantworte anschließend die Fragen.

a Beschreibe zunächst, was du auf dieser Zeichnung siehst.

_____

_____

_____

_____

b Welche neue Arbeitsform wird hier dargestellt?

_____

c Was möchte der Karikaturist mit seiner Zeichnung aussagen?

_____

_____

_____

_____

_____

_____

81 Die moderne Arbeitswelt verlangt von den Arbeitnehmern neue Fähigkeiten.

   a Erkläre die folgenden Begriffe:

     Flexibilität: _____

     Mobilität: _____

     Lifelong learning: _____

   b Suche zu jedem dieser Begriffe ein Beispiel und führe es kurz aus.

_____

_____

_____

_____

_____

_____

82 „Patchwork-Berufsbiografien (Patchwork = Flickwerk) werden in Zukunft stark zunehmen."
Erläutere diese Aussage mit eigenen Worten.

_____

_____

_____

_____

_____

83 Ein Werkstattleiter einer großen Automobilfirma erhält das Angebot, für sechs Monate beim Aufbau einer neuen Werkshalle an einem ausländischen Standort des Unternehmens mitzuarbeiten. Er überlegt, ob er das Angebot ablehnen soll, denn eigentlich möchte er nicht im Ausland arbeiten.
Wäre das deiner Meinung nach eine kluge Entscheidung? Begründe.

_____

_____

_____

_____

10 Die Bedeutung der Fort- und Weiterbildung

Um die wirtschaftlichen, sozialen und ökologischen Herausforderungen in der modernen Gesellschaft und Arbeitswelt zu bewältigen, wird es für Arbeitnehmer heutzutage immer wichtiger, sich beruflich weiterzubilden. Es gilt, die in der ersten Ausbildungsphase erworbenen Kenntnisse und Fähigkeiten immer wieder den **neuen Anforderungen des Berufes anzupassen**. Neben Schul- und Berufsausbildung wird deshalb in Zukunft die berufliche **Fort- und Weiterbildung** einen immer höheren Stellenwert im Berufsleben der Menschen einnehmen. Dem steigenden Bedarf an Weiterbildung entsprechend haben die Angebote privater und öffentlicher Einrichtungen bereits stark zugenommen.

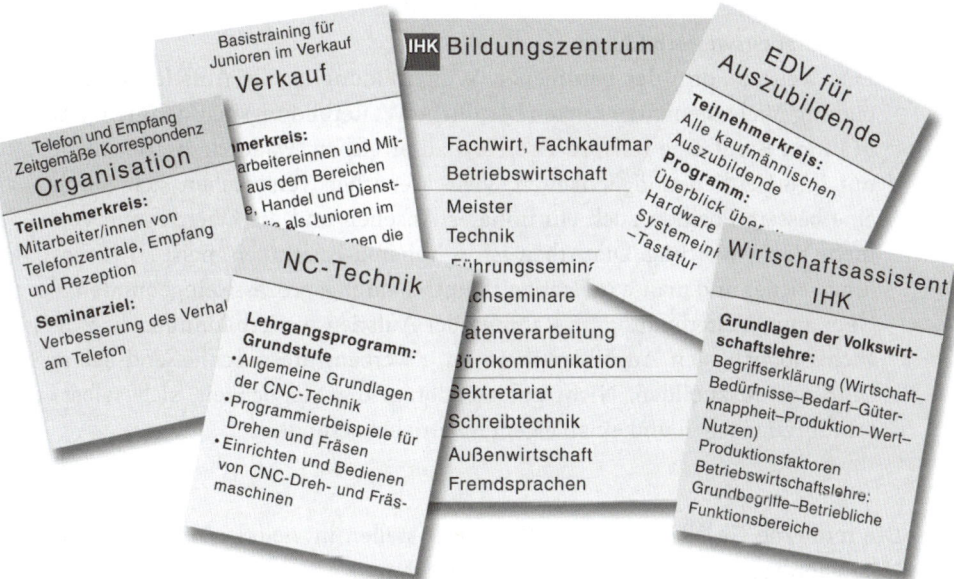

Die Begriffe Fortbildung und Weiterbildung werden im beruflichen Zusammenhang gleichbedeutend verwendet. In beiden Fällen geht es um:
▶ Anpassung an technische und/oder organisatorische Weiterentwicklungen
▶ Weiterbildung zum beruflichen Aufstieg
▶ berufliche Umschulung

Die **betriebliche Weiterbildung** ist eine der häufigsten Formen der Weiterbildung. Um wettbewerbsfähig zu bleiben, investieren Unternehmen in das Know-how ihrer Mitarbeiter. Man unterscheidet bei der betrieblichen Weiterbildung grundsätzlich zwischen **Anpassungs- und Aufstiegsweiterbildung**.

▶ **Die Anpassungsweiterbildung**

Durch die Anpassungsweiterbildung soll **vorhandenes Wissen** und Können **erweitert**, **vertieft** und **aktualisiert** werden. Wenn ein Betrieb beispielsweise neue Technologien einsetzt oder sich das Berufsbild vollkommen wandelt, dann ist eine Anpassungsweiterbildung für die Mitarbeiter unerlässlich. Als z. B. im Berufsbild des Drehers CNC-Maschinen die herkömmlichen Drehmaschinen ablösten, mussten die Beschäftigten sich der neuen Technologie durch Weiterbildung anpassen. Ohne Anpassungsweiterbildung wäre die weitere Ausübung des Berufs nicht möglich gewesen. Indem sich die Beschäftigten an die neuen Anforderungen ihres Berufs anpassen, leisten sie einen wichtigen Beitrag zur Sicherung ihrer Arbeitsplätze.

▶ **Die Aufstiegsweiterbildung**

Eine weitere Form der beruflichen Weiterbildung ist die Aufstiegsweiterbildung. Viele Menschen nutzen berufliche Weiterbildungsmaßnahmen, um in ihrem Beruf eine **höhere Position** zu erreichen. Dadurch steigen nicht nur ihre Verdienstmöglichkeiten; viele Menschen versprechen sich durch eine bessere Position auch ein höheres Ansehen und die Übertragung von mehr Verantwortung. Die Arbeit ist in höheren Positionen meist abwechslungsreicher und man wird stärker in Entscheidungsprozesse eingebunden.
Über eine Weiterbildung im Rahmen der Aufstiegsweiterbildung ist es z. B. auch möglich, den Ausbilderschein zu erwerben, um anschließend selbst Lehrlinge auszubilden. Nicht zuletzt gibt es die Möglichkeit, sich selbstständig zu machen und einen eigenen Betrieb zu gründen.

84 Die moderne Gesellschaft und Arbeitswelt stellen in vielerlei Hinsicht neue Herausforderungen an Betriebe und Arbeitnehmer.

a Nenne drei Arten von neuen Herausforderungen, die für die Menschen entstehen.

_____

_____

_____

_____

b Ergänze die Tabelle, indem du den gegebenen Beispielen jeweils die richtige Art der Herausforderung zuordnest.

Art der Herausforderung	Beispiel
	eigenständig für die Rente vorsorgen
	im Ausland arbeiten
	sich als Kaminkehrer weiterbilden, um Abgasmessungen durchführen zu können

85 Die Kenntnisse und Fertigkeiten der ersten Ausbildungsphase reichen nicht mehr für ein ganzes Berufsleben aus. Arbeitnehmer müssen sich weiterbilden. Begründe diese Forderung.

_____

_____

_____

_____

86 Sieh dir die Grafik „Weiterbildungsangebote" auf Seite 55 an.
Welche Angebote gibt es? Schreibe drei Angebote heraus, die dich interessieren könnten.

_____

_____

_____

_____

87 Kreuze die richtigen Antworten an.

Bei der beruflichen Fort- und Weiterbildung geht es um die …

☐ Anpassung an technische Weiterentwicklungen.

☐ Anpassung an neue Arbeitszeiten.

☐ Weiterbildung zum Aktionär.

☐ Weiterbildung zum beruflichen Aufstieg.

☐ berufliche Umschulung.

☐ beruflichen Ausbildungsplätze.

88 Viele Menschen bilden sich beruflich fort und weiter.
Warum nehmen sie diese Mühen auf sich? Sammle in dem unten stehenden
Cluster mögliche Gründe.

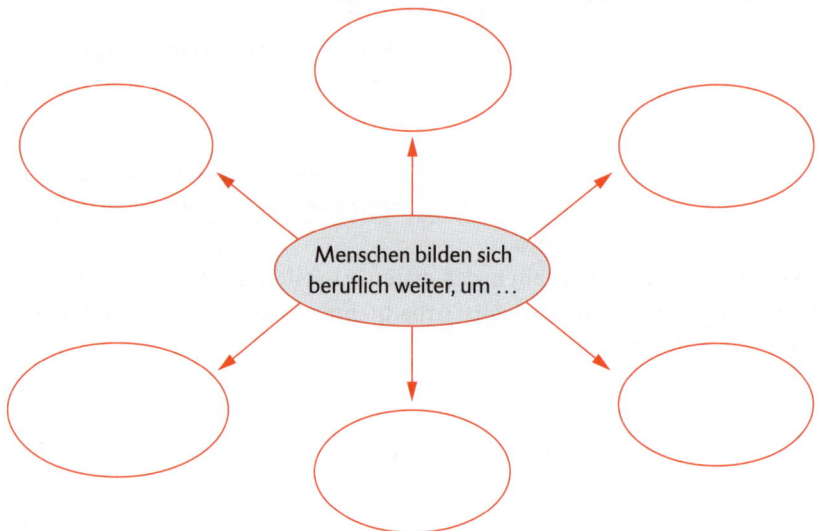

89 Erkläre anhand eines selbst gewählten Beispiels, warum es für einen Betrieb
wichtig ist, Anpassungsweiterbildungen durchzuführen.

_____

_____

_____

_____

90 Tobias (16) macht eine Ausbildung zum Gas- und Wasserinstallateur. „Wenn
ich die Abschlussprüfung bestanden habe", sagt er, „dann habe ich ausgesorgt.
Ich brauche nichts Neues mehr zu lernen, ich werde ein schönes und beque-
mes Leben führen."
Was erwiderst du ihm darauf?

_____

_____

_____

_____

91 Die Grafik führt verschiedene Formen der betrieblichen Weiterbildung auf.

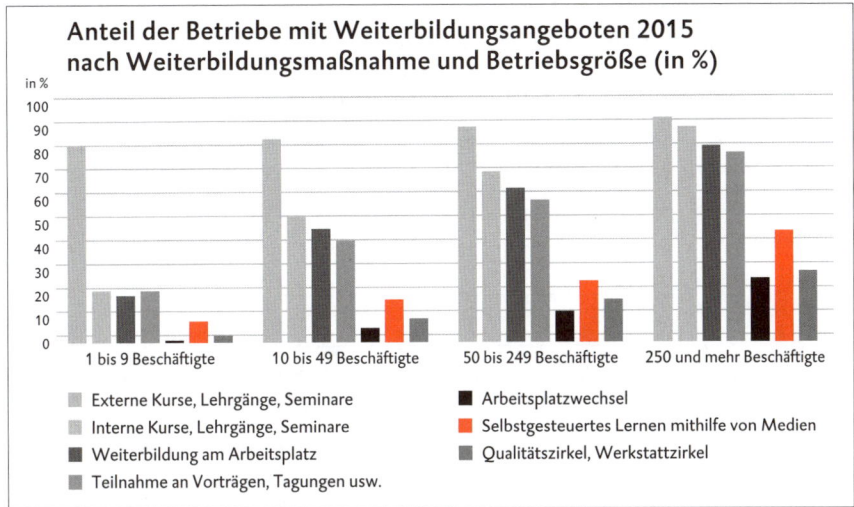

Quelle: Bildung in Deutschland 2018, Ein indikatorengestützter Bericht mit einer Analyse zu Wirkung und Erträgen von Bildung, hrsg. v. Autorengruppe Bildungsberichterstattung, Bielefeld 2018, S. 179

Kreuze an, ob die folgenden Aussagen zutreffen oder nicht.

	trifft zu	trifft nicht zu
Die am häufigsten praktizierte Form der Weiterbildung ist das Lernen in externen Kursen.	☐	☐
Ein Fünftel der Mitarbeiter in kleinen Betrieben mit weniger als 10 Beschäftigten bildet sich am Arbeitsplatz weiter.	☐	☐
Mehr als 50 % aller Betriebe schicken ihre Mitarbeiter auf interne Lehrveranstaltungen.	☐	☐
Die am wenigsten praktizierte Form der betrieblichen Weiterbildung ist der Arbeitsplatzwechsel.	☐	☐
Fast die Hälfte der Mitarbeiter aller Betriebe bildet sich durch selbstgesteuertes Lernen mithilfe von Medien weiter.	☐	☐

92 Nimm Stellung zu der folgenden Aussage über die betriebliche Weiterbildung. Stimmst du der Aussage zu?
Begründe deine Antwort ausführlich.

Fort- und Weiterbildung ist ein gewisser Schutz gegen Arbeitslosigkeit.
Ich stimme zu: ☐ ja ☐ nein
Begründung: _____
_____
_____
_____
_____
_____
_____

93 Ergänze den folgenden Lückentext:

Die in der ersten Ausbildungsphase erworbenen _____ und

_____ gilt es den neuen _____ des

Berufs _____.

Um _____ zu bleiben, _____

Unternehmen in das _____ ihrer Mitarbeiter.

Für Arbeitnehmer wird es immer _____, sich beruflich

_____. Sie leisten dadurch einen wichtigen Beitrag zur

_____ ihrer _____.

11 Problemgruppen auf dem Arbeitsmarkt

Die **Arbeitslosigkeit** in Deutschland sinkt seit mehreren Jahren kontinuierlich und auch die Beschäftigung wächst.

Aber auch wenn die Arbeitslosigkeit in Deutschland in den vergangenen Jahren insgesamt deutlich abgenommen hat, so tragen doch manche Menschen ein höheres Risiko, arbeitslos zu werden bzw. arbeitslos zu bleiben. Bestimmte Personengruppen sind stärker betroffen, die sogenannten **„Problemgruppen auf dem Arbeitsmarkt"**.

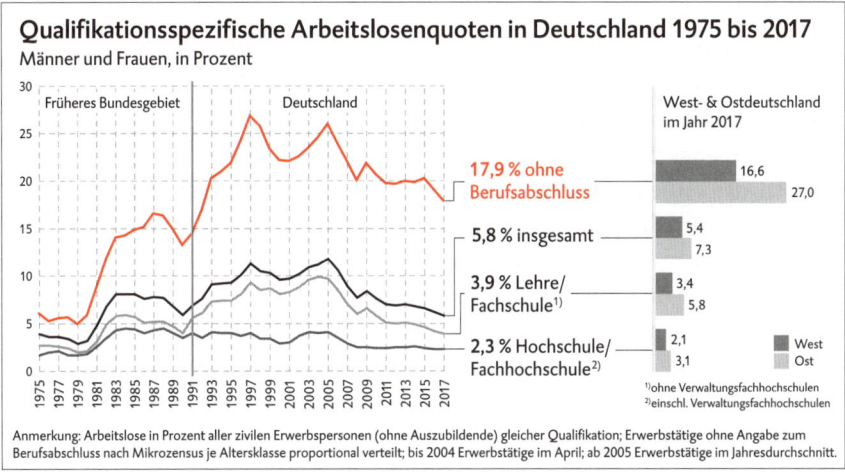

Qualifikationsspezifische Arbeitslosenquoten in Deutschland 1975 bis 2017
Männer und Frauen, in Prozent

Anmerkung: Arbeitslose in Prozent aller zivilen Erwerbspersonen (ohne Auszubildende) gleicher Qualifikation; Erwerbstätige ohne Angabe zum Berufsabschluss nach Mikrozensus je Altersklasse proportional verteilt; bis 2004 Erwerbstätige im April; ab 2005 Erwerbstätige im Jahresdurchschnitt.

Quelle: © IAB 2018. IAB-Berechnungen auf Basis Mikrozensus und Strukturerhebungen der BA

Das Risiko, arbeitslos zu werden, hängt stark davon ab, ob man eine abgeschlossene Berufsausbildung hat oder nicht. Menschen **ohne Berufsausbildung** sind sehr viel häufiger arbeitslos als beruflich Qualifizierte. Während die durchschnittliche Arbeitslosenquote in Deutschland 2017 bei 5,8 % liegt, beträgt die Arbeitslosenquote in der Gruppe der Personen, die keine Berufsausbildung haben, 17,9 %, das ist mehr als dreimal so viel. Ein **Ungelernter**, der seine Berufsschulpflicht von einem Jahr erfüllt hat, verdient sicherlich die ersten Jahre mehr Geld als ein Lehrling. Er ist auch nicht verpflichtet, eine Ausbildung zu absolvieren, allerdings ist sein Risiko, arbeitslos zu werden, wesentlich höher. Eine Berufsausbildung verbessert die Chancen auf dem Arbeitsmarkt in hohem Maße. Auch bei Neueinstellungen werden Bewerber mit einer Berufsausbildung ungelernten Kräften vorgezogen.

Große Schwierigkeiten bei der Suche nach einem Arbeitsplatz haben auch **Langzeitarbeitslose** und **Arbeitslose, die über 50 Jahre** alt sind. Die Gründe sind bei beiden Gruppen ähnlich. Man nimmt an, diese Menschen hätten den Anschluss an die neuen Techniken und Arbeitsformen verloren und seien nicht mehr genügend qualifiziert. Ältere Arbeitslose gelten daneben auch noch als wenig belastbar.

Menschen mit gesundheitlichen Einschränkungen haben geringere Beschäftigungschancen als Gesunde. Besonders große Probleme haben schwerbehinderte Menschen. Die Annahme, diese Menschen seien weniger leistungsfähig, und gesetzliche Vorschriften (z. B. Vorschriften, für behinderte Mitarbeiter besondere Eingänge, Toiletten usw. zu schaffen), tragen dazu bei.

Als besonders schwierig erweist sich die Arbeitsmarktlage für die **ausländische Bevölkerung**. Während in den 1960er- und 70er-Jahren Ausländerinnen und Ausländer als „Gastarbeiter" angeworben wurden, um den bestehenden Arbeitskräftemangel zu beheben, gehören sie heute zu den Problemgruppen des Arbeitsmarktes. Das Risiko für Ausländerinnen und Ausländer, arbeitslos zu werden, ist doppelt so groß wie für Deutsche. Eine große Rolle spielen in diesem Zusammenhang die mangelnde Beherrschung der deutschen Sprache und die oft schlechten schulischen Abschlüsse.

Auch für Personen, die ausschließlich an **Teilzeitbeschäftigung** interessiert sind, ist der Arbeitsmarkt schwierig. Die Zahl der Stellen ist hier niedriger als die Zahl der Bewerber. An Teilzeitbeschäftigung haben in der Regel Frauen größeres Interesse, denn auf diese Weise können sie Beruf und Familie miteinander vereinbaren. Frauen sind deshalb stärker von Arbeitslosigkeit betroffen als Männer.

94   Nenne sechs sogenannte „Problemgruppen" des Arbeitsmarktes.

_____

_____

_____

_____

_____

_____

_____

95   Schau dir das Schaubild „Qualifikationsspezifische Arbeitslosenquoten in Deutschland 1975 bis 2017" auf Seite 61 noch einmal genau an. Löse anschließend die Aufgaben.

a   Kreuze an, welche Aussagen zutreffen und welche nicht.

trifft zu   trifft nicht zu

Die Arbeitslosenquote von Menschen ohne Berufsabschluss war 2017 fast dreimal höher als die Arbeitslosenquote insgesamt.   ☐   ☐

Das geringste Risiko zur Arbeitslosigkeit tragen Hochschul- bzw. Fachhochschulabsolventen.   ☐   ☐

Die Arbeitslosenquote von Menschen mit Lehre bzw. Fachschulabschluss ist ähnlich hoch wie die Quote der Menschen ohne Berufsabschluss.   ☐   ☐

b   Wie unterscheidet sich die qualifikationsspezifische Arbeitslosigkeit in West- und Ostdeutschland?

_____

_____

_____

_____

_____

_____

96 Ergänze das Cluster.

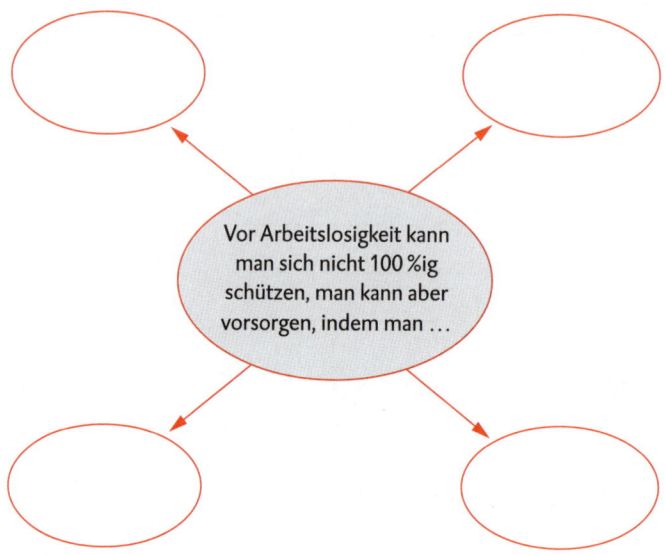

Vor Arbeitslosigkeit kann man sich nicht 100 %ig schützen, man kann aber vorsorgen, indem man …

97 Insbesondere Frauen sind an Teilzeitarbeitsplätzen interessiert. Welche Gründe könnte das haben? Kreuze die richtigen Lösungen an.

☐ Frauen denken, dass ihre Männer genug Geld verdienen.

☐ Frauen kümmern sich um die Kinder und die Hausarbeit.

☐ Frauen können weniger leisten.

☐ Frauen haben oft mit Familie und Beruf eine Doppelbelastung.

98 Ergänze den Lückentext:

Das Risiko, arbeitslos zu werden, ist für einen _____

wesentlich höher als für jemanden mit _____.

Eine Berufsausbildung _____ die Chancen auf dem Arbeits-

markt erheblich. Bei Neueinstellungen werden Bewerber mit einer Berufsaus-

bildung ungelernten Kräften _____.

99 Sieh dir die folgende Tabelle zu den Arbeitslosenzahlen in Deutschland an und beantworte anschließend die Fragen.

Erwerbstätigkeit – Arbeitsmarkt (Arbeitslosenzahlen: September 2019)

Land	Arbeitslose Anzahl	Arbeitslosenquote %	Offene Stellen Anzahl
Baden-Württemberg	202 775	3,2	108 518
Bayern	209 469	2,8	128 605
Berlin	152 366	7,8	26 956
Brandenburg	72 788	5,5	23 551
Bremen	35 993	10,0	7 541
Hamburg	64 593	6,1	15 537
Hessen	146 752	4,3	56 109
Mecklenburg-Vorpommern	53 149	6,5	17 576
Niedersachsen	212 807	4,9	75 755
Nordrhein-Westfalen	635 034	6,5	166 447
Rheinland-Pfalz	95 480	4,2	40 362
Saarland	33 343	6,2	8 939
Sachsen	110 851	5,2	39 295
Sachsen-Anhalt	75 760	6,7	20 712
Schleswig-Holstein	76 296	4,8	26 617
Thüringen	56 574	5,1	22 554
Deutschland	2 234 030	4,9	785 074

Quelle: Statistik der Bundesagentur für Arbeit, September 2019

a Wie hoch war die Arbeitslosenquote in Deutschland im September 2019?

_____

b Zähle die Bundesländer auf, die über der gesamtdeutschen Arbeitslosenquote liegen. Beginne mit dem Land, das die höchste Arbeitslosenquote aufweist.

_____

_____

_____

c Zähle die Bundesländer auf, die unter dem gesamtdeutschen Durchschnitt liegen. Beginne wieder mit dem Land, das die höchste Arbeitslosenquote aufweist.

_____

_____

_____

_____

d Lassen sich bei der Betrachtung der Arbeitslosenzahlen regionale Unterschiede erkennen (z. B. Ost-West-Gefälle oder Nord-Süd-Gefälle)?

_____

_____

_____

_____

100 Ordne den jeweiligen Problemgruppen die sie betreffenden Probleme zu. Verbinde Zusammengehöriges mit Pfeilen.

Personen ohne Berufsausbildung	sind seit mehr als einem Jahr aus dem Arbeitsleben.
Langzeitarbeitslose	haben oft Probleme mit der deutschen Sprache.
Über 50 Jahre alte Arbeitnehmer	haben z. B. Probleme mit den Augen.
Nur an Teilzeit Interessierte	sind nicht ausreichend qualifiziert für einen Beruf.
Ausländische Arbeitnehmer	gelten als nicht mehr so leistungsfähig.
Gesundheitlich eingeschränkte Menschen	sind z. B. alleinerziehende Frauen mit kleinen Kindern.

Arbeit und Wirtschaft

12 Aufbau eines Betriebs

Der Aufbau eines Betriebs richtet sich nach der **Größe des Betriebs** und nach den **Produkten**, die im Betrieb hergestellt werden. Damit die Produktion möglichst reibungslos ablaufen kann, muss festgelegt werden, wer für welche Aufgaben im Betrieb zuständig ist. Die meisten mittleren und größeren Betriebe sind zu diesem Zweck in sechs Bereiche oder Abteilungen unterteilt. Bei großen Betrieben sind die Abteilungen manchmal noch weiter untergliedert, bei Handwerksbetrieben kommt man dagegen oft mit weniger Abteilungen aus. Ein reibungsloser und erfolgreicher Betriebsablauf wird erst durch das Zusammenwirken aller Bereiche bzw. Abteilungen ermöglicht.

Ein Betrieb umfasst in der Regel folgende **Bereiche:**

▶ **Unternehmensleitung**
Die Unternehmensleitung legt die betrieblichen Ziele fest und trägt die Verantwortung für den Erfolg des Unternehmens.

▶ **Personalwesen**
Das Personalwesen (die Personalabteilung) sorgt für das nötige Personal, betreut es und führt die Lohn- und Gehaltsabrechnung durch.

▶ **Beschaffung**
Die Beschaffung (der Einkauf) stellt die benötigten Materialien zur richtigen Zeit und zu möglichst günstigen Preisen bereit.

▶ **Produktion**
Die Produktion produziert die Ware kostengünstig und termingerecht und sorgt für eine gute Qualität des Produktes.

▶ **Absatz**
Der Absatz (der Verkauf/Vertrieb) soll von den hergestellten Waren möglichst viel und zu einem guten Preis verkaufen.

▶ **Rechnungswesen**
Das Rechnungswesen (die Finanzabteilung) ist für die Bezahlung der Rechnungen zuständig, überwacht die Zahlungen der Kunden und führt die Bücher.

Nicht alle Unternehmen sind gleich organisiert. Es gibt unterschiedliche Arten eines Unternehmensaufbaus. Man unterscheidet den **„traditionellen Unternehmensaufbau"** vom **„modernen Unternehmensaufbau"**.

Beim traditionellen Unternehmensaufbau sind die Abteilungen hierarchisch (von unten nach oben) gegliedert. In der Geschäftsleitung laufen alle Fäden zusammen, es muss aber bei Anweisungen bzw. Vorschlägen z. B. immer erst die nächsthöhere Ebene eingeschaltet werden, die die Information bzw. Anweisung dann weitergibt.

Beim modernen Unternehmensaufbau sind die einzelnen Bereiche besser miteinander verzahnt. Es muss nicht alles von unten nach oben und umgekehrt weitergegeben werden. Der Informationsfluss erfolgt schneller und direkt. Die Geschäftsleitung wird trotz aller Überwachung für andere Aufgaben frei.

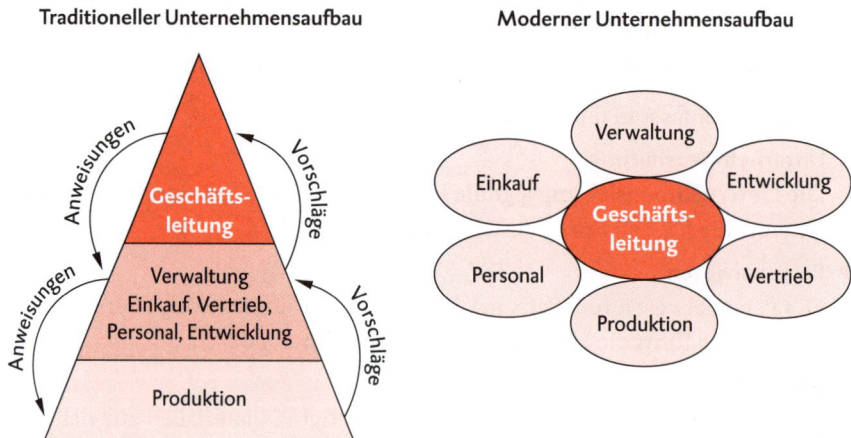

Die Nachteile des traditionellen Unternehmensaufbaus liegen zum einen darin, dass wichtige Entscheidungen in der Produktion bzw. der Verwaltung zu lange dauern, weil sie zuerst an die Geschäftsleitung weitergeleitet werden müssen. Zum anderen ist somit auch die Eigenverantwortung in der Produktion nicht sehr groß, weil die Entscheidungen nie vor Ort, sondern immer auf höherer Ebene getroffen werden.

Die Vorteile des modernen Unternehmensaufbaus liegen darin, dass wichtige Entscheidungen in den verschiedenen Unternehmensbereichen schnell und direkt ablaufen und nicht erst zur Geschäftsleitung müssen. Damit ist zum zweiten die Eigenverantwortung bzw. die Gruppenverantwortung in den einzelnen Unternehmensbereichen sehr hoch. Die Beschäftigten sind motivierter und arbeiten auch effektiver.

101 Kreuze die richtigen Antworten an.

Betriebe sind unterschiedlich aufgebaut, d. h., nicht alle Betriebe haben die glei-chen Abteilungen oder Bereiche. Der Aufbau eines Betriebs richtet sich nach …

☐ seiner Größe.

☐ seiner Lage.

☐ seinen Produkten.

☐ seinem Lagerbestand.

102 Damit die Produktion in einem Betrieb reibungslos funktionieren kann, sind die Aufgaben auf verschiedene Abteilungen aufgeteilt.
Zähle die Abteilungen auf, die ein Betrieb in der Regel umfasst.

_____

_____

_____

103 Richtig oder falsch? Streiche jeweils die falsche Aussage durch.

a Handwerksbetriebe kommen mit weniger Abteilungen aus als große Unter-nehmen.

Handwerksbetriebe bestehen in der Regel aus sechs Abteilungen.

b Die Eigenverantwortung ist dann besonders hoch, wenn Entscheidungen an höherer Stelle getroffen werden.

Die Eigenverantwortung ist besonders hoch, wenn Entscheidungen vor Ort getroffen werden.

c Ein reibungsloser und erfolgreicher Betriebsablauf wird erst durch das Zu-sammenwirken aller Abteilungen ermöglicht.

Ein reibungsloser und erfolgreicher Betriebsablauf wird erst durch das eigen-ständige Wirken der einzelnen Abteilungen ermöglicht.

104 Betriebe sind nicht nur unterschiedlich aufgebaut, was die Einteilung in Abtei-lungen betrifft, Betriebe sind auch unterschiedlich organisiert.
Hierbei unterscheidet man zwei Arten des Unternehmensaufbaus:
▶ den traditionellen Unternehmensaufbau
▶ den modernen Unternehmensaufbau

a Skizziere einen traditionellen Unternehmensaufbau.

b Skizziere einen modernen Unternehmensaufbau.

c Worin unterscheiden sich beide Formen?

105 Die einzelnen Abteilungen eines Betriebs haben unterschiedliche Aufgaben.
Ergänze die Tabelle.

Abteilungen des Betriebs	Aufgaben
	stellt die benötigten Materialien zur richtigen Zeit und zu möglichst günstigen Preisen bereit
	legt die betrieblichen Ziele fest
	muss für eine gute Qualität des Produkts sorgen
	trägt Verantwortung für den Erfolg des Unternehmens
	soll möglichst viel von den hergestellten Produkten verkaufen
	muss Waren kostengünstig und termingerecht produzieren

106 Ergänze den Lückentext:

Beim _____ Unternehmensaufbau sind die Abteilungen

hierarchisch (von unten nach oben) gegliedert. In der _____

_____ laufen alle Fäden zusammen, es muss aber bei Anweisungen

und Vorschlägen immer die _____ Ebene einge-

schaltet werden, die die Information bzw. Anweisung dann weitergibt.

Beim _____ Unternehmensaufbau sind die einzelnen

Bereiche besser miteinander _____. Es muss nicht alles von

_____ nach _____ und umgekehrt weitergegeben werden.

Der _____ erfolgt schneller und direkt. Die

_____ wird trotz aller Überwachung für

andere Aufgaben _____.

107 Immer mehr Betriebe verändern ihren traditionellen Unternehmensaufbau zugunsten eines modernen.
Nenne Vor- bzw. Nachteile der beiden Modelle.

	Vorteile	Nachteile
Traditioneller Unternehmensaufbau		
Moderner Unternehmensaufbau		

108 Nimm Stellung zur folgenden Aussage: „In meinem Betrieb bestimme ich ganz allein, was zu tun und was zu unterlassen ist."

_____

_____

_____

_____

_____

_____

13 Grundaufgaben des Betriebs: Personalwesen und Rechnungswesen

Das Personalwesen

Für alle Fragen, die das Personal eines Betriebs betreffen, ist das Personalwesen zuständig. Ein Arbeitsbereich des Personalwesens ist die **Personalplanung**. Hier wird z. B. festgelegt, wie viele Mitarbeiter in den verschiedenen Abteilungen benötigt werden, ob neue Mitarbeiter eingestellt werden oder ob Stellen abgebaut und Mitarbeiter entlassen werden müssen. In der Personalplanung wird auch darüber entschieden, ob man Lehrlinge im Betrieb ausbilden möchte und ob sie nach ihrer Abschlussprüfung übernommen werden oder nicht.

Eine weitere Aufgabe des Personalwesens ist die **Personalbeschaffung**. Wurde in der Personalplanung ermittelt, dass zusätzliches Personal benötigt wird, ist es die Aufgabe der Personalbeschaffung, nach geeignetem Personal zu suchen. Dies kann z. B. durch Stellenausschreibungen auf der eigenen Homepage oder in Internet-Stellenbörsen geschehen oder durch Vermittlung der Bundesagentur für Arbeit. Das Einstellungsverfahren von der Bewerbung über das Bewerbungsgespräch bis zur Zusage übernimmt ebenfalls die Personalbeschaffung.

Ein weiterer Teilbereich des Personalwesens ist die **Personalführung**. Hier wird geregelt, welche Mitarbeiter qualifiziert sind, Führungspositionen zu übernehmen und wer für welche Entscheidungen verantwortlich sein soll.

In der **Personalverwaltung** werden die Lohn- und Gehaltsabrechnungen erstellt. Die Höhe des Lohns hängt von vielen Faktoren ab, wie Alter, Familienstand, Dauer der Betriebszugehörigkeit, innerbetriebliche Stellung etc. Die

Sozialleistungen werden hier berechnet, ebenso die Lohnkosten pro Arbeits-stunde und die Lohnkosten des Unternehmens insgesamt.

Die **Personalentwicklung** regelt die innerbetrieblichen und außerbetrieb-lichen Weiterbildungsmaßnahmen.

Schließlich gibt es noch die **Personalbetreuung**. Um die Motivation der Mit-arbeiter zu erhalten bzw. zu steigern, werden in vielen Betrieben bestimmte Serviceleistungen wie Kinderbetreuung, Gutscheine, Kinokarten usw. ange-boten. Zu den Aufgaben der Personalbetreuung gehört es auch, die Mitarbeiter über die Vorgänge im Betrieb zu informieren. Das geschieht durch Mitarbeiter-zeitungen oder auf speziellen Homepages für die Beschäftigten.

Das Rechnungswesen

Aufgabe des Rechnungswesens ist es, **alle wirtschaftlichen Vorgänge** in einem Betrieb, die sich wert- oder mengenmäßig ausdrücken lassen, zu **erfassen** und **auszuwerten**. Die Informationen des Rechnungswesens dienen der Unternehmensleitung als Grundlage zur Führung und Steuerung des Unternehmens.

Will ein Unternehmen z. B. investieren, muss es **Kapital** bereitstellen. Dieses Kapital, also Geld, kann entweder aus den Eigenmitteln (Eigenkapital) ent-nommen werden oder von einer Bank (Fremdkapital) geliehen werden. Das Rechnungswesen prüft, ob es sinnvoll ist, eine **Investition** vorzunehmen, oder ob die wirtschaftliche Kraft des Unternehmens das nicht zulässt. Investi-tion heißt immer, Geld zur Erhaltung, Verbesserung und Vermehrung von Produktionsmitteln, das sind z. B. Maschinen, oder von Lagerbeständen ein-zusetzen. Eine Investition kann beispielsweise die Anschaffung einer neuen Flaschenabfüllanlage für eine mittelständische Brauerei sein. Wenn die alte Anlage zu langsam läuft, kann mit einer neuen Anlage mehr abgefüllt und somit mehr abgesetzt, also verkauft werden. Das Rechnungswesen muss in diesem Fall prüfen, ob die neue Anlage sich in absehbarer Zeit rechnet. Investi-tionen müssen oft auch aus Umweltschutzgründen vorgenommen werden, z. B. die Nachrüstung von Schornsteinen mit Filteranlagen.

Die **Kostenentwicklung** im Betrieb ist eine wichtige Entscheidungsgrundlage für die Betriebsleitung. Erst ein Überblick über die **Personalkosten** ermöglicht eine Entscheidung, ob Neueinstellungen möglich sind oder ob Entlassungen nicht zu umgehen sind. Wichtig ist auch die Ermittlung der **Materialkosten** und der allgemeinen **Betriebskosten**. Der Unternehmenserfolg hängt ganz wesentlich davon ab, ob Rohstoffe günstig beschafft werden können.

Eine ganz zentrale Aufgabe des Rechnungswesens ist die **Preiskalkulation**. Hier wird ermittelt, zu welchem Preis ein Produkt am Markt angeboten werden kann. Die Preiskalkulation (auch Kostenrechnung genannt) ist ein sehr komplexes Unterfangen, da alle Kosten, die zur Herstellung des Produkts anfallen, in den Preis einfließen und bei der Preisermittlung berücksichtigt werden müssen. Dazu gehören die Beschaffungskosten (z. B. Rohstoffe, die gekauft werden müssen), Anschaffungs- und Unterhaltskosten für Gebäude und Maschinen, Personalkosten, Zinsen für Fremdkapital, Steuern, die der Betrieb zahlen muss und nicht zuletzt der Gewinn, der erzielt werden soll. Orientierung bei der Preisbildung gibt der **Markt**. Der Marktpreis wird von Angebot und Nachfrage bestimmt. Marktgerechte Preise zu fordern, heißt, darauf zu achten, dass das Produkt nicht zu teuer ist und Konkurrenten zu einem günstigeren Preis anbieten können. Der Preis darf aber auch nicht zu niedrig angesetzt sein, da man sonst eventuell keinen Gewinn erzielt und in die Verlustzone rückt.

Im Rechnungswesen werden auch die **Abschreibungen** vorgenommen. Unter Abschreibung versteht man die Verteilung der Anschaffungs- bzw. Herstellungskosten auf die voraussichtliche Nutzungsdauer. Maschinen z. B. nutzen sich ab und veralten. Dadurch verlieren sie an Wert. Aus steuerlichen Gründen müssen die Anschaffungskosten der Maschine auf ihre vermutliche Nutzungszeit verteilt werden. Ein Betrieb hat nun die Möglichkeit, den jährlichen Abschreibungsbetrag steuerlich geltend zu machen, d. h., seine Steuerschuld reduziert sich um den Abschreibungsbetrag. Mit dem gesparten Geld soll dem Betrieb nach Ablauf der Nutzungsdauer, wenn die Maschine alt und unbrauchbar sein wird, die Neuanschaffung der Maschine ermöglicht werden.

Eine weitere wichtige Aufgabe des Rechnungswesens ist die Durchführung der **Gewinn- und Verlustrechnung (GuV)** am Geschäftsjahresende. Sie gibt Auskunft darüber, wie erfolgreich ein Unternehmen gewirtschaftet hat. In der Gewinn- und Verlustrechnung werden **Aufwendungen** (z. B. Löhne, Materialkosten, Abschreibungen) und **Erträge** (Umsatzerlöse, Zinserträge aus Kapitalvermögen und Rücklagen usw.) gegenübergestellt. Die Geschäftsleitung kann aus der Abschlussrechnung am Ende des Wirtschaftsjahres ersehen, ob der Betrieb einen Gewinn erzielt hat oder ob Verlust gemacht worden ist.

109 Kreuze richtig an.

Unterabteilungen des Personalwesens sind:

- ☐ Personalplanung
- ☐ Personalbildung
- ☐ Personalführung
- ☐ Personalkosten
- ☐ Personalverwaltung

- ☐ Personalabteilung
- ☐ Personalmanagement
- ☐ Personalentwicklung
- ☐ Personalbetreuung
- ☐ Personalbeschaffung

110 Welche Abteilung des Personalwesens ist jeweils zuständig?

Abteilungen des Personalwesens	Tätigkeiten
	gibt in der Zeitung Inserate mit Stellenausschreibungen auf
	bietet u. a. Kinokarten an
	entscheidet, ob Lehrlinge eingestellt werden
	regelt Weiterbildungsmaßnahmen
	schlägt Mitarbeiter für Führungspositionen vor

111 Das Rechnungswesen ist eine wichtige Abteilung im Betrieb.

a Beschreibe die Aufgaben des Rechungswesens.

_____

_____

_____

_____

b Die Unternehmensleitung ist bei der Ausführung ihrer Aufgaben auf das Rechnungswesen angewiesen.
Wozu dienen ihr die Daten des Rechnungswesens?

_____

_____

_____

112 Erkläre den Begriff Investition und erläutere ihn an einem Beispiel näher.

_____

_____

_____

_____

_____

113 Streiche Nichtzutreffendes durch.

Investitionen werden notwendig, wenn …

Maschinen kaputtgehen.

der Chef in Urlaub fliegen will.

neue Produktionsanlagen gebaut werden müssen.

Umweltschutzmaßnahmen erforderlich werden.

die Steuern erhöht werden.

114 Um am Markt (dort, wo Käufer und Verkäufer zusammentreffen) erfolgreich zu sein, muss ein Betrieb marktgerechte Preise kalkulieren.
Ergänze den folgenden Lückentext:

Ein Preis ist marktgerecht, wenn das Produkt nicht so _____ ist, dass

Konkurrenten es zu einem _____ Preis anbieten können.

Zu _____ darf das Produkt aber auch nicht sein, da man sonst

eventuell _____ macht.

115 Unternehmen kalkulieren (berechnen) ihre Preise, indem sie sich am Markt orientieren.
Streiche im folgenden Text die jeweils falsche Angabe durch.

Der _Preis/Markt_ muss sich am _Preis/Markt_ orientieren. Verkauft sich das Produkt zum veranschlagten Preis schlecht (geringe Nachfrage), hat das Auswirkungen auf den Preis, er muss _heraufgesetzt/herabgesetzt_ werden, um so wenigstens einen Teil der eingesetzten Mittel wieder herauszubekommen. Ist die Nachfrage hoch, kann der Preis _heraufgesetzt/herabgesetzt_ und die Gewinnspanne des Betriebs vergrößert werden.

116 Löse das Silbenrätsel.
AL – EI – GEN – GES – HOME– KA – KOS – MIT – MA – PA – PI – RI – TAL – TE – TEN – TEL

a Beschäftigte finden hier Informationen über den eigenen Betrieb:

_____

b Oberbegriff für das Geld, das ein Betrieb für Investitionen benötigt:

_____

c Wichtiger Kostenfaktor bei der Preiskalkulation:

_____

d Geld, das ein Betrieb hat:

_____

117 Ergänze folgenden Lückentext:

Maschinen veralten und müssen irgendwann neu _____

werden. Der _____ erlaubt es den Betrieben, die Maschinen über ihre

_____ verteilt mit einem bestimmten Betrag

_____, d. h., die _____

verringert sich jährlich um diesen _____.

Die _____ soll es den Betrieben ermöglichen, mit den

eingesparten _____ neue Maschinen anzuschaffen.

118 Schreinermeister Meier stellt am Jahresende die Gewinn- und Verlustrechnung (GuV) auf. Rechne aus, ob der Betrieb Gewinn oder Verlust gemacht hat.

Soll	Gewinn- und Verlustrechnung		Haben
Aufwendungen		Erträge / Erlöse	
Personalkosten	32 000 €	Umsatzerlöse	98 000 €
Materialaufwand	45 000 €	Zinserträge	13 000 €
Unterhaltskosten	15 000 €	Erträge aus Beteiligungen	18 000 €
Verwaltungskosten	22 000 €		
Zinsen für Fremdkapital	9 000 €		
Summe:		Summe:	

Sein _____ beträgt _____ €.

14 Mitbestimmung und Mitwirkung

Ein Betrieb ist kein konfliktfreier Raum. Die unterschiedlichen Interessen von Belegschaft und Leitung können zu Reibereien und Spannungen führen. Sind die Spannungen so groß, dass eine einvernehmliche Lösung oder ein Kompromiss zwischen beiden Parteien nicht mehr möglich ist, können sich die Arbeitnehmer an den **Betriebsrat** oder die betriebliche **Jugend- und Auszubildendenvertretung** wenden.

Die Mitbestimmung und Mitwirkung der Arbeitnehmer auf Betriebsebene wird im **Betriebsverfassungsgesetz (BetrVG)** geregelt. Der Betriebsrat vertritt die Interessen und Rechte der Arbeitnehmer. Seine Aufgabe ist die Wahrnehmung der wirtschaftlichen, sozialen, gesundheitlichen und kulturellen Interessen der von ihm vertretenen Belegschaft.

Geschichte der betrieblichen Mitbestimmung und Mitwirkung

In der Frühzeit der Industrialisierung besaßen die Arbeitnehmer keinerlei Rechte. Erst 1920 wurde in der Weimarer Republik mit dem „Betriebsrätegesetz" eine gewählte Interessenvertretung der Arbeitnehmer rechtlich ermöglicht. Allerdings blieb die Arbeit des Betriebsrats auf soziale und beratende Funktionen beschränkt, eine Mitbestimmung in wirtschaftlichen Fragen war nicht vorgesehen. 1922 folgte dann das „Gesetz über die Entsendung von Betriebsratsmitgliedern in den Aufsichtsrat" von Kapitalgesellschaften (z. B. Aktiengesellschaften). Mit der Machtübernahme der Nationalsozialisten 1933 wurden diese Gesetze außer Kraft gesetzt und durch das „Gesetz zur Ordnung der nationalen Arbeit" (1934) ersetzt. Fortan galt in den Betrieben Hitlers „Führerprinzip". Nach Kriegsende hoben die Alliierten dieses Gesetz sehr schnell wieder auf und schufen 1946 mit dem sogenannten „Kontrollgesetz Nr. 22" die Rahmenbedingungen für eine Betriebsverfassung. Dabei orientierten sie sich am „Gesetz über die Entsendung von Betriebsräten in den Aufsichtsrat" von 1922.

1952 trat dann das Betriebsverfassungsgesetz in Kraft, das im Jahr 1972 nochmals grundlegend reformiert wurde. Seitdem wurde es mehrere Male überarbeitet und ergänzt, zuletzt im Mai 2019 (Inkrafttreten der letzten Änderung).

Rechte und Aufgaben des Betriebsrats

Das Betriebsverfassungsgesetz räumt den Betriebsräten eine Reihe von Rechten ein, die sie bei der Erfüllung ihrer Aufgaben und der Vertretung der Arbeitnehmerinteressen unterstützen sollen. Der Arbeitgeber ist verpflichtet, den Betriebsrat über Angelegenheiten (Vorhaben, Ereignisse, Planungen), die die Interessen der Arbeitnehmer berühren, rechtzeitig und ausführlich zu informieren.

Mitwirkungs- und Mitbestimmungsrechte des Betriebsrats:

▶ bei bestimmten sozialen Angelegenheiten (z. B. Pausenregelung, Arbeitszeitregelung, Urlaubsplanregelung)
▶ bei der Gestaltung des Arbeitsablaufes und der Arbeitsplatzumgebung (z. B. Lärmschutzmaßnahmen, Unfallverhütungsvorschriften)
▶ bei Personalfragen (z. B. bei Kündigungen und Einstellungen)
▶ bei wirtschaftlichen Angelegenheiten (z. B. bei der Ausarbeitung eines Sozialplans oder bei Betriebsänderungen, Betriebsstilllegung, Betriebsverlagerung, Zusammenschluss mit einem anderen Betrieb)

Aufgaben des Betriebsrats:

▶ Überwachung der Einhaltung bzw. Umsetzung der zugunsten der Arbeitnehmer geltenden Gesetze, Verordnungen, Unfallverhütungsvorschriften, Tarifverträge und Betriebsvereinbarungen
▶ Durchsetzung der Gleichstellung von Frauen und Männern im Betrieb
▶ Förderung der Vereinbarkeit von Familie und Beruf
▶ Unterstützung der Eingliederung Schwerbehinderter oder sonstiger besonders Schutzbedürftiger
▶ Förderung und Sicherung der Beschäftigung im Betrieb

Der Betriebsrat hat auch die Möglichkeit, seine Interessen vor Gericht wahrzunehmen. Ist eine Einigung mit dem Arbeitgeber nicht möglich, kann der Betriebsrat den Rechtsweg beschreiten und mittels eines Verfahrens vor Gericht versuchen, seine Position durchzusetzen. Die Sitzungen des Betriebsrats finden meist innerhalb der Arbeitszeit statt und sind nicht öffentlich.

Zusammensetzung des Betriebsrats

In der Zusammensetzung des Betriebsrats sollen sich nach Möglichkeit die verschiedenen Organisationsbereiche des Betriebs sowie die verschiedenen vorhandenen Arten der Beschäftigung widerspiegeln. Außerdem gibt es geschlechterspezifische Vorgaben zur Besetzung des Betriebsrats.

Wahl des Betriebsrats

In Betrieben mit **mindestens fünf wahlberechtigten Arbeitnehmern**, von denen mindestens **drei wählbar** sind, können Betriebsräte gewählt werden. Die Initiative zur Wahl liegt bei den Mitarbeitern oder einer im Betrieb vertretenen Gewerkschaft. Der Arbeitgeber darf die Bildung eines Betriebsrats weder verhindern noch untersagen.

Betriebsratswahlen finden alle vier Jahre statt. **Wählen** darf jeder Arbeitnehmer ab 18 Jahren. Als Arbeitnehmer gelten alle Arbeiter und Angestellten einschließlich der zu ihrer Berufsausbildung Beschäftigten. Bei den Betriebsratswahlen kann sich jeder Wahlberechtigte aufstellen lassen – ist also **wählbar** –, der mindestens seit sechs Monaten dem Betrieb angehört.

Die Größe eines Betriebsrats hängt von der Größe des jeweiligen Betriebs ab. Je mehr Beschäftigte ein Betrieb hat, desto mehr Vertreter können auch in den Betriebsrat gewählt werden.

Größe des Betriebs / Wahlberechtigte Arbeitnehmer	Größe des Betriebsrats / Betriebsratsmitglieder
5 – 20	1
21 – 50	3
51 – 100	5
101 – 200	7
201 – 400	9
401 – 700	11
701 – 1 000	13
1 001 – 1 500	15
1 501 – 2 000	17

2 001 – 2 500	19
2 501 – 3 000	21
3 001 – 3 500	23
3 501 – 4 000	25
4 001 – 4 500	27
4 501 – 5 000	29
5 001 – 6 000	31
6 001 – 7 000	33
7 001 – 9 000	35

In Betrieben mit mehr als 9 000 Arbeitnehmern erhöht sich die Zahl der Mitglieder des Betriebsrats pro angefangene weitere 3 000 Arbeitnehmer um jeweils zwei Mitglieder.

Mitbestimmung der Jugendlichen und Auszubildenden im Betrieb

In einem Betrieb werden auch viele Jugendliche ausgebildet. Deshalb haben sie das Recht auf eine eigene Jugend- und Auszubildendenvertretung (JAV). Eine JAV kann gewählt werden, wenn es im Betrieb **mindestens fünf jugendliche Arbeitnehmer** gibt. Als jugendliche Arbeitnehmer gelten die Arbeitnehmer, die noch nicht 25 Jahre alt sind. Gewählt wird alle zwei Jahre, wahlberechtigt sind alle jugendlichen Arbeitnehmer. Gewählt werden können alle jugendlichen Arbeitnehmer, die nicht dem Betriebsrat angehören. Die gewählten Mitglieder der JAV arbeiten eng mit dem Betriebsrat zusammen und können an den Sitzungen des Betriebsrats teilnehmen.

Wahlberechtigte Jugendliche und Auszubildende	Mitglieder der Jugend- und Auszubildendenvertretung
5 – 20	1
21 – 50	3
51 – 150	5
151 – 300	7
301 – 500	9
501 – 700	11
701 – 1 000	13
mehr als 1 000	15

119 Arbeitnehmer und Arbeitgeber haben unterschiedliche Interessen.
Nenne je ein Beispiel für einen möglichen wirtschaftlichen und sozialen Konfliktpunkt.

_____

_____

_____

_____

120 Beschreibe anhand der Zeitleiste kurz die Geschichte der betrieblichen Mitbestimmung und Mitwirkung in Deutschland.

Zeitleiste

1920 _____

1922 _____

1933 _____

1934 _____

1946 _____

1952 _____

1972 _____

2019 _____

121 Dem Betriebsrat stehen nach dem Betriebsverfassungsgesetz eine Reihe von Mitwirkungs- und Mitbestimmungsrechten zur Verfügung, um die Interessen der Arbeitnehmer gegenüber dem Arbeitgeber zu vertreten.

a In welchen vier Bereichen hat der Betriebsrat Mitwirkungs- und Mitbestimmungsrechte?

_____

_____

_____

_____

_____

_____

b Lies die folgenden Fallbeispiele und ordne jedem Fall den richtigen der vier Bereiche zu.

Fall 1: Ein Unternehmer will die Produktion steigern, da die Nachfrage nach seinen Erzeugnissen sehr stark ist. Er erhöht deshalb die Arbeitszeit seiner Arbeiter und Angestellten um 30 Minuten am Tag.

_____

Fall 2: In einer Werkshalle, in der Schweißarbeiten durchgeführt werden, wird es regelmäßig sehr heiß. Die Arbeitnehmer fordern eine Verbesserung der Lüftung.

_____

Fall 3: Ein Telekommunikationsunternehmen möchte 15 neue Mitarbeiter für das Callcenter einstellen.

_____

Fall 4: Eine Fabrik für Waschmaschinen soll nach Polen verlagert werden. Das Unternehmen kündigt seinen Mitarbeitern.

_____

122 Welche Aufgaben hat ein Betriebsrat zu erfüllen?

_____

_____

_____

_____

_____

_____

123 Kreuze richtig an.

Eine Betriebsratswahl ist möglich, wenn es im Betrieb mindestens …

☐ 3 ☐ 5 ☐ 7 ☐ 9 ☐ 12

… wahlberechtigte Arbeitnehmer gibt.

124 Ergänze den Lückentext:

Wählen darf, wer _____ Jahre alt ist. Wählbar ist, wer _____ Jahre alt ist und dem Betrieb mindestens seit _____ Monaten angehört.

125 Kann ein Betriebsinhaber die Wahl eines Betriebsrats verhindern oder untersagen?

☐ ja

☐ nein

126 Welche Möglichkeit hat ein Betriebsrat, wenn es zu keiner Einigung mit der Unternehmensleitung kommt? Unterstreiche die richtige Lösung.

Der Betriebsrat kann ...

den Landrat oder Bürgermeister um Vermittlung bitten.

den Rechtsweg beschreiten und vor Gericht klagen.

die Unternehmensleitung absetzen.

127 Die Anzahl der Betriebsratsmitglieder richtet sich nach der Anzahl der Mitarbeiter im Betrieb. Je größer die Belegschaft ist, desto mehr Interessenvertreter dürfen in den Betriebsrat gewählt werden.

Sieh dir noch einmal die erste Tabelle im Text an und beantworte die Fragen:

Wie viele Vertreter im Betriebsrat hat ein Unternehmen mit ...

a 8 500 Mitarbeitern? _____ Vertreter

b 25 000 Mitarbeitern? _____ Vertreter

128 a Was bedeutet die Abkürzung JAV?

_____

b Ergänze den Lückentext:

Eine JAV kann gewählt werden, wenn mindestens _____ Jugendliche im Betrieb sind und diese unter _____ Jahre alt sind.

129 Schau dir die folgende Karikatur zum Thema „Mitbestimmung" genau an und beantworte anschließend die Fragen.

a Was siehst du auf der Zeichnung? Beschreibe kurz.

_____

_____

_____

_____

_____

b Wer wird hier kritisiert und warum? Erkläre.

_____

_____

_____

_____

_____

130 Es gibt Politiker, die fordern, den Betriebsrat in Betrieben mit weniger als 20 Beschäftigten abzuschaffen. Andere fordern eine Ausweitung der betrieblichen Mitbestimmungsrechte.

    a Welche Argumente sprechen für eine Abschaffung des Betriebsrats in kleinen Firmen?

_____

_____

_____

_____

_____

    b Finde auch Argumente, die für die Beibehaltung des Betriebsrats sprechen.

_____

_____

_____

_____

131 Einem Unternehmer ist es meist lieber, wenn es in seinem Unternehmen keinen Betriebsrat gibt. Die Gewerkschaften dagegen befürworten Betriebsräte.

    a Welchen Nachteil sieht der Unternehmer für sich?

_____

_____

_____

_____

    b Welchen Vorteil sehen die Gewerkschaften für sich?

_____

_____

_____

_____

15 Die volkswirtschaftliche Bedeutung eines Betriebs

Eine Volkswirtschaft umfasst die Gesamtwirtschaft eines Staates. Ein einzelner Betrieb ist Teil dieser Gesamtwirtschaft und trägt mit seiner Produktion zum Gesamtergebnis bei. Der Staat schafft durch gesetzliche Regelungen und Maßnahmen (die sog. Ordnungspolitik) die Voraussetzungen zum Gelingen unserer Volkswirtschaft. Er gewährleistet das Privateigentum an Produktionsmitteln (z. B. Maschinen etc.) sowie grundlegende Freiheitsrechte wie z. B. Freiheit der Berufs- und Arbeitsplatzwahl, Gewerbefreiheit, Produktions-, Handels- und Konsumfreiheit sowie Vertragsfreiheit. Darüber hinaus legt er den rechtlichen Rahmen für den Wettbewerb fest.

Ein Betrieb ist in volkswirtschaftlicher Hinsicht eine Arbeitsstätte, die mit **Produktionsmitteln** ausgestattet ist und in der **Sachgüter** und **Dienstleistungen** zur Bedürfnisbefriedigung der Menschen nach dem Grundsatz der Wirtschaftlichkeit erstellt werden. Das heißt, Ziel eines Betriebs ist es, mit den eingesetzten Mitteln möglichst hohe Gewinne zu erwirtschaften – der wichtigste Antrieb ist also das **Streben nach Gewinn**. Dafür ist es hilfreich, wenn – wie es in Deutschland der Fall ist – jeder Betrieb selbst entscheiden kann, was er produzieren will, wann er produzieren will, wo und mit welchen Mitteln etwas hergestellt werden soll.

Ein Betrieb hat aber auch eine wichtige Bedeutung für den Staat: **Steuereinnahmen** und **Arbeitsplätze** sind für den Staat außerordentlich wichtige Faktoren, denn Verwaltung, Polizei, Schulen, Straßenbau und vieles mehr werden aus Steuermitteln finanziert, die nicht nur die einzelnen Arbeitnehmer, sondern auch die Betriebe zahlen müssen. Der Staat und seine Bürger sind auf die Steuereinnahmen aus den Betrieben angewiesen.

Fehlende oder abgewanderte Betriebe bedeuten jedoch nicht nur Mindereinnahmen bei den Steuern, sondern auch fehlende Arbeitsplätze, die den Staat belasten, da die Arbeitslosigkeit finanziert werden muss. Insofern unternimmt der Staat alles, um Voraussetzungen zu schaffen, die die Ansiedlung eines Betriebs begünstigen. Betriebe beachten bei der Auswahl eines Standortes sogenannte **Standortfaktoren**, die ihre Entscheidung wesentlich bestimmen.

Die wichtigsten Standortfaktoren sind:

Arbeitskräfte	Lohnkosten	Allgemeine Kosten
• Gibt es in der Region genügend qualifizierte Arbeitskräfte?	• Wie hoch sind die Löhne? • Welche Lohnzusatzkosten kommen auf den Betrieb zu?	• Wie hoch sind die Grundstückspreise? • Wie hoch sind die Energiepreise?

Verkauf von Waren	Gesetze	Politische Lage
• Gibt es genügend Absatzmöglichkeiten? • Wie hoch ist die Kaufkraft?	• Beeinflussen Gesetze die Produktion? • Gibt es Auflagen, die Kosten verursachen?	• Ist die politische Lage stabil? • Gewährt die Regierung Unterstützung oder steuerliche Vergünstigungen?

Rohstoffe	Verkehrsanbindung	Lebensqualität
• Gibt es in der Region Rohstoffe oder Materialien? • Wie teuer sind sie? • Welche Transportkosten fallen an?	• Wie ist die Verkehrssituation? • Gibt es einen Autobahnanschluss, einen Bahnhof, Flughafen oder Hafen? • Ist der Betrieb gut zu erreichen?	• Bietet die Region die Voraussetzungen für zufriedene Mitarbeiter wie z. B. Einkaufsmöglichkeiten, kulturelle und sportliche Angebote?

Eine Betriebsansiedlung ist immer ein Erfolg für einen Ort oder eine Region und auch für den Staat. Die Menschen verdienen Geld und können sich dafür etwas kaufen, das kommt vielen zugute. Eine hohe Nachfrage nach Konsumgütern und anderen Gütern zieht wiederum neue Betriebe an, die Arbeitsplätze schaffen. Auf diese Weise steigen die Steuereinnahmen der Kommunen und des Staates an, und Gemeinschaftsaufgaben wie Kindergärten, Schulen, Krankenhäuser usw. können finanziert werden. Die ganze Region nimmt so einen Aufschwung, der allen dort Ansässigen Vorteile verschafft.

132 Der Staat schafft die wesentlichen Voraussetzungen, die zum Gelingen der Volkswirtschaft beitragen.
Nenne drei dieser Voraussetzungen.

_____

_____

_____

133 Wie kann der Begriff „Betrieb" im volkswirtschaftlichen Sinne definiert werden?

_____

_____

_____

134 Kreuze richtig an.

Betriebe sind keine Wohlfahrtseinrichtungen, ihr oberstes Streben ist es, …

☐ hohe Löhne zu zahlen.   ☐ Gewinn zu erzielen.

☐ Innovationen zu schaffen.   ☐ den Fortschritt zu fördern.

135 Betriebe sind für den Staat von großer Bedeutung.
Entscheide für jeden der folgenden Punkte, ob er zutrifft oder nicht.

Ein Betrieb ist wichtig für den Staat,
weil er …

	trifft zu	trifft nicht zu
die Umweltpolitik unterstützt.	☐	☐
Steuereinnahmen garantiert.	☐	☐
die Gesetzgebung erleichtert.	☐	☐
Arbeitsplätze schafft.	☐	☐

136 Mit den Steuereinnahmen finanziert der Staat viele Gemeinschaftsaufgaben.
Nenne mindestens vier Beispiele.

_____

_____

_____

_____

137 Viele Bürgermeister befinden sich in dem Zwiespalt, ein Gewerbegebiet für ansiedlungswillige Betriebe auszuweisen oder umweltpolitischen Forderungen nachzugeben. Versuche, diesen Zwiespalt zu erklären.

138 Die Verkehrsanbindung einer Region stellt einen wichtigen Standortfaktor für Betriebe dar.
Nenne vier Beispiele für wichtige verkehrstechnische Einrichtungen.

139 Warum sind gute Einkaufsmöglichkeiten, Kinos und Theater sowie Sportstätten wichtig für die Ansiedlung von Betrieben? Begründe.

140 Viele Betriebe wandern in Länder wie Tschechien, Polen oder sogar China ab.

a Überlege, welche Standortvorteile könnten sie dort erwarten.
Zähle drei mögliche Standortfaktoren auf.

b Nenne drei Standortvorteile, die Deutschland möglicherweise gegenüber anderen Ländern hat.

16 Ökologie und Ökonomie

Umweltschutz und Wirtschaft werden oft als Gegensätze betrachtet, die zueinander in Konkurrenz stehen. Umweltschutz, so eine gängige These, vernichtet **Arbeitsplätze**. Als Beispiel werden gerne die Feldhamster genannt, deretwegen kein Industriegebiet errichtet werden kann. Auf der anderen Seite wächst im Bereich der Wirtschaft die **Umweltbranche** beinahe am schnellsten, schafft also Arbeitsplätze. Umweltschutz kostet nicht nur Geld, er ist auch ein wichtiger Wirtschaftsfaktor geworden. Zu den vielen neu entstandenen Arbeitsplätzen im Bereich des Umweltschutzes gehören die Umweltschutzbeauftragten in Betrieben, Städten und Gemeinden sowie zahlreiche neue Arbeitsplätze in der Entsorgungswirtschaft. Betriebe, die sich auf Umwelttechnologien spezialisieren, stellen ebenso eine Vielzahl neuer Jobs bereit. **Umweltschutz** und **Wirtschaftswachstum** müssen folglich kein Gegensatz sein.

Unternehmen sind verpflichtet, **Umweltstandards** einzuhalten. Der Staat veranlasst die Betriebe per Gesetz oder Verordnungen zum Umweltschutz, u. a. mit diesen:

▶ Wasch- und Reinigungsmittelgesetz: Verbot oder Einschränkung von gewässerschädlichen Stoffen in den Wasch- und Reinigungsmitteln

▶ Kreislaufwirtschaftsgesetz: Schadlose Beseitigung von Abfällen, Recycling und Vermeidung von Abfällen

▶ Benzinbleigesetz: Verbot von bleihaltigem Normalbenzin; Tankstellen sind verpflichtet, die Benzinqualität an den Zapfsäulen anzugeben

Betriebe leisten aber nicht allein aufgrund der gesetzlichen Vorgaben Umweltschutz, sie achten auch aus Eigeninteresse darauf, umweltverträglich zu produzieren. Ein schlechtes **Umweltimage** kann einem Betrieb sehr schaden, nämlich dann, wenn sein Ansehen darunter leidet und Absatzrückgänge die Folge sind.

Viele Betriebe beauftragen deshalb unabhängige Institute, die überprüfen, ob die Umweltschutzbestimmungen eingehalten werden. Als Auszeichnung gibt es dann ein Zertifikat. Ein Beispiel dafür ist EMAS (Eco-Management and Audit Scheme).

Mit diesem oder einem anderen Zertifikat werben viele Betriebe für ihre **umweltfreundliche Produktion** oder weisen auf umweltfreundliche Eigenschaften ihrer **Produkte** hin.

Betriebe, die umweltgerecht arbeiten, müssen eine Vielzahl von Forderungen erfüllen. Dazu gehören Abfallbeseitigung, Abfallverwertung und Abfallvermeidung. Abfälle müssen umweltgerecht entsorgt oder wiederverwendet werden (Recycling), bei der Produktion sollte möglichst wenig Abfall entstehen. Ein Betrieb sollte Verantwortung für sein Produkt übernehmen und darauf achten, dass bei der Herstellung und beim späteren Gebrauch Müll möglichst vermieden wird. Die Produktverantwortung ist bei vielen Betrieben allerdings am schwächsten ausgeprägt. Weiterhin sollen Betriebe sorgsam mit Rohstoffen umgehen, sie sollten nachhaltig wirtschaften, d. h. keine Energie und auch kein Wasser verschwenden. Wichtig ist auch die Luftreinhaltung. Indem man moderne Umwelttechnologien wie z. B. Filteranlagen in Schornsteinen verwendet, können Luftschadstoffe ausgefiltert werden. Beim Gütertransport sollte auf umweltfreundliche Transportmittel – wie z. B. die Bahn – geachtet werden.

Beim Umweltschutz gelten verschiedene **Prinzipien:**
- ▶ Vorsorgeprinzip: Rohstoffe sparen ist besser als wiederverwerten.
- ▶ Verursacherprinzip: Wer die Umwelt verschmutzt, muss für die Sanierungskosten aufkommen.
- ▶ Kooperationsprinzip: Alle gesellschaftlichen Gruppen sollen zum Umweltschutz beitragen, da er eine Gemeinschaftsaufgabe ist. Bürger, Wirtschaft und Staat können in Zusammenarbeit (Kooperation) umweltpolitische Ziele einvernehmlich durchsetzen. Dazu gehören z. B. grenzüberschreitende Umweltprobleme wie der Gewässerschutz.

141 „Umweltschutz und Wirtschaft sind Gegensätze", lautet eine weitverbreitete Meinung.
Mit welchem Argument wird diese Behauptung häufig begründet?

_____

_____

142 Welche Branche verzeichnet mit das größte Wirtschaftswachstum?

_____

143 Ergänze den folgenden Lückentext:

Zum Schutz der Umwelt in Deutschland hat der Staat eine Reihe von Gesetzen und Verordnungen erlassen, an die sich die einzelnen Betriebe halten müssen. Die Vermeidung von Abfällen, Recycling und die schadlose Beseitigung von Abfällen wird im _____ geregelt. Die Verwendung von gewässerschädlichen Stoffen in Waschmitteln wird durch das sogenannte _____ eingeschränkt. Das _____ verbietet bleihaltiges Normalbenzin und verpflichtet Tankstellen dazu, die Benzinqualität an den Zapfsäulen anzugeben.

144 Viele Betriebe versuchen, ein Zertifikat wie EMAS zu bekommen.
Welchen Grund haben sie dafür?

_____

_____

_____

_____

_____

145 Umweltgerecht zu produzieren und zu arbeiten erfordert eine Vielzahl von Maßnahmen.
Nenne fünf solcher Maßnahmen in Stichworten.

_____

_____

_____

_____

_____

146 Welche neuen Arbeitsplätze sind im Bereich des Umweltschutzes entstanden?
Nenne drei Beispiele.

_____

_____

_____

_____

_____

_____

147 Ordne die nachstehenden Prinzipien des Umweltschutzes ihren entsprechenden Erklärungen zu.

Vorsorgeprinzip – Verursacherprinzip – Kooperationsprinzip

	Umweltschutz ist Gemeinschaftssache: Bürger, Wirtschaft und Staat können in Zusammenarbeit umweltpolitische Ziele einvernehmlich durchsetzen.
	Rohstoffe sollen möglichst sparsam verwendet bzw. wiederverwertet werden.
	Der Verursacher muss die Sanierungskosten tragen.

148 Nimm Stellung zu der Aussage „Umweltschutz kostet nur Geld und lohnt sich
nicht".
Stimmst du der Aussage zu? Begründe deine Antwort.

_____

_____

_____

_____

_____

149 „Produktverantwortung" lautet eine Forderung an umweltgerecht produzie-
rende Betriebe.
Kannst du als Verbraucher dazu beitragen, dass Unternehmen dieser Forderung
gerecht werden oder bist du in diesem Fall machtlos? Begründe deine Antwort.

_____

_____

_____

_____

_____

_____

150 Kreuze an, welche Aussagen zum Umweltschutz zutreffen
und welche nicht.

	trifft zu	trifft nicht zu
Müllvermeidung ist besser als Wiederverwertung.	☐	☐
Der Lastwagen ist das umweltverträglichste Transportmittel.	☐	☐
Das Wasch- und Reinigungsmittelgesetz schützt die Gewässer.	☐	☐
Missachtung von Umweltschutz hat keine negativen Folgen für einen Betrieb.	☐	☐
Umweltschutzbeauftragte arbeiten nur beim Staat.	☐	☐

Wohnen – Wunsch und Wirklichkeit

17 Grundfunktionen einer Wohnung

Nach der Aufnahme einer Berufsausbildung ist eine eigene Wohnung ein weiterer wichtiger Schritt für Jugendliche auf dem Weg in die Unabhängigkeit. Welche **Wohnung** man sich leisten kann und welchen **Wohnort** man wählt, wird entscheidend **durch Arbeit und Beruf mitbestimmt**.

Es ist wichtig, sich mit allen Fragen und Problemen, die eine eigene Wohnung mit sich bringt, frühzeitig auseinanderzusetzen, denn im „Hotel Mama" wird die ganze Verantwortung von den Eltern getragen, für die eigenen vier Wände muss man selbst die Verantwortung übernehmen.

Zunächst sollte man klären, welche **Art von Wohnung** man haben möchte. Das beginnt mit der Anzahl der Zimmer: Genügt ein Einzimmerappartement, oder sollen es mehrere Zimmer sein? Entscheidend bei der Festlegung der Zimmeranzahl ist, welche **Funktionen** die Wohnung erfüllen soll. Sie sollte je nach Bedarf Raum geben zum Kochen, Essen, Waschen, Schlafen, Entspannen, Arbeiten etc.

Die **Größe** einer Wohnung bemisst sich entweder nach der Wohnfläche oder der Anzahl der Zimmer. Die Wohnfläche wird in Quadratmetern berechnet. Zur Berechnung der Zimmer gibt es eine bestimmte Zählweise:

▶ Küche, Bad und Flur zählen nicht als Zimmer.

▶ Schlafzimmer, Wohnzimmer und Arbeitszimmer sowie alle anderen gut bewohnbaren Zimmer zählen als „ganze" Zimmer.

▶ Sind Dachschrägen vorhanden, müssen Abzüge von der tatsächlichen Bodenfläche vorgenommen werden (bei mindestens einem Meter und weniger als zwei Metern Höhe die Hälfte).

Ebenfalls nicht als Zimmer gezählt werden Nebenräume wie Kellerabteile oder Abstellmöglichkeiten auf dem Dachboden.

Wohnungen gibt es in verschiedenen Lagen. Eine **Souterrainwohnung** ist eine Wohnung, bei der sich der Fußboden der Wohnung unterhalb der Erdoberfläche befindet. Ein **Penthouse** ist eine Wohnung, die auf ein anderes Haus aufgesetzt wurde. Als **Loft** bezeichnet man eine Wohnung, die in einer ehemaligen Industrie- oder Lagerhalle eingerichtet wurde.

Eine Wohnung kann auch aufgrund ihres Alters klassifiziert werden. Man spricht von einer **Altbauwohnung** oder einer **Neubauwohnung**. In der Regel unterscheiden sich Altbauten durch eine sehr viel höhere Zimmerdecke (meist über 3 m), hohe Fenster und dicke Wände.

151 Arbeit und Beruf beeinflussen die Wahl der Wohnung und des Wohnorts. Erkläre.

_____

_____

_____

_____

152 Das Leben in der eigenen Wohnung und das Wohnen bei den Eltern unterscheiden sich in vielerlei Hinsicht. In der eigenen Wohnung ist man für viele Dinge verantwortlich, vieles muss man nun selbst tun.
Überlege, was alles dazu gehören könnte. Ergänze das Cluster.

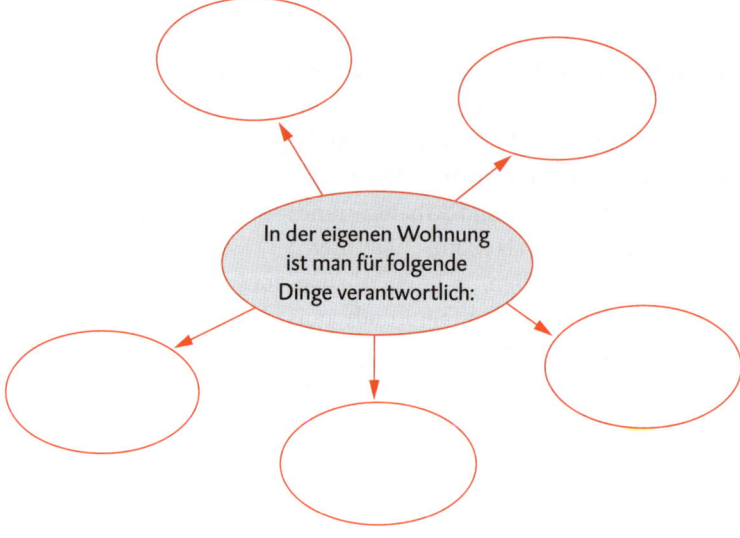

153 Eine Wohnung erfüllt viele Funktionen. Nenne fünf.

_____

_____

154 Nicht alle Räume einer Wohnung werden als Zimmer gerechnet.
Welche Räume zählen als Zimmer? Kreuze richtig an.

	ja	nein
Schlafzimmer	☐	☐
Flur	☐	☐
Kellerabteil	☐	☐
Bad	☐	☐
Wohnzimmer	☐	☐
Arbeitszimmer	☐	☐
Küche	☐	☐

155 Ein Zimmer deiner zukünftigen Mietwohnung hat 16 Quadratmeter (4 m × 4 m). Nach 2 m beginnt die Dachschräge, das Zimmer ist ab da noch 1,80 m und nach 4 m nur noch 1,20 m hoch. Der Vermieter erklärt dir, dass du für 16 Quadratmeter Miete bezahlen müsstest.
Was antwortest du ihm?

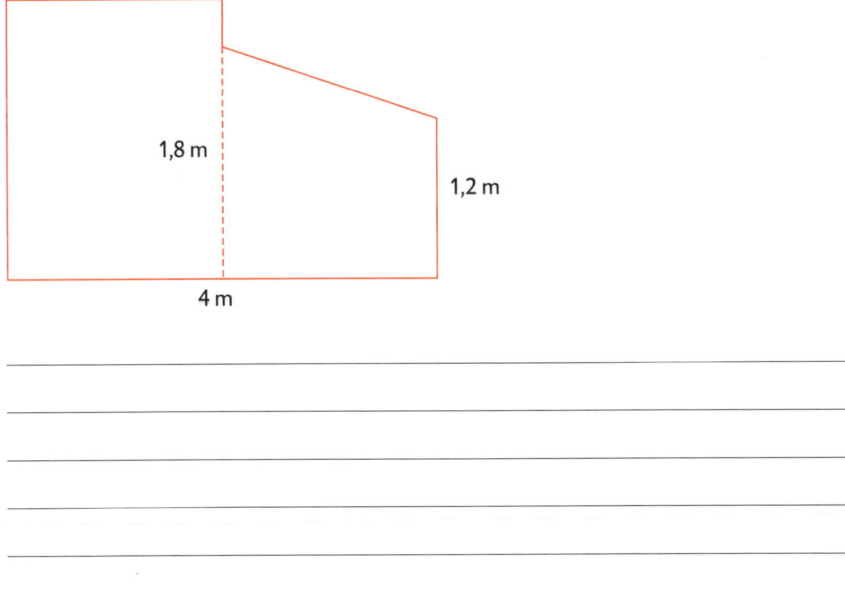

_____

_____

_____

_____

_____

156 Ordne die Buchstaben a bis c den Worterklärungen unten zu.

a Souterrainwohnung   **b** Loft   **c** Penthouse

_____ Wohnung, die in einer ehemaligen Fabrikhalle oder Lagerhalle liegt

_____ Wohnung, die auf ein anderes Haus aufgesetzt ist

_____ Wohnung, bei der der Fußboden der Wohnung unterhalb der Erdoberfläche liegt

157 Altbauwohnungen sind sehr beliebt. Mit ihren hohen Fenstern und Zimmer-decken sind diese Wohnungen sehr hell und bieten viel Raum. Häufig sehen auch die Fassaden von Altbauten besonders schön aus. Einen großen Nachteil haben Altbauwohnungen aber oft.
Überlege, welcher Nachteil das sein könnte.

_____

_____

_____

_____

_____

158 Viele Jugendliche können es oft kaum erwarten, in die eigene Wohnung zu ziehen. Trotzdem sollte man Vor- und Nachteile gegeneinander abwägen.
Du bist in dieser Situation. Stelle in der Tabelle Vor- und Nachteile gegenüber.

Vorteile	Nachteile

18 Von der Wohnungssuche bis zum Einzug

Am Anfang der Wohnungssuche steht die Frage, wie hoch die monatliche Miete sein darf, sodass man sie sich gut leisten kann. Hilfreich ist es, eine **Übersicht** zu erstellen, in der die eigenen **Ausgaben** und **Einnahmen** gegenübergestellt werden. Dabei ist eine Reihe von Kostenstellen zu berücksichtigen. In einem Übersichtsplan sollte ermittelt werden, wie viel Geld man benötigt für Nahrungsmittel, Kleidung, Körperpflege, Kosmetika, Friseur, Fahrtkosten, Rundfunkbeitrag, essen gehen, Geschenke, Rücklagen für Reisen, Möbel, Hausrat, Reparaturen, Versicherungen, Telefon, Internet, Vereinsbeiträge und nicht zuletzt für die Miete mit den Nebenkosten. Wichtig ist es, eine Obergrenze für die Miete festzulegen, die man auf keinen Fall überschreiten darf. Vor der Wohnungssuche sollte man sich auch darüber klar werden, wie groß die Wohnung sein sollte und wie viele Zimmer man benötigt.

Wohnungsangebote findet man z. B. in der Tageszeitung, allwöchentlich wird dort der regionale Immobilienmarkt veröffentlicht, oder im Internet.

O'Sendl., 2,5 ZKB 65m², Blk., Parkett, U3 300m, ab 1.3. od. später, 710,-€ + 100,-€ NK, + 3 MM KT, privat, Tel. 0175/100 1000

Großhadern 3 Zi.-Mais.-Whg. 104m², Wohn-EBK, Parkett, Blk., Gäste-WC, frei, 990,-€ + Gge. + NK, + KT, Tel. 112234

Forstenried möbl. 2 Zi.-Whg., 58 m², ruhig, Westbalkon, Parkett, TG-Stellplatz, Miete inkl. NK € 750,- Tel. 123456

ZKB, 3. OG, 89m², Blk, 760 + NK 5 ZKB/EG, 106m², Blk, 900.- + NK, Rosskopf Immob T. 289/00440

Direkt vom Vermieter
Otto-Dischner Weg, Pasing, sonnige große DG 3-Zi.-Whg. ca. 71,5 m², mit gr. Terrasse, renoviert, frei ab 01.04.
905,- € incl. Betriebs-NbK,
066 / 2 51 25 25 Fr. Bertl

Sendling/Murnauer Str., helle 2 ZKB, 67m², Blk, 3. OG, 610 + NK 2 ZKB, 67m², Blk, 4. OG, 610 + NK Rosskopf Immob T. 189/503680

Helles 1-Zi.-App. m. Blk., 30 m², EBK, Bad, KM 355,- zzgl. NK, Tel. 0166/776555

Karlsfeld, 2 Zi.-Whg., DG, EBK, Pkt., ab 1.3. frei, 450 € + NK, Tel. 02222/999305 oder Tel. 0111/185 85 85

Eching S1, 3 Zi.-Whg., Bj. 2001, 86,50 m², 1. OG, FB-Hzg., 2 Blk., Bad m. Fenster, 800.- TG 40.- NK

Wohnungsinserate sind sehr kurz gehalten, sie enthalten eine ganze Reihe von **Abkürzungen**, die man kennen muss, um die Anzeigen zu verstehen. Die wichtigsten Abkürzungen sind:

App.	Appartement	Lg.	Lage
Aufz.	Aufzug	KT	Kaution
Blk.	Balkon	möbl.	möbliert
DG	Dachgeschoss	Mte.	Miete
EBK, Einb.Kü.	Einbauküche	NK, NbK	Nebenkosten
EG	Erdgeschoss	OG	Obergeschoss
FB-Hzg.	Fußbodenheizung	Prov.	Provision
Gge.	Garage	ren.	renoviert
HK	Heizkosten	Whg.	Wohnung
KM	Kaltmiete	ZKB	Zimmer, Küche, Bad

Als besonders hilfreich kann sich eine **Checkliste** erweisen, die man vor der Wohnungssuche anlegt. Deine Checkliste könnte folgende Punkte umfassen:

▸ Überblick über die Angebote auf dem Wohnungsmarkt verschaffen
▸ Wohnungsbesichtigungen durchführen
▸ Bezahlbarkeit der Wohnungsmieten überprüfen
▸ Standortfaktoren der verschiedenen Wohnungen vergleichen
▸ Vor- und Nachteile der Wohnungsangebote abwägen

Es ist ratsam, sich eine Tabelle anzulegen, in der man die infrage kommenden Wohnungen – nach **Größe** und **Preis** gestaffelt – vergleicht. Die ermittelte Reihenfolge dient dann als Richtschnur bei der Suche.

Allerdings sind in den Anzeigen einige Dinge zu beachten, ein direkter Vergleich der Anzeigen ist nicht immer möglich. So beinhaltet z. B. die **Kaltmiete** nur einen Teil der zukünftigen Mietkosten. Hinzu kommen noch die monatlichen **Nebenkosten** wie Heizung, Wasser, Strom und Müllgebühr. Wird in einer Anzeige nur die Kaltmiete genannt, so sollten unbedingt die Nebenkosten in Erfahrung gebracht werden. Die Nebenkosten können je nach Standort und Baujahr der Wohnung zusätzlich noch mehr als 50 % der Kaltmiete betragen.

Wichtig bei der Wohnungsauswahl ist auch das **Wohnungsumfeld**. Man sollte klären, ob in der Nähe öffentliche Verkehrsmittel halten, welche Einkaufsmöglichkeiten und welche Freizeitmöglichkeiten es gibt. Nicht zu unterschätzen ist auch die Nachbarschaft. Vielleicht kann der Vermieter einschätzen, ob man zu den künftigen Nachbarn passt. Abzuklären ist auch die Frage, ob Haustiere erlaubt sind.

Hat man einen Besichtigungstermin mit einem Wohnungsanbieter vereinbart, muss man sich auf einige Fragen gefasst machen. Ein Vermieter hat natürlich großes Interesse daran, dass die regelmäßige Mietzahlung gesichert ist, die Mietdauer möglichst lange ist, sein Eigentum keinen Schaden nimmt und der Mieter sich an die Hausordnung hält. Deshalb sollte man die Frage nach Beruf und Arbeitgeber beantworten. Oft will der Vermieter auch wissen, warum man eine neue Wohnung sucht.

Jugendliche, die noch in der Ausbildung sind, müssen bei professionellen Vermietern eine zusätzliche Sicherheit für die Mietzahlung in Form einer **Bürgschaft** ihrer Eltern oder ihres Arbeitgebers bringen. Es ist daher durchaus hilfreich, wenn zu der Wohnungsbesichtigung die Eltern mitkommen.

Nach der Besichtigung der Wohnung und dem positiven Bescheid des Vermieters wird ein Mietvertrag abgeschlossen. Im **Mietvertrag** wird festgelegt, welche Wohnung, zu welchen Kosten, von welchem Datum an, befristet oder unbefristet an wen vermietet wird. Oft handelt es sich um Standardverträge, die mit dem Vermieter ausgefüllt werden. Vor der Unterschrift sollte die Wohnung überprüft werden. Der Vermieter muss dafür sorgen, dass sie in einem bewohnbaren Zustand ist und alles funktioniert. Selbst nach dem Einzug muss der Vermieter bei Schäden, die die Wohnqualität mindern, die Reparatur übernehmen und auch finanzieren. Für kleinere Reparaturen wie das Auswechseln eines Lichtschalters oder das Streichen der Wände muss der Mieter selbst aufkommen. Hilfe beim Abschluss von Mietverträgen bietet der **Mieterschutzbund**. Dorthin kann man sich im Falle von Unklarheiten oder nach Abschluss des Vertrags in strittigen Fällen wenden.

Bei vielen Wohnungen ist es üblich, dass man vor dem Unterschreiben des Mietvertrags eine **Sicherheitskaution** hinterlegen muss. Dieser Betrag ist wie ein Pfand, das der Mieter beim Auszug aus der Wohnung zurückerhält, wenn er in der Wohnung keine Schäden verursacht hat, für die er aufkommen muss. Die Höhe der Kaution darf drei Monatsmieten (Kaltmiete) nicht übersteigen.

Nach Erledigung der Formalitäten kann die Wohnung bezogen werden. Um nicht durcheinander zu geraten, legt man sich am besten wieder eine Checkliste mit allen anfallenden Aufgaben an: Der Umzugstermin muss z. B. geklärt werden, außerdem welche Fahrzeuge zum Transport gebraucht werden, welche Freunde und Bekannte helfen können, Umzugskartons und Verpflegung für die Helfer müssen besorgt werden. Nützlich ist auch ein Grundriss der Wohnung, aus dem hervorgeht, wo die einzelnen Möbel stehen sollen.

Informationen und gute Ratschläge für die Einrichtung findet man in Zeitschriften, Büchern und im Internet. Verantwortung für eine eigene Wohnung zu übernehmen, bedeutet auch, sich Gedanken darüber zu machen, gegen welche möglichen Gefahren man sich versichern sollte. Die **Hausratversicherung** kommt für Schäden an der Einrichtung der eigenen Wohnung auf. Setzt z. B. die Waschmaschine das Bad unter Wasser, dann übernimmt die Hausratversicherung den Schaden.

159 Bei der Wohnungssuche gibt es verschiedene Entscheidungskriterien. Kreuze für deine Situation die drei wichtigsten Kriterien an und begründe jeweils, warum dieses Kriterium wichtig für dich ist.

Entscheidungskriterien	Begründung
☐ Größe	
☐ Lage	
☐ Preis	
☐ Qualität	
☐ Alter	
☐ voraussichtliche Wohndauer	

160 Wenn man sich eine neue Wohnung sucht, ist es sinnvoll eine Checkliste zum Thema „Was muss ich bei der Wohnungssuche tun / beachten?" zu erstellen. Zähle fünf wichtige Punkte auf, die eine solche Checkliste enthalten sollte.

_____

_____

_____

_____

_____

161 Welche Organisation bietet bei allen Fragen zu Mietwohnungen Beratung und Rechtshilfe?

_____

162 Die Wohnungssuche kann ein schwieriges Unterfangen sein, denn nicht immer findet man gleich die passende Wohnung zu einem günstigen Preis.
Wo kannst du dir Informationen über den Wohnungsmarkt beschaffen?
Kreuze an.

☐ Fernsehzeitung	☐ Werbeplakate	☐ Tageszeitung
☐ Freunde, Bekannte	☐ Einrichtungshaus	☐ Internet

163 Der Mietpreis spielt bei der Wohnungssuche eine sehr große Rolle. Natürlich musst du wissen, wie hoch die künftige Miete maximal sein darf, sodass du dir die Wohnung auch dauerhaft leisten kannst. Dazu ist es wichtig, zuvor herauszufinden, wie hoch deine monatlichen Ausgaben sind und wie viel Geld dir dann noch für die Miete übrig bleibt.

Laut Statistischem Bundesamt hat ein Einpersonenhaushalt im Monat folgende durchschnittliche Ausgaben:

▶ Nahrungsmittel, Getränke, Tabakwaren 204 Euro
▶ Bekleidung und Schuhe 64 Euro
▶ Wohnen, Energie (Miete, Strom, Gas etc.) 667 Euro
▶ Innenausstattung, Haushaltsgeräte und -gegenstände 79 Euro
▶ Gesundheit 60 Euro
▶ Verkehr (Kfz, Kraftstoff, Reparaturen, ÖPNV etc.) 189 Euro
▶ Post und Telekommunikation (Telefone, Internet etc.) 47 Euro
▶ Freizeit, Unterhaltung, Kultur (Bücher, Zeitungen, Zeitschriften, Fernsehgerät, Computer, Haustiere, Hobbys, Pauschalreisen etc.) 166 Euro
▶ Bildungswesen 5 Euro
▶ Gaststätten und Beherbergungsdienstleistungen (essen gehen, Übernachtungen etc.) 86 Euro
▶ Andere Waren und Dienstleistungen (Schmuck, Körperpflege, Kosmetika, Friseur etc.) 62 Euro

a Rechne aus: Wie hoch muss dein Lohn mindestens sein, um dir eine Wohnung mit dieser Miete (667 Euro warm) leisten zu können?

_____

b Welche Probleme können sich ergeben, wenn die Ausgaben und der Lohn sich nur gerade noch die Waage halten?

_____

_____

_____

   c   Überlege, in welchen Bereichen du dir am ehesten Einsparungen vorstellen könntest.

_____

_____

164   Welche der unten stehenden Angaben muss ein Mietvertrag enthalten? Kreuze an.

☐ Wohnungsgröße in m^2

☐ Anzahl der Fenster

☐ Höhe der Miete

☐ Höhe der Nebenkosten

☐ Namen des Mieters und Vermieters

☐ Anzahl der Telefonanschlüsse

165   Du beginnst zum 1. September eine Berufsausbildung in Ingolstadt. Da ein täglicher Anfahrtsweg aus Kehlheim zu weit wäre, suchst du eine Einzimmerwohnung in Ingolstadt. In der Zeitung findest du zwei Angebote, die dich interessieren:

Wohnung A

1-Zimmer-App., 8 km außerhalb Ingolstadt, frisch ren., möbl., 35 m^2, KM 320 Euro, NK 110 Euro, ohne Prov.

Wohnung B

1-Zimmer-App., zentrumsnah, 40 m^2, 4. OG, Aufz., KM 400 Euro, NK 120 Euro + KT, ab sofort zu vermieten

   a   Was bedeuten die Abkürzungen?

_____

_____

_____

_____

   b   Für welche Wohnung würdest du dich entscheiden, wenn du nur auf den Mietpreis achtest?

☐ Wohnung A

☐ Wohnung B

c Wenn man eine Wohnung mieten möchte, ist aber nicht nur der Mietpreis wichtig.

Wäge die Argumente ab, die jeweils für und gegen die Wohnung sprechen.

Wohnung A	
Pro	Kontra

Wohnung B	
Pro	Kontra

d Wenn du im Monat für Fahrtkosten und Fahrzeugunterhalt 120 Euro rechnest, für welche Wohnung würdest du dich dann entscheiden?
Begründe deine Entscheidung.

_____

_____

_____

_____

166 Die Miete für eine Einzimmerwohnung beträgt 380 Euro, mit Nebenkosten 450 Euro. Der Vermieter verlangt 1 350 Euro Kaution.
Darf er das? Begründe.

_____

_____

167 Nicht nur der Mieter, auch der Vermieter hat bei der Vermietung einer Wohnung berechtigte Interessen.
Welche sind das?

1. _____

2. _____

3. _____

4. _____

168 Von deinem Lehrlingsgehalt kannst du 350 Euro für Miete und Nebenkosten einplanen. Du findest ein tolles Zimmer für 290 Euro kalt. „Die Nebenkosten sind günstig", sagt dein Vermieter, „sie betragen nur 25 % der Kaltmiete."
Wie hoch ist die Miete also? Kannst du dir das Zimmer problemlos leisten?
Löse die Rechnung und ergänze den Antwortsatz.

Kaltmiete: _____ Euro

Nebenkosten (25 % der Kaltmiete): + _____ Euro

Warmmiete: = _____ Euro

Antwortsatz: Die Miete für dieses Zimmer kann ich mir _____ leisten,

denn _____.

169 Nenne eine Versicherung, die du für deine Wohnung abschließen solltest.

_____

170 Du möchtest deine Wohnung weitervermieten und suchst einen Nachmieter.
Deine Wohnung hat insgesamt 50 Quadratmeter, sie besteht aus zwei Zimmern, hat einen Balkon, liegt im dritten Stock und kostet kalt 380 Euro. Die Nebenkosten betragen 90 Euro. Sie hat eine Einbauküche.
Erstelle eine Wohnungsanzeige, die alle wichtigen Informationen enthält.
Verwende die in solchen Inseraten verwendeten Abkürzungen.

_____

_____

_____

_____

_____

Aufgaben und Bedeutung der Geldinstitute

19 Aufgabenbereiche der Geldinstitute

Banken und **Sparkassen** spielen in unserem Alltag eine wichtige Rolle. Sie bieten vielfältige Dienstleistungen an und sind aus unserer Wirtschaft nicht wegzudenken. In Deutschland gibt es eine Vielzahl von Banken. Am weitesten verbreitet sind die Universalbanken, die nahezu alle Bankgeschäfte betreiben. Nach ihrem Träger unterscheidet man in:

▶ Privater Banksektor: z. B. Deutsche Bank (Aktionäre)
▶ Öffentlicher Banksektor: z. B. Sparkassen, von den Kommunen unterhaltene öffentlich-rechtliche Banken
▶ Genossenschaftlicher Banksektor: z. B. Volksbanken, Raiffeisenbanken in der Rechtsform einer eingetragenen Genossenschaft

Daneben finden sich Spezialbanken, die sich auf bestimmte Geschäftszweige spezialisiert haben, und Kreditinstitute mit Sonderaufgaben. Zu Letzteren gehört die Kreditanstalt für Wiederaufbau, die Sonderaufgaben im öffentlichen Bereich zu erfüllen hat. Bausparkassen gehören in die Reihe der Spezialbanken.

Banken sind kaufmännisch geführte Unternehmen, die Dienstleistungen rund um das Geld erbringen. Da sie Sammelstellen für große Teile des Volksvermögens sind, unterliegen sie der staatlichen Bankenaufsicht, deren Grundlage das Kreditwesengesetz ist.

Banken erfüllen eine Reihe von Aufgaben, die für eine moderne Wirtschaft unerlässlich sind. Für uns besonders wichtig ist der **bargeldlose Zahlungsverkehr**. Unser Lohn geht auf das Girokonto, Rechnungen bezahlen wir durch Überweisungen und mit der Bankkarte können wir bargeldlos bezahlen. Als Girogeschäfte bezeichnet man deshalb ganz allgemein die Durchführung des bargeldlosen Zahlungsverkehrs und des Abrechnungsverkehrs.

Niemand versteckt mehr seine Ersparnisse unter der Matratze. Wir nutzen die Banken zur **Geldanlage** in Form eines Sparbuchs, von Festgeld oder von Aktien. Geldanlagen werden als Einlagengeschäfte bezeichnet. Eine besondere Form ist der Aktienhandel. Aktien müssen gekauft und verkauft, aber auch im Depot gelagert werden. Diese speziellen Geschäfte heißen Effektengeschäfte, Depotgeschäfte und Investmentgeschäfte. Unter Effektengeschäften versteht man die Anschaffung und Veräußerung von Wertpapieren für andere. Als Depotgeschäfte bezeichnet man die Verwahrung und Verwaltung von Wertpapieren und als Investmentgeschäfte den Wertpapierhandel für die Bank und für Kunden.

Eine weitere wichtige Aufgabe ist die **Bereitstellung von Krediten**. Unternehmer, die investieren wollen, brauchen Kredite ebenso wie Bürger, die ein Haus bauen wollen. Für größere Anschaffungen wie z. B. ein Auto werden Kredite aufgenommen, aber auch für Urlaubsreisen.

Banken bieten eine Reihe von **Dienstleistungen** an, die für Kunden ebenso wichtig wie selbstverständlich sind. Dazu zählen Geldautomaten, Kontoauszugsdrucker, Nachttresore und Schließfächer. Auch den **EDV-Service** der Banken nutzen viele Kunden mit Onlinebanking oder für den elektronischen Zahlungsverkehr.

Nicht zuletzt braucht man Banken für den Zahlungsverkehr mit dem Ausland. Beispielsweise werden ausländische Zahlungsmittel (für den Urlaub) von den Banken bereitgestellt und Auslandsüberweisungen ausgeführt. Diesen Bereich bezeichnet man als **Auslandsgeschäft**.

Banken erfüllen durch die Annahme der Gelder von Sparern und durch die Ausgabe dieser Gelder als Kredite an Unternehmer oder Haushalte zur Finanzierung von Investitionen bzw. Anschaffungen eine wichtige volkswirtschaftliche Aufgabe. Sie arbeiten dabei zum Großteil mit fremdem Geld. Entscheidend für ihre Ertragslage ist die Zinsspanne, d. h. die Differenz zwischen den – vor allem aus Krediten erzielten – Zinserträgen und den an die Sparer bezahlten Zinsen.

171 Erkläre, was eine Bank ist. Formuliere einen vollständigen Satz.

_____

_____

172 Universalbanken haben vielfältige Aufgaben.

a Nenne fünf wichtige Aufgaben der Banken.

_____

_____

_____

b Zähle vier Dienstleistungen auf, die eine Bank anbietet.

_____

_____

c Erkläre den Begriff „bargeldloser Zahlungsverkehr". Nenne zwei Beispiele.

_____

_____

173 Die meisten Banken in Deutschland sind Universalbanken, die aber verschiedene Träger haben. Ordne zu.

Bank	Träger
Sparkasse	
Deutsche Bank	
Raiffeisenbank	
Volksbank	
Commerzbank	

174 Zu welcher Art von Banken gehören Bausparkassen?
Streiche Nichtzutreffendes durch.

Privatbanken   Genossenschaftliche Banken   Spezialbanken   Öffentliche Banken

175 Welche Formen der Geldanlage gibt es? Nenne drei Beispiele.

_____

_____

176 Warum erfüllen Banken und Sparkassen eine wichtige volkswirtschaftliche Aufgabe?

Ergänze den Lückentext:

Banken und Sparkassen nehmen die _____ von Sparern

gegen _____ an und geben _____ gegen

_____ an Unternehmen und Privatleute aus, damit diese

_____ und _____ finanzieren

können.

177 Kreuze richtig an. Auch mehrere Lösungen können richtig sein.

a Mit Girogeschäften bezeichnet man ...

☐ Abrechnungsverkehr.

☐ ausländische Zahlungsmittel.

☐ bargeldlosen Zahlungsverkehr.

b Depotgeschäfte sind ...

☐ kaufmännisch geführte Banken.

☐ die Verwahrung und Verwaltung von Wertpapieren.

☐ die Öffnung der Schließfächer.

178 Der Dichter Bertolt Brecht sagte: „Bankraub ist eine Unternehmung für Dilettanten. Wahre Profis gründen eine Bank".

Überlege, was er damit ausdrücken wollte.

_____

_____

_____

179 Erkläre die folgende Aussage: „Entscheidend für die Ertragslage einer Bank ist die Zinsspanne".

_____

_____

_____

20 Girokonto

Banken bieten Dienstleistungen rund ums Geld. Das Gehalt wird auf ein Konto überwiesen, Kosten für Strom, Telefon, Miete usw. werden von diesem abgebucht. Dabei werden Beträge nur noch rein rechnerisch von einem Konto auf ein anderes überwiesen. Dafür wird der Fachausdruck **bargeldloser Zahlungsverkehr** gebraucht.

Um am bargeldlosen Zahlungsverkehr teilnehmen zu können, braucht man zunächst ein **Girokonto**. Fast jeder hat heute ein Girokonto bei einer Bank. Zahlungen werden zugunsten und zulasten des Girokontos gebucht, für diese Dienstleistung verlangen viele Banken ein Entgelt: Kontoführungsgebühren. Diese müssen Auszubildende in der Regel nicht bezahlen, allerdings erlischt nach der Lehre diese Befreiung.

Jeder kann ein Girokonto eröffnen. Jugendliche unter 18 Jahren benötigen allerdings die Zustimmung der Eltern, d. h., man sollte gemeinsam mit ihnen zur Bank gehen. Es gibt eine Ausnahme: Wenn man einen Ausbildungsvertrag abgeschlossen hat und die Eltern dort mit Unterzeichnung des gebräuchlichen Vertragsvordrucks bereits eine entsprechende Ermächtigung zur Kontoeröffnung gegeben haben, ist eine erneute Zustimmung der Eltern bei der Bank nicht mehr erforderlich.

Für die Eröffnung eines Girokontos erhält man ein Antragsformular, auf dem folgende persönliche Daten eingetragen werden müssen:

▶ Name
▶ Vorname
▶ Adresse
▶ Geburtsdatum
▶ Geburtsort
▶ Staatsangehörigkeit

Ist man als Kunde neu bei der Bank, dann muss man sich ausweisen. Die Nummer des Personalausweises sowie dessen Ausstellungsort werden notiert – auch die Daten der Eltern. Damit wird verhindert, dass jemand unter falschem Namen ein Konto anlegt. Zum Schluss muss man noch eine Probeunterschrift abliefern, die bei der Bank hinterlegt wird. Dadurch können die Bankangestellten jederzeit überprüfen, ob z. B. bei einer Geldabhebung wirklich der Kontoinhaber unterschrieben hat.

Wer noch keine 18 Jahre alt ist, darf sein Girokonto nicht überziehen. Erst mit Vollendung des 18. Lebensjahrs räumen Banken ihren Kunden die Möglichkeit zur Überziehung des Girokontos bis zum Dreifachen des Gehalts ein.

Einen Überblick über die Geldbewegungen auf dem Girokonto geben die **Kontoauszüge**. Alle Veränderungen werden dem Kunden auf diese Weise bekannt gegeben. In der Regel kann man die Kontoauszüge mit seiner Bankkarte am Kontoauszugsdrucker ausdrucken lassen. Holt man seine Kontoauszüge über einen längeren Zeitraum nicht ab, schicken manche Banken die Auszüge auch mit der Post. Viele Banken bieten mittlerweile auch den Abruf der Kontoauszüge über das Onlinebanking an. Auf dem Kontoauszug sind alle Einnahmen (Haben = H) und Ausgaben (Soll = S) aufgelistet. In der Regel führt eine Bank jeweils zum Ende eines Vierteljahres einen Rechnungsabschluss durch. Erfolgt kein Widerspruch innerhalb von sechs Wochen, dann erkennt man den Abschluss rechtlich an.

```
Sparkasse Neustadt        Kontonummer   98756432      Auszug Nr. 24      Blatt 1
Datum    Vorgang                    Wert     Abgänge -     Zugänge +
                                               Alter Kontostand EUR    672,16 +

23.10.   Überweisung               23.10.      80,00
         Empfänger B. Karst Bingen
         Anzahlung TV
28.10.   Modehaus TREND Girocard   29.10.     204,52
31.10.   AVO Gehalt Okt. 2019      31.10.                    650,00
31.10.   KFS Neustadt              31.10.      13,41
         216747 Kabel-TV Nov. 2019
         Entgeltabrechnung
31.10.   E. Schur                  31.10.     234,60
         Miete


         Christine Kroehn
         Erlenweg 13
         97890 Neustadt


         neuer Kontostand vom 31.10.2019               EUR      789,63+

                                                    BITTE RÜCKSEITE BEACHTEN!
```

180 Was braucht man, um am bargeldlosen Zahlungsverkehr teilnehmen zu können? Kreuze richtig an.

☐ ein Sparbuch

☐ ein Girokonto

☐ einen Kontoauszug

181 Erkläre, warum eine Bank bei der Eröffnung eines Girokontos den Ausweis sehen will?

_____

_____

182 Jugendliche unter 18 Jahren brauchen bei der Eröffnung eines Girokontos in der Regel die Zustimmung der Eltern.
Welche Ausnahme gibt es?

_____

_____

_____

_____

183 Ein Kontoauszug gibt Auskunft über die Geldbewegungen auf dem Girokonto.
Wofür stehen die folgenden Buchstaben?

H = _____   S = _____

184 Kreuze richtig an.

Kontoauszüge bekommst du ...

☐ mit der Post.   ☐ am Geldautomaten.

☐ am Kontoauszugsdrucker.   ☐ über das Onlinebanking.

185 Der 16-jährige Lukas verdient 420 Euro im Monat. Am 28. des Monats hat er sein Geld bereits abgehoben. Da er dringend Benzin für sein Mofa braucht, geht er zur Bank und sagt: „Ich möchte 30 Euro abheben, in drei Tagen kommt mein Lehrlingsgehalt, dann ist das Konto wieder ausgeglichen."
Kann er tanken fahren?

_____

_____

186 Marie ist 18 Jahre alt und verdient als Auszubildende 550 Euro im Monat. Um leichter zu ihrem Ausbildungsbetrieb zu kommen, möchte sie sich einen günstigen Gebrauchtwagen für 1 750 Euro anschaffen. Sie geht also zum Bankschalter und sagt: „Auf meinem Konto sind noch 250 Euro. Hier ist mein Ausweis. Ich möchte 1 750 Euro abheben."
Beurteile, ob sie das Geld bekommt.

_____

_____

_____

187 Svenja geht sehr schlampig mit ihren Kontoauszügen um, sie liegen in einer Schublade herum und werden von ihr kaum beachtet. Am 31. März des Jahres bekommt sie per Post die neuesten Auszüge zugesandt. Darauf ist eine falsche Abbuchung eingetragen. „Oh", denkt Svenja, „das muss ich der Bank sagen." Sie vergisst aber die ganze Sache und erst nach sieben Wochen entdeckt sie den Kontoauszug wieder.
Sie geht zur Bank, um die falsche Abbuchung zu berichtigen. Kann sie das noch? Erkläre.

_____

_____

_____

_____

188 Ergänze die folgenden Sätze zum Girokonto richtig:

a Der Zahlungsverkehr von Konto zu Konto erfolgt _____.

b Alle Einnahmen auf dem Konto werden als _____ bezeichnet.

c Um ohne Zustimmung der Eltern ein Konto eröffnen zu können, muss man mindestens _____ Jahre alt sein.

d Einen Überblick über die laufenden Geldbewegungen auf dem Konto geben die _____.

e Auszubildende müssen meist keine _____ bezahlen.

21 Zahlungsverkehr

Zahlungen können auf unterschiedliche Art und Weise getätigt werden. Eine Wurstsemmel in der Pause bezahlt man in der Regel mit Bargeld, ein Auto im Wert von 25 000 Euro wird man nicht bar bezahlen. Um verschiedene Zahlungen abzuwickeln, gibt es die unterschiedlichsten Möglichkeiten.

Überweisung

Mehr als die Hälfte aller bargeldlosen Zahlungen werden als Überweisungen geleistet. Rechtlich gesehen ist eine Überweisung der Auftrag (die Weisung) eines Kontoinhabers an seine Bank, vom eigenen Girokonto einen bestimmten Betrag abzubuchen und auf das Girokonto des Empfängers zu übertragen. Diesen Auftrag erteilt man seiner Bank mit einem Überweisungsauftrag. Sinnvoll sind Überweisungen dann, wenn es sich um **einmalige, nicht wiederkehrende Zahlungen** handelt.

Überweisungen können online über PC, Laptop, Smartphone etc. ausgeführt werden (Online-Verfahren siehe S. 119) oder man verwendet entsprechende Vordrucke, die in jeder Bankfiliale ausliegen. Ausgefüllt werden müssen die Felder: Name des Empfängers, IBAN (internationale Bankkontonummer), BIC (internationale Bankleitzahl) des Kreditinstituts, der Betrag in Euro sowie der Name des Kontoinhabers, der das Formular ausfüllt, außerdem muss der Verwendungszweck angegeben werden (z. B. Telefonrechnung). Ganz unten ist dann noch das Datum einzutragen und die Unterschrift zu leisten.

Der Vordruck muss in Druckschrift ausgefüllt werden. Man darf nur Großbuchstaben verwenden und in jedes Kästchen nur einen Buchstaben, eine Ziffer oder ein Satzzeichen eintragen.

Den ausgefüllten Überweisungsauftrag gibt man am Bankschalter ab oder wirft ihn in einen eigenen Briefkasten für Überweisungsaufträge. Die Bank überprüft, ob das Konto über ein ausreichendes Guthaben verfügt und überweist das Geld an den Empfänger.

Verschiedentlich werden auch Vordrucke „Überweisungsauftrag/Zahlschein" zusammen mit der Rechnung verschickt. In diesem Fall sind die Daten des Empfängers bereits eingetragen, man muss nur noch die eigene Bankverbindung, seinen Namen und das Datum eintragen und unterschreiben.

Dauerauftrag

Der Dauerauftrag ist eine besondere Form der Überweisung. Mit ihm beauftragt man die Bank, eine Überweisung **immer wieder** und zu einem **be-**

stimmten Termin auszuführen. Hat man also jeden Monat eine bestimmte Rechnung zu bezahlen, die immer gleich hoch ist und immer an den gleichen Empfänger geht, dann erteilt man seiner Bank einen Dauerauftrag, z. B. für Beiträge für den Sportverein oder die Musikschule sowie für die Miete. Der Vorteil ist, dass keine Zahlung vergessen wird. Der Auftrag wird so lange ausgeführt, bis man ihn bei der Bank wieder löscht. Möglich ist auch das Datum der letzten Ausführung von vornherein festzulegen.

Lastschriftverfahren

Dieses Verfahren der Bezahlung nutzt man bei **regelmäßig wiederkehrenden Zahlungen**, bei denen sich der Betrag häufig ändert. Das ist zum Beispiel bei der Telefonrechnung der Fall, die jeden Monat bezahlt werden muss und immer **unterschiedlich hoch** ist. Mit der Lastschrift gibt man dem Empfänger, z. B. der Telefongesellschaft, die Erlaubnis, einen fälligen Rechnungsbetrag vom Girokonto abzubuchen. Man erteilt also ein **Lastschriftmandat**. Bucht jemand unberechtigt oder zu viel ab, dann kann man innerhalb von acht Wochen den Betrag von seiner Bank zurückbuchen lassen. Der Vorteil des Lastschriftverfahrens liegt wie beim Dauerauftrag darin, dass man keine Termine beachten muss und nicht für jede einzelne Zahlung eine Überweisung tätigen muss.

Scheck

Rechnungen kann man auch mit einem Scheck bezahlen. Ein Scheck ist rechtlich gesehen immer eine Anweisung des Kontoinhabers an seine Bank, gegen Vorlage des Schecks eine bestimmte Geldsumme zulasten seines Kontos an den Scheckinhaber zu zahlen.

Stellt man einen **Barscheck** aus, dann erhält der Empfänger des Barschecks das Geld bei der Bank des Scheckausstellers bar ausbezahlt oder kann es sich bei seiner eigenen Bank auf seinem Konto gutschreiben lassen.

Einen **Verrechnungsscheck** verwendet man, wenn dem Scheckempfänger der Gegenwert des Schecks auf seinem Konto gutgeschrieben werden soll. Der Scheckempfänger reicht den Verrechnungsscheck bei seiner Bank ein und erhält den Betrag auf seinem Konto gutgeschrieben. Seine Bank wiederum zieht das Geld bei der Bank des Scheckausgebers ein. Der Vorteil des Verrechnungsschecks ist, dass er nicht missbräuchlich verwendet werden kann, da es sich leicht nachvollziehen lässt, auf wessen Konto das Geld gutgeschrieben wurde.

Onlinebanking

Beim Onlinebanking erhält man einen elektronischen Zugang zu seinen Konten – über PC für den Zugriff von zu Hause aus, über Tablet und Smartphone für unterwegs.

Um Missbrauch zu verhindern wird das **PIN/TAN-Verfahren** als Legitimationsverfahren eingesetzt. Voraussetzung dafür ist die Freischaltung der Konten durch die Bank und die Vergabe einer Zugangsnummer (PIN), die man geheim halten muss, denn mit der PIN (Persönliche Identifikationsnummer) kann man wichtige Informationen über die zugehörigen Konten erhalten. Um z. B. eine Überweisung ausführen zu können, benötigt man neben der PIN eine weitere Nummer, eine sogenannte TAN (Transaktionsnummer), die nur einmal gültig ist. Die klassischen TAN-Listen in Papierform wurden mittlerweile durch TAN-Verfahren mit höheren Sicherheitsstandards ersetzt. Beim mTAN-Verfahren (mobile TAN) beispielsweise bekommt der Bankkunde die Transaktionsnummer per SMS auf sein Handy geschickt. Für das chipTAN-Verfahren benötigt man einen TAN-Generator seiner Bank, der nach Einführen einer Chipkarte die Transaktionsnummer erstellt. Beim photoTAN-Verfahren werden die Auftragsdaten des Onlinebankings als Graphik oder Barcode verschlüsselt und dann mittels eines speziellen Lesegeräts oder einer App gelesen und in eine TAN umgewandelt. Das pushTAN/AppTAN-Verfahren funktioniert ebenfalls mit einer App, die eine TAN-Nummer generiert, sobald man die Auftragsdaten im Onlinebanking eingegeben hat und man die App auf dem Smartphone öffnet.

Seit einigen Jahren gibt es einen weiteren Standard für das Onlinebanking, das HBCI-Verfahren (Homebanking Computer Interface). Aufträge werden hier elektronisch unterschrieben. Die verwendeten Schlüssel sind in der Regel auf einer Chipkarte gespeichert und mit einem Passwort geschützt. Ohne das Passwort hat man keinen Zugang.

Dies gilt auch beim Telefonbanking, denn hier erhält man Zugang zu seinen Konten ebenfalls erst nach Eingabe eines Passwortes.

189 Es gibt verschiedene Möglichkeiten, Rechnungen bargeldlos zu bezahlen.

a Nenne vier Möglichkeiten.

_____

_____

b Erläutere, ob Überweisungen für jede zu zahlende Rechnung geeignet sind.

_____

_____

190 Du möchtest die beiliegende Rechnung bezahlen, fülle den Überweisungsauftrag korrekt aus.

Rechnungsbetrag 165,25 Euro, Kundennummer 1214, Rechnungssteller Fa. Muster, IBAN der Fa. Muster DE34 7601 4010 0076 1890 34, BIC: BYLADEM1RBG

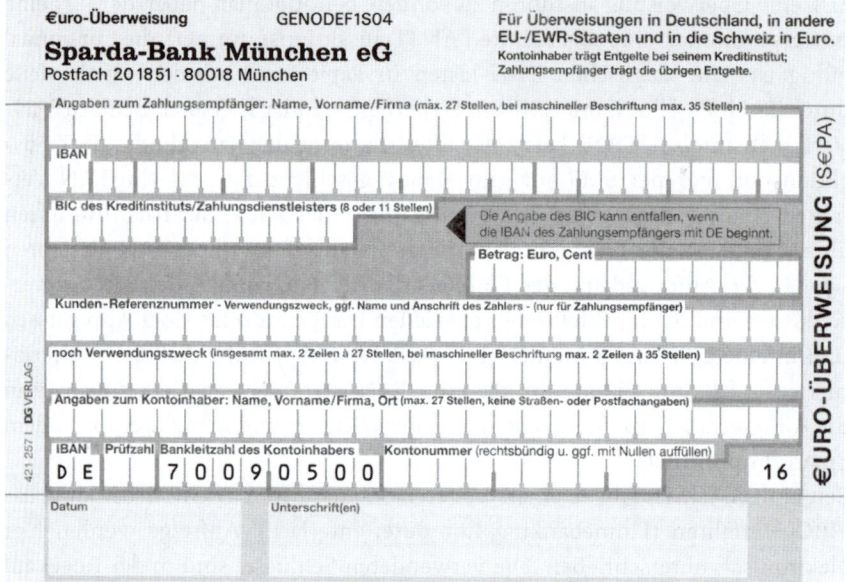

191 Dauerauftrag und Lastschrift sind wichtige Verfahren des Zahlungsverkehrs.

a Ergänze den Lückentext mit den Wörtern im Kasten.

> bestimmten – gleichbleibende – gleichen – regelmäßig – wiederkehrende – wiederkehrenden – unterschiedlicher

Ein Dauerauftrag wird erteilt, wenn es sich um _____

Beträge an den _____ Empfänger zu einem _____,

_____ Termin handelt. Eine Lastschrift eignet sich für

_____ _____ Zahlungen in

_____ Höhe.

b Nenne zwei Vorteile der beiden Verfahren.

_____

_____

192 Kreuze richtig an.

Ein Lastschriftmandat gehört zum …

☐ Dauerauftrag.

☐ Lastschriftverfahren.

☐ Onlinebanking.

193 Du stellst bei der Überprüfung deiner Kontoauszüge fest, dass der Sportverein deinen Jahresbeitrag zweimal abgebucht hat.

a Kannst du bei deiner Bank die zweite Abbuchung rückgängig machen?

_____

_____

b Was musst du bei deinem Einspruch beachten?

_____

_____

194 Welche Nummern brauchst du, um am Onlinebanking teilzunehmen?
Erkläre ihre jeweilige Funktion.

_____

_____

_____

_____

195 Erkläre das mTAN-Verfahren.

_____

_____

_____

_____

196 Stelle Barscheck und Verrechnungsscheck gegenüber und nenne den Vorteil eines Verrechnungsschecks.

_____

_____

_____

_____

_____

_____

_____

197 Was gehört zusammen?
Verbinde jeweils mit einem Pfeil und trage die zugehörigen Ziffern in die unten stehende Tabelle ein.

A Das Lastschriftverfahren wird bei regelmäßigen Zahlungen eingesetzt, ...

1 ... benutzt man am besten einen Dauerauftrag.

B Die sogenannte TAN ...

2 ... wenn man einmalige, nicht wiederkehrende Zahlungen vornehmen möchte.

C Überweisungen werden meist dann eingesetzt, ...

3 ... bei denen sich der zu zahlende Betrag häufig ändert.

D Um seine Miete regelmäßig zu überweisen, ...

4 ... wird beim Onlinebanking benötigt, um Überweisungen durchführen zu können.

A	B	C	D

22 Bankkarten

Viele Menschen tragen kaum noch Bargeld bei sich. Sie bezahlen, wo immer es möglich ist, mit ihrer Bankkarte. In Deutschland sind mittlerweile 90 Millionen Bankkarten im Umlauf. Man kann beispielsweise an der Tankstelle oder im Restaurant bargeldlos bezahlen oder am Geldautomaten Bargeld abholen.

Zwei Arten von Bankkarten können unterschieden werden, die sogenannten **Debitkarten** und die **Kreditkarten**.

Die Debitkarte

Die heutige Debitkarte ersetzt die frühere EC-Karte und ist direkt an das **laufende Konto** des Bankkunden gebunden.

Man kann mittlerweile mit allen Bankkarten am Automaten Geld abheben, den Kontostand erfragen und die Kontoauszüge ausdrucken lassen. Um eine unbefugte Nutzung zu verhindern, bekommt man eine Geheimzahl, die persönliche Identifikationsnummer, kurz PIN genannt. Will man also am Automaten Geld abheben, muss man die Geheimnummer eingeben. Zusätzlich kann man mit der Bankkarte an elektronischen Kassen mit PIN oder Unterschrift bezahlen. Zum bargeldlosen Bezahlen bei vielen Tankstellen, in Geschäften, Hotels und Restaurants ist die Karte mittlerweile unentbehrlich.

Jugendliche unter 18 Jahren können ihr Konto grundsätzlich nicht überziehen. Mit ihrer Karte zu bezahlen oder Geld abzuheben, wenn ihr Guthaben erschöpft ist, ist nicht möglich, da beim Einsatz der Karte eine Prüfung des Verfügungsrahmens (Kontostand) stattfindet.

Jede Bank gestaltet ihre Kundenkarten individuell, allerdings besitzen alle grundlegende gemeinsame Elemente: Die auf der Vorder- und Rückseite abgebildeten Akzeptanzsymbole verdeutlichen, inwieweit die Kundenkarte zur Bargeldbeschaffung und zur bargeldlosen Bezahlung eingesetzt werden kann.

Akzeptanzsymbole und ihre Bedeutung
(Akzeptanz heißt Anerkennung, Gültigkeit besitzen)

Karte und PIN genügen: In den meisten Geschäften, Tankstellen, Kaufhäusern und Restaurants kann damit bargeldlos bezahlt werden. Darüber hinaus kann an allen deutschen Geldautomaten Geld abgehoben werden. Kostenlos geht dies allerdings nur an den Geldautomaten der eigenen Bank bzw. deren Partnerbanken.

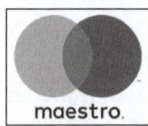  Girocard ist ein rein deutsches System. Um im Ausland Geld abheben oder bargeldlos bezahlen zu können, muss die Karte zusätzlich das Zeichen Maestro oder V-Pay besitzen.

 Dieses Symbol steht für die Geldkartenfunktion als „elektronische Geldbörse". Nach der Eingabe der Geheimzahl kann die Bankkarte bis zu einem Höchstbetrag von 200 Euro an Bankautomaten aufgeladen werden. Beim Einkauf wird der Betrag vom Guthaben auf dem Chip der Bankkarte abgezogen.

  Ist eines dieser Symbole auf der Karte abgebildet, kann man mit ihr Kleinbeträge bis 20 Euro kontaktlos bezahlen. Dazu muss man die Karte nur wenige Zentimeter vor das Bezahlterminal halten, eine Eingabe der PIN ist nicht notwendig.

Die Kreditkarte

Um eine Kreditkarte zu bekommen, muss man mindestens 18 Jahre alt sein und über ein regelmäßiges Einkommen verfügen. Die Bezahlung mit einer Kreditkarte funktioniert genauso wie mit einer Debitkarte. Allerdings werden im Unterschied zur Debitkarte die mit der Kreditkarte bezahlten Beträge in der Regel **monatlich** vom Girokonto **per Lastschrift** eingezogen. Die bekanntesten Marken sind VISA, MasterCard, American Express und Diners Club.

198 Man sieht sehr häufig Leute, die an der Kasse mit einer Bankkarte bezahlen.

a Welche zwei Arten von Bankkarten werden unterschieden?

_____

_____

b Nenne den Unterschied zwischen den beiden Karten.

_____

_____

c Zähle vier bekannte Kreditkartenmarken auf.

_____

_____

d Erkläre die Funktionsweise einer Debitkarte.

_____

_____

_____

_____

_____

_____

199 Simon ist 17 Jahre alt und möchte mit seiner Debitkarte an der Tankstelle die Spritrechnung für seinen Roller in Höhe von 20 Euro bezahlen. Auf seinem Konto sind noch 15 Euro.
Kann er die Rechnung bezahlen? Begründe.

_____

_____

_____

200 Ordne die Symbole den folgenden Anwendungsmöglichkeiten zu. Trage den entsprechenden Buchstaben jeweils in das Kästchen ein.

a girocard   **b** maestro.   **c** girogo   **d** GeldKarte

☐ Karte und PIN genügen, um in Geschäften, Tankstellen, Kaufhäusern und Restaurants bargeldlos zu bezahlen.

☐ Mit der Geheimnummer kann man seine Karte am Geldautomaten aufladen und anschließend bargeldlos bezahlen. Dabei wird der Betrag vom Chip der Karte abgezogen.

☐ Kleinbeträge bis 20 Euro können kontaktlos und ohne PIN-Eingabe oder Unterschrift bezahlt werden.

☐ Mit Bankkarte und PIN (oder Unterschrift) kann mit diesem Symbol weltweit bargeldlos bezahlt werden.

201   Welche Bedeutung hat die Geldkartenfunktion?

_____

_____

202   Ergänze die folgenden Sätze:

a   Bei der Debitkarte überprüft die _____, ob die Zahlung erfolgen kann.

b   Als „elektronischen Geldbeutel" bezeichnet man die _____.

c   Auch außerhalb der Öffnungszeiten kann man bei einer Bank am _____ _____ Geld abheben oder seinen Kontostand überprüfen.

d   Damit man im Geschäft per Debitkarte bezahlen kann, werden die dafür benötigten Daten auf dem _____ der Karte gespeichert.

e   Neben einem Mindestalter von _____ Jahren muss man ein regelmäßiges _____ nachweisen, um eine Kreditkarte beantragen zu können.

f   PIN bedeutet _____.

203   Sarah ist 17 Jahre alt und geht noch zur Schule. Bevor sie im Herbst ihre Ausbildung beginnt, möchte sie nach Portugal in Urlaub fahren. Ihre Tante rät ihr, sich eine Kreditkarte zu besorgen, denn dies sei in Portugal das sinnvollste Zahlungsmittel.
Kann Sarah den Rat ihrer Tante befolgen? Begründe.

_____

_____

_____

_____

_____

204 Bankkarten haben Vor- und Nachteile.

Trage in die Kästen jeweils mindestens drei Vor- und Nachteile ein. Entscheide am Schluss, ob deiner Meinung nach die Vor- oder Nachteile überwiegen.

Vorteile

Nachteile

Meiner Meinung nach

23 Sorten- und Devisengeschäfte

Bei einer Fahrt nach Italien mussten eure Eltern noch vor wenigen Jahren Geld umtauschen. In Österreich galt beispielsweise der Schilling, in Italien die Lira. Beide Währungen gibt es ebenso wie die DM nicht mehr.

19 europäische Länder haben den **Euro** als Währung, ein Umtausch ist für diese Länder nicht mehr nötig. Seit dem 1. Januar 2002 gilt der Euro als Zahlungsmittel in den Niederlanden, in Belgien, Deutschland, Finnland, Frankreich, Griechenland, Irland, Italien, Luxemburg, Österreich, Portugal und Spanien. Slowenien führte den Euro am 1.1.2007 ein, Malta und Zypern folgten am 1.1.2008, die Slowakei zog am 1.1.2009 nach. Estland gehört seit dem 1.1.2011 dazu. Zuletzt schlossen sich Lettland (1.1.2014) und Litauen (1.1.2015) der **Eurozone** an.

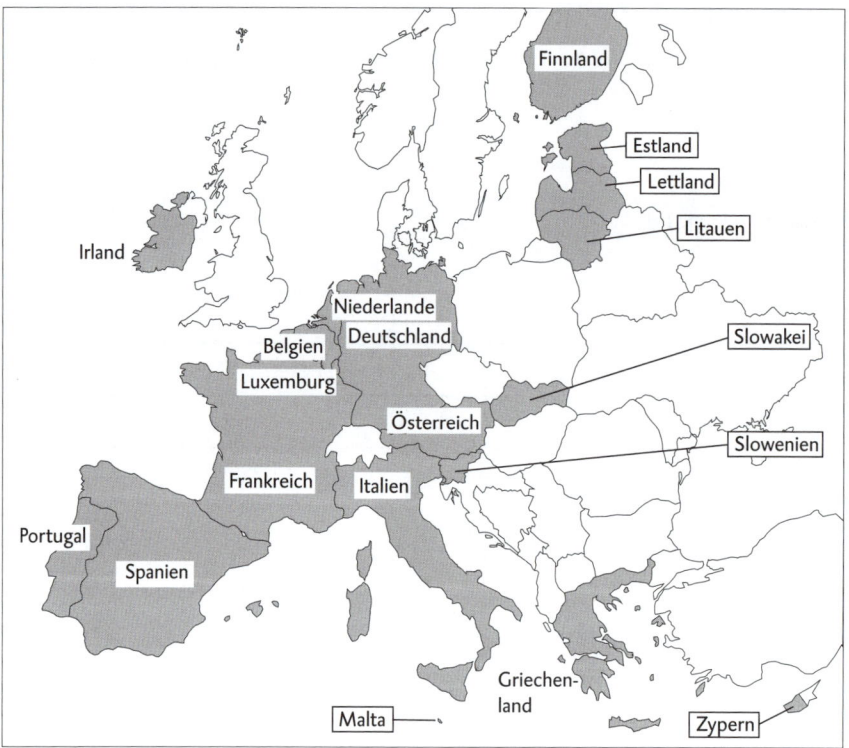

Trotzdem müssen die Banken natürlich weiterhin Sorten, das sind ausländische Banknoten und Münzgeld, bereithalten. Die wohl wichtigsten ausländischen Zahlungsmittel sind der US-Dollar und das englische Pfund. Will man in die USA reisen, so muss man zur Bank gehen und am Schalter Euro in Dollar umtauschen. Die Bereithaltung ausländischer Zahlungsmittel gehört zu den Dienstleistungen von Banken. Unterschieden werden Sorten und Devisen. Für ausländisches Bargeld (Banknoten und Münzen) verwendet man den Begriff **Sorten**. Forderungen auf ausländische Währungen werden als **Devisen** bezeichnet.

Tauscht man 100 Euro in englische Pfund um, dann bekommt man zu unterschiedlichen Zeitpunkten unterschiedliche Beträge. Die jeweilige Höhe des Umwechslungsbetrages hängt dabei vom **Wechselkurs** ab. Für die einzelnen Währungen wird der Wechselkurs täglich neu ermittelt. Er hängt von Angebot und Nachfrage ab. Je höher die Nachfrage, desto höher steigt der Wechselkurs. Man bekommt dann beispielsweise für 100 Euro weniger US-Dollar. Sind viele US-Dollar in Deutschland auf dem Markt und tauscht kaum jemand um, dann bekommt man für seine 100 Euro mehr US-Dollar, da der Wechselkurs sinkt. Der Umtausch in den Banken ist für Auslandsreisende eine wichtige Dienstleistung. Allerdings geschieht das nicht kostenfrei.

205   Kreuze die richtigen Lösungen an.

☐ Der Euro wurde am 1. 1. 2009 in ganz Europa als Währung eingeführt.

☐ In Deutschland gilt der Euro seit dem 1. 1. 2002 als neue Währung.

☐ Der Euro gilt in 14 europäischen Ländern als Währung.

☐ Am 1. 1. 2015 hat auch Litauen den Euro eingeführt.

206   Wie viele Länder gehören zur Eurozone? Nenne die Zahl.

_____

207   Erkläre die Begriffe Sorten und Devisen.

_____

_____

_____

208   Kreuze an, was richtig ist.

☐ Je höher der Wechselkurs, desto höher der Umtauschbetrag.

☐ Der Wechselkurs wird ermittelt aus Angebot und Nachfrage.

☐ Je höher das Angebot, desto höher steigt der Wechselkurs.

209 Am 4. November 2019 entsprach ein Euro:

US-Dollar (USD)	1,12
Britische Pfund (GBP)	0,86
Japanische Yen (JPY)	121,04

Rechne aus, wie viele US-Dollar (USD), britische Pfund (GBP) und japanische Yen (JPY) du an diesem Tag für 250 Euro bekommen hättest.

_____

_____

210 Löse das folgende Silbenrätsel. Die ersten Buchstaben, senkrecht gelesen, ergeben das Lösungswort.

▸ Die amerikanische Währung: US- ...   _____

▸ Die europäische Gemeinschaftswährung   _____

▸ Eine Genossenschaftsbank   _____

▸ Dort galt früher die Lira   _____

▸ Bezeichnung für ausländisches Bargeld   _____

▸ Eine Kreditkartenmarke: American ...   _____

▸ Anderer Name für Holland   _____

bank – de – der – dol – ex – en – eu –ita – lan – lar – li – nie – press – ro – sor – ten – volks

24 Möglichkeiten der Geldanlage

Um größere Anschaffungen machen zu können, müssen Menschen sparen. Gespart wird für eine eigene Wohnung, für ein Auto, für den Führerschein, für den nächsten Urlaub usw. Die Möglichkeit zum Sparen hängt davon ab, wie viel des zur Verfügung stehenden **Einkommens** durch die **festen Ausgaben** wie Miete, Vereinsbeiträge, Kleidung, Nahrung, Auto etc. verbraucht wird und wie viel dann noch übrig bleibt. Daneben spielt natürlich auch die Sparbereitschaft des Einzelnen eine wichtige Rolle.

Bis vor wenigen Jahren waren die Bürger in Deutschland durch die gesetzliche Rentenversicherung für den Ruhestand gut abgesichert. Das hat sich geändert. Immer mehr wird der Einzelne in die Pflicht genommen, für seinen Lebensabend selbst Vorsorge zu treffen, also zu sparen.

Sein Geld kann man in verschiedenen Formen anlegen. Wählt man eine **Geldanlage** aus, dann sind drei wichtige Gesichtspunkte abzuwägen:

▶ Ertrag:
   Welche Form der Geldanlage bringt den höchsten Gewinn?
▶ Sicherheit:
   Wie riskant ist die Form der Geldanlage?
▶ Verfügbarkeit:
   Wie schnell kann ich auf das Geld zugreifen, gibt es Wartefristen?

Es gibt verschiedene **Anlageformen** für Sparer:

Sparbuch

Will man kleinere Beträge sparen, dann hat man verschiedene Möglichkeiten. Man kann unregelmäßig auf einem normalen **Sparkonto (Sparbuch)** sparen oder aber einen **Sparvertrag** abschließen, der eine feste Laufzeit und feste monatliche Raten hat.

Bei einem Sparbuch oder „Loseblatt-Sparkonto" wird nach der ersten Einzahlung jede Kontobewegung vermerkt, jede Abhebung, Einzahlung und die Gutschriften für Zinsen. Die Kündigungsfrist beträgt mindestens drei Monate. Unabhängig davon kann man aber bis zu 2 000 Euro pro Kalendermonat abheben. Ein Nachteil des Sparbuchs ist, dass die Zinsen sehr niedrig sind.

Sparbrief

Ein Sparbrief ist eine Alternative zum Sparbuch. Er hat eine feste Laufzeit mit einer festen Verzinsung. Für die Vereinbarung einer längeren Laufzeit bekommt man höhere Zinsen.

Termin-/Festgeld

Beim Festgeld wird ein bestimmter Betrag für einen bestimmten Zeitraum angelegt. Während der Laufzeit kommt man in der Regel nicht an das Geld heran. Die Zinsen für Festgeld sind etwas höher.

Prämiensparen

Beim Prämiensparen kann der Sparer die Höhe der monatlichen Sparrate und die Laufzeit selbst bestimmen. Zusätzlich zu den Zinsen erhält der Sparer eine jährliche Sparprämie. Je länger der Vertrag läuft, desto höher wird die Sparprämie.

Wertpapiere

Eine beliebte Form der Geldanlage sind Wertpapiere. Mit ihnen kann man in der Regel höhere Erträge erzielen, als bei den Spareinlagen. Man muss bei Wertpapieren zwischen Aktien und festverzinslichen Wertpapieren unterscheiden.

Aktien: Kauft man Aktien, so wird man Miteigentümer (Aktionär) eines Unternehmens. Wie jeder Unternehmer geht man dann auch ein Risiko ein. Ein Aktionär erhält keine feste Verzinsung, sondern eine Dividende, d. h. einen Teil des Gewinns. Interessanter ist aber die Kursentwicklung. Diese richtet sich nach der Leistungskraft des Unternehmens. Je besser die Leistungskraft des Unternehmens eingeschätzt wird, desto höher steigt der Kurs der Aktie. Verkauft ein Aktionär dann seine Aktien, kann er einen großen Gewinn machen. Umgekehrt geht er ein Risiko ein, denn wenn der Kurs sinkt, verlieren seine Aktien an Wert und er macht beim Verkauf Verlust.

Festverzinsliche Wertpapiere (Anleihen): Diese werden vom Bund, von Banken oder Industrieunternehmen ausgegeben. Dadurch, dass man diese Papiere kauft, stellt man einen Kredit zur Verfügung. Damit erwirbt man einen Anspruch auf Zinsen. Der Zinssatz wird bei der Ausgabe festgelegt. Behält man die Papiere bis zum Ende der Laufzeit, dann beträgt der Rückzahlungskurs in jedem Fall 100 %.

Bausparen

Bausparen hat als Ziel die Finanzierung von **Wohneigentum**. Dazu gehören Kauf, Bau oder Renovierung eines Hauses oder einer Wohnung. Die Bausparkasse übernimmt die Funktion eines Verwalters, der Spargelder annimmt und Bauspardarlehen ausgibt. Ein Bausparvertrag wird über eine bestimmte Summe geschlossen. Ist ein Teil dieser Summe – in der Regel 40 % – angespart und eine bestimmte Bewertungszahl (wird errechnet aus den gesparten Geldern und der

Laufzeit) erreicht, dann kann man sich den Bausparvertrag ausbezahlen lassen. Die nicht angesparte restliche Summe wird als Darlehen mit günstigem Zinssatz zur Verfügung gestellt. Der Staat fördert mit der sogenannten Wohnungsbauprämie und der Arbeitnehmersparzulage das Bausparen.

Kapitallebensversicherung

In eine Lebensversicherung wird regelmäßig Geld einbezahlt. Am Ende der Laufzeit, oder wenn man stirbt, wird eine bestimmte, vorher vereinbarte Kapitalsumme ausgezahlt; es ist auch möglich, sich das Geld in Form einer monatlichen Rente ausbezahlen zu lassen. Der gewährte Zinssatz ist allerdings relativ niedrig. Auch reduziert der teilweise sehr hohe Kostenanteil für die Absicherung des Todesfalls die Auszahlungssumme.

211 Du möchtest Geld, das du geerbt hast, anlegen.

    a Welche drei Fragen musst du dir bei der Auswahl der Anlageform stellen?

    _____

    _____

    _____

    b Welcher der drei Gesichtspunkte ist wichtig, wenn du dir innerhalb der nächsten zwei Jahre ein Auto von dem Geld kaufen möchtest?

    _____

    _____

212 Auf deinem Sparbuch sind 2 500 Euro. Du möchtest dir ein neues Mountainbike zum Preis von 1 800 Euro kaufen.
Kannst du das Geld vom Sparkonto sofort abheben? Begründe.

_____

_____

_____

213 Vervollständige folgenden Satz:

Beim Festgeld gilt, je _____ die Laufzeit, desto _____ die Zinsen.

214 Mit welcher Geldanlage kannst du den größten Gewinn, aber auch den größten Verlust machen? Begründe, woran das liegt.

_____

_____

_____

_____

215 Bundesschatzbriefe sind festverzinsliche Wertpapiere.

   a Wer bekommt in diesem Fall dein Geld?

     ☐ der Bund

     ☐ eine Kapitalgesellschaft

   b Erkläre, wie dieses System funktioniert.

_____

_____

_____

216 Eine beliebte Form der Geldanlage ist das Bausparen.

   a Mit welchem Ziel werden Bausparverträge geschlossen?

_____

   b Du hast einen Bausparvertrag über 10 000 Euro abgeschlossen. Rechne aus, wie viel Geld du mindestens gespart haben musst, damit du deinen Bausparvertrag ausbezahlt bekommst.

_____

   c Wie viel Euro der Bausparsumme sind ein Darlehen?

_____

217 Nenne je zwei Vor- und Nachteile einer Kapitallebensversicherung.

_____

_____

_____

_____

218 Kreuze jeweils die richtige Aussage an.

a Sparbriefe …

☐ besitzen eine festgelegte Laufzeit mit fester Verzinsung.

☐ haben eine niedrigere Verzinsung als Sparbücher.

☐ gehören zu den Wertpapieren.

b Festverzinsliche Wertpapiere …

☐ sind eine riskante Anlage.

☐ sind z. B. ein Kredit an den Bund.

☐ werden nur zu 90 % zurückbezahlt.

219 Die Möglichkeit zu sparen hängt von zwei Punkten ab.
Nenne diese und erkläre auch, warum das so ist.

_____

_____

_____

220 In diesem Suchrätsel sind zehn Begriffe zum Thema Sparen und Anlegen versteckt. Suche waagerecht und senkrecht.

L	A	C	O	D	I	K	U	R	S	L	L	D
X	F	I	K	I	G	S	M	Z	R	T	A	H
D	B	L	M	V	X	F	K	I	U	B	U	S
R	A	K	T	I	E	N	L	N	M	F	F	V
S	U	R	U	D	A	N	L	S	P	I	Z	B
T	S	E	F	E	S	T	G	E	L	D	E	G
A	P	R	V	N	M	K	I	N	H	G	I	O
Q	A	T	W	D	I	O	E	C	F	K	T	L
W	R	R	X	E	L	N	Z	D	R	M	J	U
A	E	A	Z	A	N	T	R	I	S	I	K	O
T	N	G	D	B	M	O	K	G	S	C	M	Z

221 Sieh dir das Schaubild an und beantworte anschließend die Fragen.

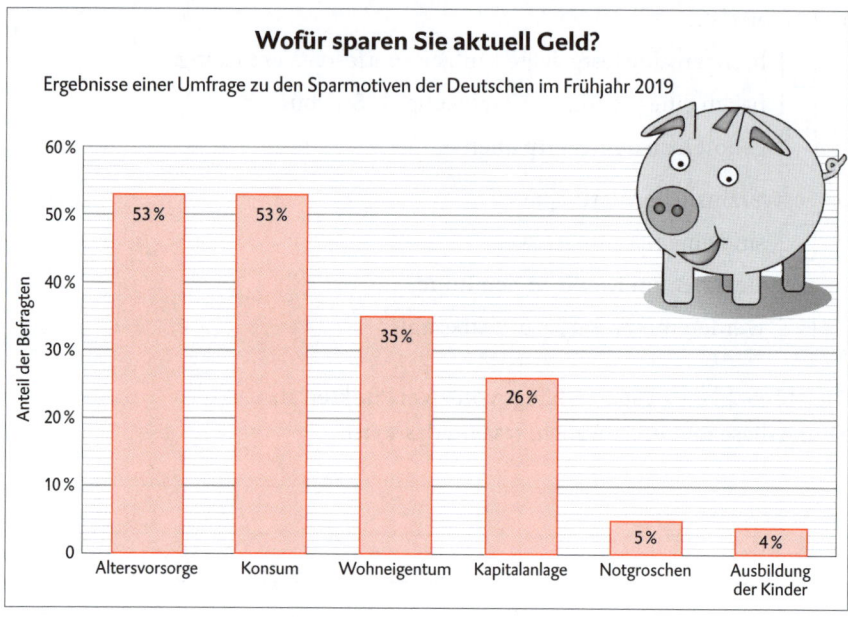

Wofür sparen Sie aktuell Geld?

Ergebnisse einer Umfrage zu den Sparmotiven der Deutschen im Frühjahr 2019

Eigene Darstellung, Daten nach: Verband der Privaten Bausparkassen

a Wofür sparen die Menschen in Deutschland?

_____

_____

_____

b Sind folgende Aussagen richtig oder falsch?
Kreuze an.

	richtig	falsch
Ein Viertel der Sparer legt Geld für die Ausbildung der Kinder zurück.	☐	☐
Den Menschen ist das Sparen für Konsum wichtiger als das Sparen für Wohneigentum.	☐	☐
Rund zwei Drittel der Befragten sorgen für das Alter vor.	☐	☐
Sparen für Konsumzwecke ist den Menschen genauso wichtig wie die Altersvorsorge.	☐	☐
Über ein Viertel der Befragten spart in Form einer Kapitalanlage.	☐	☐

25 Kreditarten

Kredit kommt vom lateinischen Wort „credere" und bedeutet *vertrauen auf*, *glauben*. Eine Bank vertraut natürlich nicht nur darauf, dass jemand seinen Kredit zurückzahlt, sie sichert sich auch ab. Dies muss eine Bank tun, denn das Geld, das sie als Kredit vergibt, ist das Geld anderer Kunden, welches diese in Form von Spareinlagen der Bank zur Verfügung stellen.

Für das Geld auf dem Sparkonto zahlen Banken Zinsen, für den Kredit, den sie vergeben, berechnen sie Zinsen. Geld verleiht die Bank nur an **kreditfähige** und **kreditwürdige Personen**, das bedeutet, der Kreditnehmer muss in der Lage und bereit sein, seine Schulden (Verbindlichkeiten) zurückzuzahlen. Einen Kredit erhält man überdies nur, wenn man voll geschäftsfähig ist. Voll geschäftsfähig ist, wer das 18. Lebensjahr vollendet hat, sich in einem einwandfreien geistigen Zustand befindet und nicht entmündigt ist. Unter kreditwürdig versteht man die persönliche und wirtschaftliche Eignung, Kredite zurückzubezahlen. Eine Bank prüft daher stets, ob der Kreditnehmer über ein regelmäßiges Einkommen verfügt und bereits früher Kredite ordentlich zurückgezahlt hat. Üblicherweise lässt sich die Bank eine Sicherheit geben, die ungefähr der Höhe des Kredits entspricht. Das kann eine Lebensversicherung oder ein Sparguthaben sein. Bei größeren Krediten ist es üblich, als Sicherheit für die Bank eine Grundschuld auf ein Grundstück einzutragen.

Es gibt verschiedene **Kreditarten:**

Dispositionskredit

Er ist der am häufigsten vertretene Kredit und wird kurz Dispo genannt. Wer über 18 Jahre alt ist und regelmäßig Geld bekommt, kann bei seiner Bank einen Dispositionskredit beantragen. Man bezahlt für diesen Kredit nur dann Zinsen, wenn er auch in Anspruch genommen wird. Bei einem Dispositionskredit sind **keine festen Rückzahlungsbeträge** vereinbart, man muss also selbst darauf achten, den Kredit zurückzuzahlen. Beim Dispositionskredit erhält man als Bankkunde in der Regel die Möglichkeit, sein Girokonto bis zu einem vereinbarten Betrag zu überziehen. Er eignet sich für kurzfristige, höhere Ausgaben, wenn sichergestellt ist, dass er schnell wieder zurückbezahlt wird, z. B. durch das Gehalt.

Ratenkredit

Auch beim Ratenkredit gilt das Mindestalter von 18 Jahren. Man vereinbart eine bestimmte Kreditsumme, einen festen Zinssatz und eine **Rückzahlungsrate**. In der Regel ist der Ratenkredit auf maximal 72 Monate begrenzt.

Realkredit

Einen Realkredit beantragt man, wenn man ein Haus, ein Grundstück oder eine Wohnung kaufen will. Die Kosten sind hier in der Regel so hoch, dass sie niemand bar bezahlen kann. Man braucht also einen Kredit, um die Finanzierung sicherzustellen. Als Sicherheit verpfändet man beim Realkredit seine **Immobilie** (Grundstück, Haus, Wohnung). Da dies für die Bank eine hohe Sicherheit darstellt, sind Realkredite gegenüber anderen Krediten verhältnismäßig günstig. Kann der Kreditnehmer aus unvorhergesehenen Gründen seinen Kredit nicht zurückzahlen, dann kann die Bank die Immobilie verkaufen und somit den Kredit gegen den Verkaufserlös aufrechnen. Die Höhe der Zinsen ist abhängig von der Laufzeit. Je kürzer die Laufzeit, desto günstiger der Zinssatz.

Avalkredit (Wechselbürgschaft)

Bezieht man eine neue Wohnung, dann muss man eine Mietkaution zahlen. Es gibt aber auch die Möglichkeit anstelle der Mietkaution bei seiner Bank die Übernahme einer **Bürgschaft** für die Mietverpflichtungen (z. B. Renovierung bei Auszug) zu beantragen. Die Bank verpflichtet sich dann gegenüber dem Vermieter, den im Aval (von ital. *avallo* = Wechsel) genannten Betrag zu bezahlen, wenn der Mieter seinen Verpflichtungen beim Auszug nicht nachkommt. Dieses Geschäft nennt man Avalkredit. Es gibt natürlich auch andere Fälle, in denen die Bank Bürgschaften für ihre Kunden übernimmt. Bei Avalkrediten werden weder Zinsen noch Kreditraten bezahlt. Die Bank berechnet dem Kunden eine Provision (Gebühr).

Kredite bergen allerdings auch **Risiken**. Immer wieder geraten Menschen in wirtschaftliche Not, wenn sie die Rückzahlung von Krediten nicht mehr leisten können. Man nennt das Überschuldung. Überschuldet ist man, wenn man nach Abzug aller festen Ausgaben die Raten für den Kredit nicht mehr aufbringen kann.

Zu einer **Überschuldung** kann es kommen, wenn Menschen …
▶ zu viele Banken- bzw. Ratenkredite aufgenommen haben.
▶ sich bei „Kredithaien" zu überhöhten Zinsen Geld geliehen haben.
▶ unkontrolliert mit Kreditkarten zahlen.
▶ arbeitslos werden, sich scheiden lassen oder krank werden.

Bei einer Überschuldung bieten Schuldnerberatungsstellen der Verbraucherzentralen kostenlos Hilfen und Möglichkeiten für die Schuldenregulierung an.

222 Um einen Kredit zu erhalten, muss man zwei Bedingungen erfüllen.

a Nenne die beiden Bedingungen.

_____

_____

b Erkläre, was damit jeweils gemeint ist.

_____

_____

_____

_____

223 Ergänze den folgenden Lückentext:

Für das Geld auf dem Sparkonto _____ Banken Zinsen, für den

Kredit _____ sie Zinsen. Der Begriff _____ leitet

sich vom lateinischen „credere" ab.

Zur Finanzierung eines Grundstücks nimmt man einen _____ auf.

Bei einem _____ werden der Zinssatz und die Rückzahlungs-

rate bei der Kreditaufnahme für die Laufzeit des Kredits festgelegt.

Bei einem _____ werden keine festen Rück-

zahlungsraten vereinbart.

224 Nenne vier Kreditarten.

_____

_____

225 Erkläre, was ein Ratenkredit ist.

_____

_____

226 Erkläre, weshalb Realkredite günstiger sind als Dispositionskredite.

_____

_____

227 **a** Nenne mindestens vier mögliche Gründe für eine Überschuldung.

_____

_____

_____

_____

b An wen kann man sich bei einer Überschuldung wenden?

_____

228 Sieh dir das Schaubild an und beantworte anschließend die Fragen.

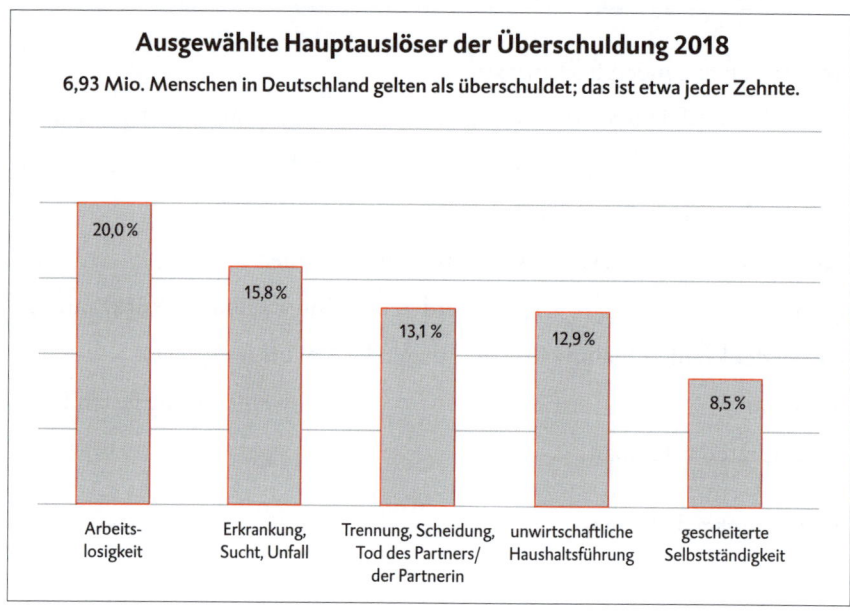

Quelle: Statistisches Bundesamt, Wiesbaden 2019

a Wie viele Menschen in Deutschland sind überschuldet?

_____

b Was sind die drei häufigsten Ursachen der Überschuldung?

_____

_____

_____

229 Dispositionskredit – ja oder nein? Wie würdest du in diesem Fall entscheiden? Begründe.

Dein Onkel Bert, der in einer Internet-Agentur arbeitet, erzählt dir, dass sein Laptop, den er für die Arbeit dringend braucht, kaputtgegangen ist. Er möchte sich einen neuen kaufen und hat auch schon ein gutes Angebot gesehen, einen Laptop für 450 Euro. Sein Problem: Er hat nur noch 150 Euro auf dem Konto. Er meint aber, dass sein Gehalt ja in zwei Wochen komme und er deshalb sein Konto ruhig überziehen könne. Die Bank hat ihm 500 Euro Dispositionskredit eingeräumt. Was rätst du ihm?

_____

_____

_____

230 Ergänze den Lückentext:

Das Familienfest

Deine Mutter hat Geburtstag und alle Verwandten sind eingeladen. „Na, was habt ihr denn heute so in der Schule gemacht?", fragt dich dein Onkel Tom. „Wir schreiben nächste Woche eine Klassenarbeit über Geld: Zahlungsverkehr, Sparen und so weiter. Heute haben wir über Kredite gesprochen." Weißt du denn, woher das Wort ‚Kredit' eigentlich kommt?", will deine Tante Susanne wissen. „Klar weiß ich das!", erwiderst du leise lächelnd. „Das Wort stammt vom lateinischen Begriff _____ ab, was so viel wie _vertrauen auf, glauben_ bedeutet."

„Stimmt", wirft dein Opa ein. „Über welche Kreditarten habt ihr denn bislang gesprochen?" „Heute haben wir besonders ausführlich über den _____ _____ gesprochen. So einen Kredit nimmt man in Anspruch, wenn man ein Haus oder ein Grundstück kaufen möchte. Bei dieser Art von Kredit sichert die Bank sich ab, indem der Kreditnehmer seine _____ verpfändet. Diese kann die Bank in dem Fall verkaufen, wenn der Kreditnehmer seinen Kredit nicht zurückzahlen kann."

„Und welcher Kredit kommt am häufigsten vor?", fragt dich dein Großvater.
„Das ist der _____", antwortest du. „Für diesen
Kredit zahlt man nur _____, wenn man ihn in Anspruch nimmt."
„Richtig", sagt dein Opa. „Man sollte diesen Kredit aber nur kurzfristig nutzen,
da die _____ recht hoch sind. Wenn man sich etwas kaufen möchte
wie beispielsweise neue Möbel, sollte man sich bei seiner Bank nach einem
_____ erkundigen. Bei diesem Kredit werden ein fester
_____, eine bestimmte _____ und
eine _____ festgelegt. Meistens läuft solch ein
Kredit maximal _____ Monate. Auch hier gilt: Vergleichen lohnt sich!
„Ich habe jetzt auch einen Kredit aufgenommen", schaltet sich deine älteste
Cousine Alexandra ein. „Wie du ja weißt, bin ich nach Köln gezogen und habe
da eine neue Wohnung. Da mir das Geld für die Mietkaution fehlte, habe ich
bei meiner Bank einen _____ beantragt." „Darüber
haben wir auch schon im Unterricht gesprochen", erwiderst du. „Die Bank
verpflichtet sich hier gegenüber dem Vermieter, den im Aval genannten Betrag
zu zahlen, wenn der Mieter seinen Mietverpflichtungen nicht nachkommt. Der
Kreditnehmer muss weder _____ noch _____
bezahlen, sondern nur eine _____."
„Alle Achtung!", sagt dein Opa lächelnd. „Wegen der Klassenarbeit nächste
Woche brauchst du dir keine Sorgen zu machen – du kannst ja schon alles!"
„Na, jetzt lass dich von Opa mal nicht auf den Gedanken bringen, dass du nicht
mehr für die Arbeit lernen müsstest!", entgegnet dein Vater grinsend. „Ist
schließlich noch kein Meister vom Himmel gefallen!"
„Und jetzt wird erst einmal gegessen!", sagt deine Mutter. „Für das Essen
mussten wir zum Glück nicht extra einen Kredit aufnehmen!"

26 Kurze Geschichte des Geldes

Die Entwicklungsgeschichte des Geldes lässt sich mit dem Schlagwort „Vom Tauschhandel zum Buchgeld" treffend umschreiben. Der Umgang mit Geld, mit Überweisungen und mit Bankkarten ist für uns selbstverständlich und Normalität. Das war in der Geschichte der Menschen nicht immer so. Geld hat im Lauf der Geschichte sein Gesicht mehrmals geändert. Seine grundlegenden, gesellschaftlich notwendigen Funktionen sind dagegen weitgehend gleich geblieben. Geld ist ein **Mittel zum Tausch**, Geld soll **Werte bewahren** und Geld dient gleichzeitig als **Recheneinheit**. Damit sind die drei Funktionen von Geld klar umschrieben.

Naturaltausch

Am Anfang stand der Naturaltausch. Der Jäger brachte Fleisch und Felle und tauschte dafür beispielsweise Salz oder Speerspitzen. Das funktionierte, solange die Menschen in kleinen Gruppen oder Dorfgemeinschaften zusammenlebten und jede Person darin ihrer besonderen Aufgabe nachging. Mit der Zeit brachte der Naturaltausch aber immer mehr Probleme mit sich: Was sollte man tun, wenn der Fischer für seinen Fang von seinem Tauschpartner Felle und Fleisch angeboten bekam, er aber ein Netz brauchte – derjenige, der ein Netz anbot, aber keinen Fisch benötigte? Ein Zwischentauschmittel wurde eingeführt, das Naturalgeld.

Naturalgeld

Als Naturalgeld wurde beispielsweise Salz verwendet. Der Jäger tauschte z. B. einige seiner Felle gegen Salz. Dieses Salz war als Tauschmittel auch für andere Geschäftspartner interessant. Mit dem Salz konnte er dann Speerspitzen eintauschen. In China, Nordafrika und Südostasien wurde mit einer besonderen Muschel, der Kaurimuschel bezahlt. Sie besaß schon viele Eigenschaften unseres heutigen Geldes. Sie war klein, leicht zu zählen und zu transportieren und stand nur in begrenzter Menge zur Verfügung. Kupfer, Silber und Gold waren ebenfalls beliebtes Naturalgeld, denn auch diese Metalle sind selten, haltbar und gut zu transportieren.

Hack- oder Wägegeld

Für die Herstellung dieses ersten Metallgeldes wurden Kupfer, Silber oder Gold in Barren, Ringe oder Stäbe gegossen. Bei Bedarf hackte man ein entsprechend großes Stück ab, wog es anschließend, um den genauen Wert zu ermitteln und tauschte damit die gewünschten Produkte ein. Problematisch war, dass man immer eine Waage dabei haben musste, um das exakte Gewicht des Metallgeldes zu ermitteln.

Münzgeld

Um 650 v. Chr. erfanden die Lyder, ein Volk in Kleinasien, die ersten Münzen. Sie stellten einheitlich große Metallstücke her und versahen sie mit dem Wappen ihres Königs Krösus (man sagt heute noch „reich wie Krösus"). Mit seinem Wappen auf der Münze garantierte der König das Gewicht und den Wert. Dieses Münzsystem übernahmen die Griechen und Römer und verfeinerten es noch. Seitdem sind Münzen aus keiner Währung mehr wegzudenken.

Papiergeld

Die Erfindung des Papiergeldes war wiederum die Folge eines schier unlösbaren Problems. Was tun, wenn man wertvolle Güter zu bezahlen hatte? Dazu brauchte man große Mengen an Münzen. Große Mengen ließen sich schwer transportieren und bei der Übergabe war ein auf-

wendiges Zählen notwendig. Die Einführung des Papiergeldes erleichterte somit das Begleichen größerer Summen. Anfänglich misstrauten die Menschen den wertlosen Scheinen, denn anders als Gold oder Silber besitzt Papiergeld keinen Materialwert. Erst als auf den Scheinen eine Garantie vermerkt wurde, dass man sie jederzeit gegen eine bestimmte Menge Münzgeld oder Edelmetalle eintauschen konnte, fassten die Menschen Vertrauen. Heute garantiert der Staat den Wert der ausgegebenen Scheine.

Buchgeld

In der modernen Wirtschaft genügen Münzen und Scheine nicht mehr den Anforderungen. Immer größere Mengen an Geld müssen immer schneller übertragen und über weite Strecken gebucht werden. Die Lösung dafür war die Einführung des bargeldlosen Zahlungsverkehrs. Ein Großteil des Geldes, das als Gehalt ausgegeben wird oder zum Begleichen von Rechnungen verwendet wird, bleibt unsichtbar. Nur ein kleiner Teil des Geldes wird bar abgehoben und zum Bezahlen in Restaurants, im Café oder im Museum benutzt.

231 Nenne die drei wichtigsten Aufgaben des Geldes.

_____

_____

232 Bringe die folgenden Tauschmittel in die richtige zeitliche Reihenfolge.
Nummeriere von 1 bis 6.

☐ Buchgeld   ☐ Naturalgeld

☐ Hack- oder Wägegeld   ☐ Naturaltausch

☐ Münzgeld   ☐ Papiergeld

233 Naturaltausch funktioniert nur in kleinen Gemeinschaften.
Erkläre, wann Probleme bei der Verwendung von Naturaltausch auftauchen.

_____

_____

_____

234 Nenne drei Eigenschaften, die Naturalgeld haben musste.

_____

_____

_____

235 **a** Papiergeld ist das Ergebnis einer praktischen Problemlösung.
Erkläre mit eigenen Worten, warum Papiergeld erfunden werden musste.

_____

_____

_____

_____

b Scheine aus Papier sind im Prinzip wertlos.
Mit welcher Maßnahme erhält Papiergeld seinen Wert?

_____

_____

236 Warum entsprechen Münzen und Banknoten nicht mehr den Anforderungen der modernen Wirtschaft?

_____

_____

_____

237 Ergänze die folgenden Sätze:

a Metallstücke mit Prägungen heißen _____.

b Der Wert unseres Geldes wird garantiert vom _____.

c Das Münzsystem wurde von den _____ erfunden, verfeinert

wurde es von den Griechen und _____.

d Fischer tauschten Forellen gegen Harpunen oder Fangnetze. Das nennt man

_____.

e Geld, das bargeldlos bewegt wird, heißt _____.

238 Geld dient als Mittel zum Tausch (Tauschmittel), um Werte aufzubewahren (Wertaufbewahrungsmittel) und als Recheneinheit (Wertmesser).
Ordne die Funktionen des Geldes dem jeweiligen Beispiel richtig zu.

Beispiel	Funktion des Geldes
Du bekommst von deinen Großeltern ein Sparbuch mit 500 Euro Einlage zum Geburtstag geschenkt.	
Du kaufst dir für 450 Euro ein neues Mofa.	
Für zwei Stunden Gartenarbeit erhältst du 20 Euro gutgeschrieben.	

239 Nimm Stellung zu folgender Aussage: „Ich brauche keine Geldkarte, ich bezahle immer bar".

_____

_____

_____

_____

Merkmale und Problemfelder der Sozialen Marktwirtschaft

27 Wirtschaftssysteme

Als Wirtschaftssystem wird die **Gesamtheit des Wirtschaftslebens** einer Gesellschaft bezeichnet. Zum Wirtschaftssystem gehören die Menschen als Produzenten und Konsumenten sowie die wirtschaftliche Ordnung und Organisation und ihre rechtlichen Regeln. Das Wirtschaftssystem eines Staates hängt immer eng zusammen mit dem jeweiligen politischen System. Eine Demokratie verfügt in der Regel über eine ganz andere wirtschaftliche Ordnung als z. B. eine Diktatur.

Ein Wirtschaftssystem wird maßgeblich durch folgende **Faktoren** bestimmt:
▶ Art des Eigentums (Privateigentum oder Staatseigentum)
▶ Planung und Lenkung (Lenkung durch den Markt oder zentral gesteuert)
▶ Preisbildung (frei auf offenem Markt oder staatlich festgelegt)
▶ Öffnung gegenüber anderen Volkswirtschaften (internationale Arbeitsteilung oder auf eigenes Land beschränkt)

Ausgehend von diesen Faktoren lassen sich **zwei idealtypische Wirtschaftsformen** unterscheiden:
▶ Marktwirtschaft
▶ Planwirtschaft (Zentralverwaltungswirtschaft)

In der Geschichte haben sich Marktwirtschaft und Planwirtschaft bisher als Kapitalismus (private Produktionsmittel) und Sozialismus (verstaatlichte Produktionsmittel) herausgebildet.

Die Marktwirtschaft

Als Marktwirtschaft wird ein arbeitsteilig organisiertes Wirtschaftssystem bezeichnet, dessen zentraler Aspekt das **Zusammentreffen von Angebot und Nachfrage auf Märkten** ist. Ein Merkmal der Marktwirtschaft ist, dass es keine Planung von oben gibt, sondern jeder in diesem System, sei es Arbeitnehmer oder Arbeitgeber, Unternehmer oder Verbraucher, für sich selbst entscheidet, was er produziert, anbietet, verkauft oder kauft. Elementar für eine entwickelte Marktwirtschaft ist ein funktionierendes Tauschmittel (Geld), welches den indirekten Austausch von Waren und Dienstleistungen (Ware gegen Geld, Geld gegen andere Ware) ermöglicht.

Es gibt zwei verschiedene Formen der Marktwirtschaft:
▶ freie Marktwirtschaft
▶ soziale Marktwirtschaft (siehe Kapitel 28, Seite 151)

Merkmale der Marktwirtschaft sind:
▶ Vertragsfreiheit
▶ Gewerbefreiheit
▶ Recht auf freie Berufswahl
▶ Recht auf Privateigentum
▶ freie Preisbildung (der Preis eines Produkts wird durch Angebot und Nachfrage geregelt)
▶ freier Marktzugang für Produzenten und Konsumenten (Verbraucher)
▶ freier Wettbewerb (die Konkurrenz der Unternehmen trägt zur Verbesserung des Preis-Leistungsverhältnisses und der Qualität bei)

Kritikpunkte an der Marktwirtschaft sind:
▶ Die Marktwirtschaft kann zu Kartellen und Monopolbildungen führen (Monopol heißt, alles ist in einer Hand konzentriert, z. B. alle Fabriken zur Fahrradherstellung gehören einem Unternehmen).
▶ Die Marktwirtschaft kann zu einer stark ungleichen Einkommensverteilung führen.

Die Planwirtschaft (Zentralverwaltungswirtschaft)

Nur noch wenige Staaten haben heute eine Zentralverwaltungswirtschaft, darunter z. B. Kuba oder Nordkorea. Die wohl entscheidende Ursache für den Untergang der Ostblockstaaten war deren Festhalten an der Planwirtschaft. Im planwirtschaftlichen Wirtschaftssystem besteht eine nur geringe Flexibilität. Da die Anweisungen und Vorgaben der staatlichen Planungsbehörden verbindlich sind, bestehen keine oder nur geringe Entscheidungsspielräume. Da alle **Produktionsmittel in der Hand des Staates** sind, die Menschen also nicht wie im marktwirtschaftlichen System für den eigenen Gewinn wirtschaften und die Höhe der Löhne von vornherein festgelegt ist, unabhängig davon, wie viel das Unternehmen produziert, ist die Arbeitsmotivation eher gering. Da eine so langfristige Planung nicht jeden Bedarf im Voraus erkennen kann oder der Bedarf auch falsch eingeschätzt werden kann, sind Mängel oder Überproduktion vorprogrammiert.

Wesentliche Merkmale der Planwirtschaft sind:

▶ die Verstaatlichung der Produktionsmittel und Betriebe

▶ die zentrale Steuerung der Wirtschaft

▶ die staatliche Festlegung von Preisen und Löhnen

▶ der Großteil der landwirtschaftlichen Nutzfläche befindet sich in staatlichem Besitz, die Landwirtschaft untersteht der staatlichen Planung

▶ in den Planwirtschaften des untergegangenen Ostblocks wurden die wirtschaftlichen Ziele jeweils für fünf Jahre festgelegt (in den sogenannten Fünfjahresplänen)

240 Nenne vier Faktoren, die maßgeblich für ein Wirtschaftssystem sind.

_____

_____

_____

_____

241 Welche Begriffe gehören zusammen? Verbinde richtig.

Sozialismus Marktwirtschaft

Kapitalismus Planwirtschaft/Zentralverwaltungswirtschaft

242 Ergänze die Definition von Marktwirtschaft:

Als Marktwirtschaft wird ein _____ organisiertes

Wirtschaftssystem bezeichnet, dessen zentraler Aspekt das Zusammentreffen

von _____ und _____ auf _____

ist.

243 Welche Merkmale gehören zur Marktwirtschaft?
Kreuze richtig an.

☐ Gewerbefreiheit ☐ Fünfjahresplan

☐ Preisfestlegung ☐ Freie Preisbildung

☐ Mangelwirtschaft ☐ Freier Wettbewerb

☐ Recht auf freie Berufswahl ☐ Verstaatlichung

244 Der freie Wettbewerb ist ein wichtiger Bestandteil der Marktwirtschaft.
Erkläre, warum.

_____

_____

_____

_____

245 Angebot und Nachfrage regeln den Preis.
Welche Aussagen treffen zu? Kreuze an.

	trifft zu	trifft nicht zu
Je größer das Angebot, desto höher der Preis.	☐	☐
Je kleiner das Angebot, desto höher der Preis.	☐	☐
Je größer das Angebot, desto niedriger der Preis.	☐	☐
Je kleiner das Angebot, desto niedriger der Preis.	☐	☐

246 Welche Kritikpunkte an der Marktwirtschaft gibt es?
Nenne zwei.

_____

_____

_____

247 Nenne drei wesentliche Merkmale der Planwirtschaft.

_____

_____

_____

248 Erkläre den Begriff Zentralverwaltungswirtschaft.

_____

_____

_____

_____

28 Die Soziale Marktwirtschaft

Das nach dem Zweiten Weltkrieg in der neu gegründeten Bundesrepublik Deutschland eingeführte Wirtschaftssystem wird als „Soziale Marktwirtschaft" bezeichnet. Als „Vater" dieser Wirtschaftsordnung gilt der erste Bundeswirtschaftsminister Ludwig Erhard. Sein Ziel war die Vereinbarkeit größtmöglicher **wirtschaftlicher Freiheit** mit **sozialer Gerechtigkeit**, also eine Marktwirtschaft, bei der der Staat mit einem Sozialsystem aushilft.

In der Bundesrepublik Deutschland wurden fünf wirtschaftliche **Grundfreiheiten** eingeführt, die ganz wesentlich für das Funktionieren der Marktwirtschaft sind:

▶ **Freizügigkeit**
   Jeder Bürger hat das Recht, seinen Wohn- und Arbeitsort frei zu wählen.

▶ **Niederlassungsfreiheit**
   Jeder Betrieb hat das Recht, sich an einem Ort seiner Wahl niederzulassen.

▶ **Freie Konsumwahl**
   Jeder hat das Recht, frei zu entscheiden, was er kaufen will und wo er es kaufen will.

▶ **Garantie des Privateigentums**
   Der Staat garantiert jedem Bürger Privateigentum, wodurch er in der Lage ist, Güter zu erwerben und Dienstleistungen in Anspruch zu nehmen.

▶ **Gewerbefreiheit**
   Jeder Bürger hat das Recht, ein Gewerbe, also eine selbstständige Tätigkeit, zu betreiben, soweit er damit nicht gegen geltende Gesetze verstößt.

Im Gegensatz zur freien Marktwirtschaft greift der Staat in der Sozialen Marktwirtschaft regulierend ein, wenn Freiheiten missbraucht und Menschen unverschuldet in Not geraten. Der Staat wirkt ausgleichend und hat das Wohl aller Bürger im Auge. Die Möglichkeit, einzugreifen, nutzt der Staat durch seine Gesetzgebung. Sechs wichtige **Ziele** wurden formuliert und gesetzlich festgelegt:

▶ **Preisstabilität**
   Die Preise sollen möglichst stabil bleiben, die Bürger sollen also über einen längeren Zeitraum hinweg für einen bestimmten Geldwert den gleichen Warenwert erhalten.

▶ **Vollbeschäftigung**
Jeder arbeitsfähige und arbeitswillige Bürger soll einen Arbeitsplatz bekommen.

▶ **Wirtschaftswachstum**
Der Wert aller produzierten Waren und Dienstleistungen soll jedes Jahr wachsen.

▶ **Außenwirtschaftliches Gleichgewicht**
Der Wert der ausgeführten und eingeführten Güter und Dienstleitungen soll im Gleichgewicht sein.

▶ **Gerechte Einkommensverteilung**
Die Einkommens- und Vermögensverteilung soll gerecht gestaltet sein.

▶ **Umweltschutz**
Der Staat hat die Pflicht, durch Gesetze die Umwelt und die natürlichen Lebensgrundlagen zu schützen und zu erhalten. Für ein erfolgreiches wirtschaftliches Handeln benötigt man auch eine intakte Umwelt.

Diese sechs Ziele werden auch als *magisch* bezeichnet, da sie nicht alle gleichzeitig verwirklicht werden können. Zwischen den einzelnen Zielen bestehen Konflikte und Wechselwirkungen. So stehen z. B. die Ziele wirtschaftliches Wachstum und Umweltschutz im Konflikt miteinander: Wirtschaftswachstum ist mit einem erhöhten Energieverbrauch verbunden, dieser hat einen erhöhten Schadstoffausstoß zur Folge.
Die Soziale Marktwirtschaft war bei ihrer Einführung nicht unumstritten. Aber nach dem Wirtschaftswunder in den 1950er-Jahren verstummte die Kritik. Die politische Stabilität und der Wohlstand der Bundesrepublik Deutschland sind untrennbar mit der Sozialen Marktwirtschaft verbunden.

249 Welches Ziel verfolgte Ludwig Erhard mit der Einführung der Sozialen Marktwirtschaft?

_____

_____

250 Nenne die fünf wirtschaftlichen Grundfreiheiten der Sozialen Marktwirtschaft.

_____

_____

_____

251 In welchen Fällen greift der Staat in der Sozialen Marktwirtschaft ein?
Kreuze die richtigen Antworten an.

Der Staat greift ein, wenn ...

☐ zu wenig produziert wird.

☐ Freiheiten missbraucht werden.

☐ Arbeiter streiken.

☐ die Arbeiter zu viel verdienen.

☐ Menschen unverschuldet in Not geraten.

252 Welche Ziele verfolgt der Staat? Lies die Aussagen a bis f und ergänze jeweils das passende Ziel.

a Der Wert aller produzierten Güter und Dienstleistungen soll stets wachsen.

b Die Einkommensverteilung soll gerecht gestaltet sein.

c Jeder arbeitswillige Bürger soll einen Arbeitsplatz erhalten.

d Der Wert der ein- und ausgeführten Waren und Dienstleistungen soll im Gleichgewicht sein.

e Die Bürger sollen über einen längeren Zeitraum hinweg für einen bestimmten Geldwert den gleichen Warenwert erhalten.

f Der Staat ist verpflichtet, durch Gesetze die natürlichen Lebensgrundlagen zu erhalten.

253 Welche Möglichkeiten des Eingreifens in die Wirtschaft hat der Staat?

254 Suche die folgenden Begriffe aus der Sozialen Marktwirtschaft im Buchstaben-
rätsel (senkrecht und waagerecht):
Gewerbefreiheit, Erhard, Gewerbe, Sozialgesetze, Markt, Vollbeschäftigung,
Privateigentum, Preis, Umweltschutz, Konsum

```
G   D   P   R   I   V   A   T   E   I   G   E   N   T   U   M
K   F   N   R   S   O   P   W   X   U   L   H   D   M   V   J
L   J   G   D   Z   L   E   W   S   M   A   R   K   T   I   Z
H   F   N   S   O   L   T   A   Q   W   P   Z   B   U   P   K
G   E   W   E   R   B   E   F   R   E   I   H   E   I   T   L
G   Y   S   T   Z   E   P   I   N   L   L   H   M   V   N   S
K   H   O   R   T   S   U   N   M   T   Z   V   M   L   P   A
F   D   Z   I   M   C   X   P   I   S   W   A   F   K   I   T
J   G   I   E   R   H   A   R   D   C   L   O   H   A   W   V
L   K   A   T   W   A   O   E   U   H   A   S   T   K   I   O
K   D   L   T   Z   E   O   I   D   U   S   A   N   O   Z   O
H   D   G   R   X   F   U   S   R   T   W   A   M   N   R   C
H   D   E   O   M   T   W   A   X   Z   R   X   J   S   U   O
R   X   S   Z   T   I   T   H   M   C   G   A   W   U   L   K
L   K   E   T   U   G   T   M   C   H   A   X   F   M   K   H
E   W   T   K   A   U   L   U   M   A   X   F   T   W   M   V
I   U   Z   A   S   N   G   E   W   E   R   B   E   U   T   M
W   B   E   M   L   G   L   O   U   A   D   F   Y   M   T   D
```

255 Sind die sechs wichtigen Ziele unserer Sozialen Marktwirtschaft gleichzeitig zu
erreichen?
Skizziere einen möglichen Konflikt.

_____

_____

_____

_____

_____

29 Vollbeschäftigung und Arbeitslosigkeit

Grundgesetz Art. 12

(1) Alle Deutschen haben das Recht, Beruf, Arbeitsplatz und Ausbildungsstätte frei zu wählen. Die Berufsausübung kann durch Gesetz oder auf Grund eines Gesetzes geregelt werden.

Arbeit zu haben, ist eine entscheidende Voraussetzung, um am Wohlstand unseres Landes Anteil zu haben. Aus dem Art. 12 des Grundgesetzes kann aber nicht herausgelesen werden, dass jeder Bundesbürger das Recht auf einen Arbeitsplatz hat. Die Bürger unseres Landes haben aber das Recht, Beruf, Arbeitsplatz und Ausbildungsstelle frei zu wählen. Das Grundgesetz legt großen Wert auf die Freiheit des Einzelnen.

Allerdings wird die **Freiheit der Berufs- und Arbeitsplatzwahl** durch bestimmte Sachzwänge eingeschränkt. Nicht immer gibt es am Wohnort oder in der näheren Umgebung den Wuncharbeits- oder Wunschausbildungsplatz. Oft passen Wunschberuf und persönliche Voraussetzungen auch nicht zusammen und man muss auf einen anderen Beruf ausweichen. Nicht zuletzt gibt es aufgrund der Wirtschaftslage zu wenige Arbeits- und Ausbildungsplätze.

Ein Kennzeichen der Sozialen Marktwirtschaft ist das Bemühen um einen ausgeglichenen Arbeitsmarkt. Das wichtigste Ziel ist dabei die Vollbeschäftigung, d. h., jeder Bürger, der eine Arbeit sucht, sollte auch eine Arbeit finden. Vollbeschäftigung gab es in der Geschichte der Bundesrepublik zuletzt 1973 (< 2 %).

Man unterscheidet vier Arten von Arbeitslosigkeit:

- ▶ Konjunkturelle Arbeitslosigkeit
- ▶ Strukturelle Arbeitslosigkeit
- ▶ Saisonale Arbeitslosigkeit
- ▶ Friktionelle Arbeitslosigkeit

Die konjunkturelle Arbeitslosigkeit

Unser Wirtschaftsgeschehen ist einem ständigen Wandel unterzogen. Menschen kaufen und verkaufen, investieren, schließen Betriebe oder bauen neue auf, handeln Löhne und Gehälter aus, halten sich beim Konsum zurück usw. Dieses vielfältige Handeln führt zu einem Auf und Ab der Wirtschaft, die Fachleute bezeichnen dies als Konjunktur. Eine Definition von **Konjunktur** lautet: „Wirtschaftslage eines Landes; das mittelfristige Auf und Ab einer Volkswirtschaft". Die Konjunktur verläuft in Phasen, die unterschiedlich lang sein können: Aufschwung, Hochkonjunktur, Abschwung, Tiefstand.

Bei einem Abschwung werden Arbeitsplätze abgebaut. Bei einem Aufschwung werden mit einer zeitlichen Verzögerung wieder Arbeitsplätze geschaffen. Entscheidend für die Unternehmen bei der Einstellung neuer Arbeitskräfte ist, ob der Aufschwung auch stabil (d. h. fest, dauerhaft, beständig) ist. Wirtschaftswachstum und Arbeitslosigkeit hängen also eng zusammen.

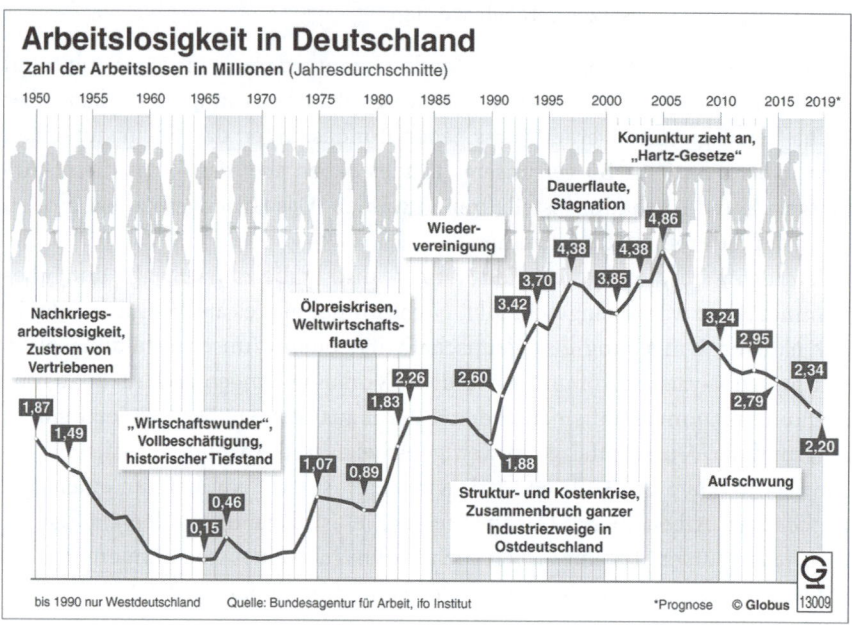

Die strukturelle Arbeitslosigkeit

Die Wirtschaft ist ständigen Veränderungen unterworfen. Daher kann es sein, dass das Angebot an Arbeitskräften in einzelnen Branchen oder Regionen nicht mit der Nachfrage übereinstimmt und es zu einer **Verlagerung** oder zum **Abbau** bestimmter Arbeitsplätze kommt: Beispielsweise verlagert die Textilbranche wegen der hohen Lohnkosten in Deutschland ihre Fertigung nach China, Taiwan oder Indien. Dort kann viel günstiger produziert werden. Wenn die Unternehmen ihre Kosten niedrig halten, bleiben sie konkurrenzfähig.

Die saisonale Arbeitslosigkeit

Eine Reihe von Arbeitsplätzen ist von der **Jahreszeit** und vom Wetter abhängig. Erntehelfer wie beispielsweise Spargelstecher finden nur in den Wochen der Ernte Arbeit. Im Baugewerbe gibt es in der warmen Jahreszeit viel Arbeit, im Winter kann dagegen auf dem Bau nur in eingeschränktem Maße gearbeitet werden. In vielen Fremdenverkehrsgebieten werden Kellner und Serviererinnen nur in der Fremdenverkehrssaison gebraucht. In der restlichen Zeit fallen diese Arbeitsplätze weg.

Die friktionelle Arbeitslosigkeit

Als friktionelle Arbeitslosigkeit bezeichnet man die Arbeitslosigkeit, die beim **Wechsel der Arbeitsstelle** entsteht. Die betroffenen Arbeitsuchenden müssen oftmals eine bestimmte Zeit überbrücken, in der sie keine Arbeit haben. Nach der Kündigung der alten Stelle und vor dem Neuanfang in einer neuen Stelle sind diese Menschen arbeitslos.

Folgen der Arbeitslosigkeit

Der Verlust des Arbeitsplatzes hat tief greifende Folgen, für den **Einzelnen** und auch für die **Gesellschaft**.

Viele Menschen leiden unter ihrer Arbeitslosigkeit. Trotz finanzieller Unterstützung durch den Staat in Form von Arbeitslosengeld oder anderer Leistungen empfinden Arbeitslose ihre Situation als schwere seelische Belastung und finanziell unzureichend. Der Verlust des Selbstwertgefühls, Entmutigung und soziale Isolation (die Betroffenen ziehen sich aus ihrem Freundes- und Bekanntenkreis zurück) sind oft die Folge. Aber auch die Familienangehörigen leiden darunter. Ehen können zerbrechen, Kinder in ihren Schulleistungen absinken.

Auch für die Gesellschaft hat eine hohe Arbeitslosenrate Folgen: Die Unterstützung der Arbeitslosen erfordert hohe Summen, die der Staat tragen muss. Eine hohe Arbeitslosenzahl bremst das Wirtschaftswachstum und wirkt sich negativ auf die gesamtwirtschaftliche Entwicklung aus. Zu den hohen Ausgaben kommen Mindereinnahmen des Staates, denn Arbeitslose zahlen keine Einkommens- und Lohnsteuer. Außerdem kaufen Arbeitslose weniger als Erwerbstätige. Die Nachfrage nach Gütern geht zurück, der Absatz sinkt. Das bedeutet für den Staat: Die Einnahmen aus der Mehrwertsteuer sinken. Eine geringere Nachfrage hat auch Auswirkungen auf die Produktion: Bei länger andauerndem Rückgang der Nachfrage muss die Produktion zurückgefahren werden, die Folge davon ist der weitere Abbau von Arbeitsplätzen. Die Arbeitslosigkeit nimmt zu.

Maßnahmen gegen die Arbeitslosigkeit

Für den **Staat** ist es aus den oben angeführten Gründen ganz wichtig, gegen die Arbeitslosigkeit etwas zu unternehmen. Er versucht dies durch **direkte und indirekte Maßnahmen** am Arbeitsmarkt. Direkt greift er mit der Arbeitsvermittlung durch die Bundesagentur für Arbeit, der Berufsberatung an Schulen, Umschulungen oder Arbeitsbeschaffungsmaßnahmen ein. Indirekte Maßnahmen gegen die Arbeitslosigkeit sind die Förderung des Wirtschaftswachstums und Maßnahmen zur Verbesserung der Wettbewerbsfähigkeit. Ein Beispiel dafür sind die Versuche der Regierung, durch die Senkung der Lohnnebenkosten die Unternehmen bei den Lohnkosten zu entlasten. Durch Steuerermäßigungen sollen Unternehmen in die Lage versetzt werden, Gelder für Investitionen zu verwenden und somit neue Arbeitsplätze zu schaffen.

Aber auch der **Einzelne** ist verpflichtet, sich um Arbeit zu bemühen. Niemand ist vor Arbeitslosigkeit hundertprozentig geschützt. Es gibt aber eine Reihe von Möglichkeiten, der Arbeitslosigkeit vorzubeugen. Besonders wichtig sind ein guter Schulabschluss und eine Ausbildung. Dazu gehört auch die Bereitschaft, sich fort- und weiterzubilden, um sein Wissen den sich ständig verändernden Bedingungen der Arbeit anzupassen. Eine drohende Arbeitslosigkeit kann man unter Umständen auch abwenden, wenn man sich auf einen anderen Beruf umschulen lässt. Wichtig ist auch der Kontakt zur Bundesagentur für Arbeit, die Arbeitsangebote bereithält und finanzielle Unterstützung z. B. bei Umschulungsmaßnahmen gewährt.

256 Kreuze die richtige Antwort an.

Jeder Bürger hat nach dem Grundgesetz das Recht ...

☐ auf einen Arbeits- oder Ausbildungsplatz.

☐ darauf, einen Arbeits- oder Ausbildungsplatz frei zu wählen.

☐ auf seinen Wunschberuf.

257 Welche Sachzwänge können die Freiheit der Berufs- und Arbeitsplatzwahl einschränken? Nenne drei Beispiele.

258 Wie heißen die vier Arten der Arbeitslosigkeit?

_____

_____

259 Ergänze den folgenden Satz:

Die Arbeitslosigkeit, die zwischen der Kündigung und dem Neuanfang in einer

anderen Stelle entsteht, nennt man _____ Arbeitslosigkeit.

260 Sieh dir die Grafik zum Thema Arbeitslosigkeit an. Beantworte dann die Fragen.

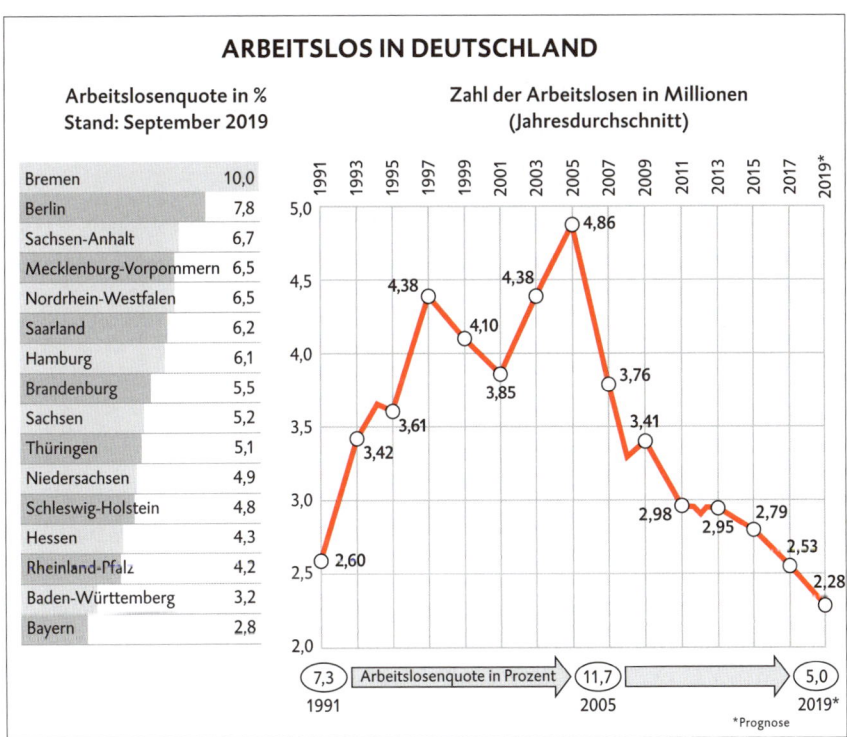

Eigene Darstellung, Daten nach: Bundesagentur für Arbeit

a In welchem Jahr war die Zahl der Arbeitslosen in Deutschland am höchsten?
Wie viele Menschen waren in diesem Jahr arbeitslos?

_____

b Was sagen die Zahlen in den Kreisen am unteren Rand des Schaubildes aus?

_____

_____

c Beschreibe die Entwicklung der Arbeitslosigkeit in Deutschland im Zeitraum von 1991 bis 2019.

_____

_____

_____

_____

261 Welche Aussagen sind richtig? Kreuze an.

☐ Bei einem Abschwung entstehen neue Arbeitsplätze.

☐ Bei einem Abschwung gehen Arbeitsplätze verloren.

☐ Bei einem Aufschwung werden sofort neue Arbeitsplätze geschaffen.

☐ Bei einem Aufschwung werden mit einer zeitlichen Verzögerung Arbeitsplätze geschaffen.

262 Streiche Nichtzutreffendes durch.

Als Konjunktur bezeichnet man …

das Auf und Ab einer Volkswirtschaft.

die Wirtschaftslage eines Landes.

die Wirtschaftspolitik eines Landes.

263 Erkläre den Begriff „saisonale Arbeitslosigkeit" und nenne eine Branche, die davon besonders betroffen ist.

_____

_____

_____

_____

264 Erkläre die „strukturelle Arbeitslosigkeit" am Beispiel der Textilindustrie.

_____

_____

_____

_____

265 Die Kosten der Arbeitslosigkeit beschränken sich nicht nur auf das Arbeitslosengeld. Sieh dir das Schaubild an und beantworte dann folgende Fragen.

**Was Arbeitslosigkeit
den Staat kostet**

Staatliche Ausgaben bzw. Mindereinnahmen durch
Arbeitslosigkeit in Deutschland im Jahr 2017:
53,1 Milliarden Euro

davon
Ausgaben   28,5 Mrd. Euro

Arbeitslosengeld II,
Sozialgeld, Wohn-   18,1
geld u. a.

Arbeitslosengeld I   6,0

Beiträge zur Renten-,
Kranken- u. Pflege-   4,4
versicherung

Mindereinnahmen   24,6 Mrd. Euro

Lohn- u. Einkommen-   7,5
steuer

Umsatzsteuer u. a.   1,6
Steuern

Beiträge zur Renten-   8,4
versicherung

Beiträge zur Kranken-   5,5
u. Pflegeversicherung

Beiträge zur Arbeits-   1,7
losenversicherung

Quelle: IAB (2019)   rundungsbed. Differenz   © Globus 13046

a Wie viel Euro „kostete" die Arbeitslosigkeit den deutschen Staat im Jahr
2017 insgesamt?

_____

b Ergänze den Satz:

Arbeitslose bedeuten für den Staat zum einen _____

und zum anderen _____.

c Was versteht man unter Mindereinnahmen? Erkläre.

_____

_____

_____

_____

266 Jeder Einzelne kann einer drohenden Arbeitslosigkeit vorbeugen.
Welche Möglichkeiten gibt es? Nenne mindestens vier.

_____

_____

267 Kreuze richtig an.

Direkte Maßnahmen des Staates zur Bekämpfung der Arbeitslosigkeit sind …

☐ Steuererhöhungen.

☐ Berufsberatung an Schulen.

☐ Umschulungsmaßnahmen.

☐ Betriebliche Weiterbildungsmaßnahmen.

☐ Angebote der Bundesagentur für Arbeit.

☐ Bereitstellung von Arbeitsmitteln.

☐ Arbeitsbeschaffungsmaßnahmen.

268 Ergänze den Lückentext:

Indirekte Maßnahmen gegen die Arbeitslosigkeit sind die _____

des _____ und Maßnahmen zur Ver-

besserung der _____.

Konkrete Maßnahmen der Bundesregierung zur indirekten Bekämpfung der

Arbeitslosigkeit sind die Senkung der _____

und _____ für Unternehmen.

30 Soziale Sicherung

Jeder Mensch kann einmal krank werden oder verunglücken. Auch vor Arbeitslosigkeit ist niemand hundertprozentig sicher. Und wer alt ist, der möchte ohne finanzielle Sorgen seinen Ruhestand genießen. Dafür sorgt unser soziales Netz, das die Risiken des Lebens berechenbarer macht. Als **soziales Netz** bezeichnet man in Deutschland alle Maßnahmen, die der sozialen Sicherung der Bürger dienen. Die fünf großen **Sozialversicherungen** Arbeitslosenversicherung, Krankenversicherung, Pflegeversicherung, Rentenversicherung und Unfallversicherung bilden die Grundlage unserer sozialen Sicherung. Um diese herum gruppieren sich eine Reihe weiterer **sozialer Einrichtungen** wie Kindergeld, Erziehungsgeld, Wohngeld und Lohnfortzahlung im Krankheitsfall.

Quelle: *Bundesministerium für Arbeit und Soziales, Sozialbudget 2018*

Das war nicht immer so. Den Grundstein der deutschen Sozialversicherung legte der Reichskanzler Otto von Bismarck mit den als „Kaiserliche Botschaft" bezeichneten Regelungen vom 17. November 1881. Diese Regelungen enthalten Grundsätze und Richtlinien für die Versicherung der Arbeiter gegen die Lebensrisiken Krankheit, Unfall, Invalidität und Alter; Arbeitslosigkeit spielte zu diesem Zeitpunkt noch keine Rolle. In den Jahren 1883 bis 1889 wurden vom Deutschen Reichstag dann die ersten Sozialversicherungsgesetze verabschiedet und damit der Grundstein für unser heutiges, weitaus umfassenderes System der sozialen Sicherung gelegt.

Funktionsweise der sozialen Sicherung

Das wesentliche Merkmal der sozialen Sicherung ist das **Solidaritätsprinzip**. Das heißt, dass der einzelne Bürger nicht nur für sich allein Verantwortung trägt, sondern für alle Mitglieder der Gesellschaft. So findet ein Ausgleich statt zwischen Jung und Alt, zwischen Alleinstehenden und Familien, Gesunden und Kranken, zwischen gut und weniger gut Verdienenden. Von dieser Solidarität profitieren alle. Niemand bleibt immer jung, kaum jemand ist sein ganzes Leben lang immer gesund und Arbeitslosigkeit kann jeden treffen.

Die Krankenversicherung

Die gesetzliche Krankenversicherung ist ein zentraler Bestandteil des sozialen Systems. Sie steht für die Versorgung ihrer Versicherten bei **Gesundheitsproblemen**. Die Krankenversicherung arbeitet nach dem Solidarprinzip. Solidarprinzip heißt, alle Krankenversicherten zahlen ihre Beiträge ein und im Krankheitsfall werden die medizinischen Leistungen bezahlt, unabhängig davon, ob diese hoch oder niedrig sind. Die Versicherten müssen allerdings nur die Hälfte des Beitrags zahlen, die andere Hälfte zahlt der Arbeitgeber.

Die Krankenversicherung hat folgende drei Aufgaben:
- ▶ Vorbeugung (z. B. durch Impfungen und Vorsorgeuntersuchungen)
- ▶ Medizinische Hilfe im Krankheitsfall (z. B. ärztliche Untersuchungen, Operationen, Medikamente, Heilmittel, Rehabilitationsmaßnahmen)
- ▶ Finanzielle Unterstützung bei längerer Arbeitsunfähigkeit (z. B. Krankengeld)

Die Pflegeversicherung

Die Pflegeversicherung ist die jüngste der fünf Sozialversicherungen, sie wurde 1995 neu eingeführt. Alle Bundesbürger, die der gesetzlichen Krankenversicherung angehören, werden automatisch Mitglieder der sozialen Pflegeversicherung. Der Hauptgrund für die Einführung der Pflegeversicherung liegt in der sich wandelnden Bevölkerungsstruktur, denn immer mehr Menschen in Deutschland werden immer älter und der **Pflegebedarf** nimmt deshalb stetig zu. Die Pflegeversicherung betrifft aber nicht nur alte Menschen, auch ein junger Mensch kann durch Unfall oder Krankheit zum Pflegefall werden und auf Hilfe angewiesen sein. Jeder Versicherte, der pflegebedürftig ist, kann die Leistungen der Pflegeversicherung in Anspruch nehmen. Laut Gesetz ist pflegebedürftig, wer wegen körperlicher, geistiger oder seelischer Erkrankung oder Behinderung in erheblichem oder höherem Maße der Hilfe bei den gewöhnlichen und regelmäßig wiederkehrenden Verrichtungen des täglichen Lebens bedarf. Je nach Pflegebedürftigkeit teilt man in verschiedene **Pflegestufen** ein.

Wie der Beitrag zur Krankenversicherung wird auch der Beitrag zur Pflegeversicherung jeweils zur Hälfte von Arbeitnehmer und Arbeitgeber bezahlt.

Die Rentenversicherung

Die gesetzliche Rentenversicherung ist die wichtigste zentrale Einrichtung für die **Altersversorgung** aller Arbeitnehmer und vieler Selbstständiger. Bei Eintritt in den Ruhestand leistet sie Rentenzahlungen an die Versicherten; sie bietet aber auch finanziellen Schutz bei einer Gefährdung oder einer Minderung der Erwerbsfähigkeit. Finanziert werden die Renten durch Beiträge, die jeweils zur Hälfte von Versichertem und Arbeitgeber getragen werden.

Diese bedeutende Säule der Sozialversicherung basiert auf dem sogenannten **Generationenvertrag**. Generationenvertrag bedeutet, dass die aktuellen Arbeitnehmer und Arbeitgeber für die jeweiligen Rentner, Kranken, Arbeitslosen, Unfallopfer und Pflegebedürftigen in unserem Staat zahlen.

Von allen Sozialversicherungen bereitet die Rentenversicherung die größten Probleme, denn immer weniger Beschäftigte müssen für immer mehr Rentner die Rente aufbringen. Seit einigen Jahren steigen deshalb die Rentenzahlungen nicht mehr in dem vorgesehen Maße an, sondern stagnieren, man spricht dabei von sogenannten „Nullrunden" für Rentner. Und trotz dieser Maßnahme steigen die Rentenbeiträge der Arbeitnehmer und Arbeitgeber weiterhin an. Diese Entwicklung belastet die Wirtschaft, denn steigende Versicherungsbeiträge bedeuten für den Arbeitgeber höhere Lohnnebenkosten, die ihn unter Umständen daran hindern, neue Mitarbeiter einzustellen.

Die Arbeitslosenversicherung

Die Arbeitslosenversicherung deckt das Risiko der **Arbeitslosigkeit** ab. Jeder, der in die Arbeitslosenversicherung einbezahlt, erhält im Fall der Arbeitslosigkeit von der Bundesagentur für Arbeit **Arbeitslosengeld**, allerdings nur für einen begrenzten Zeitraum von maximal 12 Monaten. In dieser Zeit erhält der Arbeitslose 60 % seines letzten Gehalts. Dauert die Arbeitslosigkeit länger als 12 Monate, dann erhält der Arbeitslose das sogenannte Arbeitslosengeld II. Arbeitnehmer, die ihre Arbeitsstelle selbst kündigen, erhalten erst nach einer Sperrfrist von drei Monaten Arbeitslosengeld.

Die Beiträge für die Arbeitslosenversicherung tragen je zur Hälfte Arbeitgeber und Arbeitnehmer.

Die Unfallversicherung

Die klassischen Aufgaben der Unfallversicherung sind die Vermeidung von Unfällen durch Aufklärung am Arbeitsplatz und der Schutz von Arbeitnehmern und ihren Familien vor den Folgen von **Arbeitsunfällen** und **Berufskrankheiten**. Versichert sind alle Arbeitnehmer und Auszubildenden, unabhängig von der Höhe ihres Lohns und der Dauer ihres Arbeitsverhältnisses.

Menschen, die ihre Arbeit aufgeben müssen, weil sie einen Arbeitsunfall hatten oder sich durch ihre Arbeit eine Krankheit zugezogen haben, erhalten finanziellen Schutz durch die Unfallversicherung. Die Unfallversicherung wird allein vom Arbeitgeber bezahlt.

Weitere Sicherungen im sozialen Netz

In Art. 20 Absatz 1 Grundgesetz heißt es: „Die Bundesrepublik Deutschland ist ein demokratischer und sozialer Bundesstaat." Das bedeutet unter anderem, dass der Staat seinen Bürgern in bestimmten Notsituationen Hilfe gewähren muss, man spricht dabei vom **„Sozialstaatsgebot"**. Ein Prinzip der sozialen Marktwirtschaft ist das Wirtschaftsziel der gerechten Einkommensverteilung. Dazu gehört auch, dass jeder, der in wirtschaftliche Not gerät, Hilfe bekommt.

Die fünf großen Sozialversicherungen sind die wichtigsten Säulen der sozialen Sicherung in Deutschland. Zudem gibt es noch weitere staatliche Leistungen und Hilfen, die im Rahmen der sozialen Sicherung vom Staat bereitgestellt werden. Dazu gehören beispielsweise:

▶ **Kinder- und Elterngeld**

   In Deutschland erhält man für jedes Kind vom Staat Kindergeld. Darüber hinaus kann für die ersten 12 bis 14 Monate nach der Geburt eines Kindes ein Antrag auf Elterngeld gestellt werden.

▶ **Wohngeld**

   Menschen, die aufgrund ihres geringen Einkommens die Kosten für ihren Wohnraum nicht selbst decken können, erhalten staatliche Unterstützung in Form eines Mietzuschusses oder eines Zuschusses zu den Kosten des eigenen Wohnraums.

▶ **Arbeitslosengeld II/Sozialhilfe**

   Menschen, die ihren Lebensunterhalt nicht mehr selbst bestreiten können, erhalten staatliche Hilfe in Form von Arbeitslosengeld II oder Sozialhilfe. ALG II erhalten bedürftige Personen, die zwischen 15 und 65/67 Jahre alt und erwerbsfähig sind. Sozialhilfe erhalten nicht mehr erwerbsfähige bedürftige Menschen.

Bei ALG II und Sozialhilfe gilt das **Subsidiaritätsprinzip**, d. h., dass die anderen Sozialleistungen ihnen grundsätzlich vorgehen und ALG II und Sozialhilfe erst als letzte Mittel eintreten.

Probleme des Sozialstaates

Schlagzeilen wie „Kostenexplosion im Gesundheitswesen", „Abbau von Sozialleistungen" oder „Der Sozialstaat ist unbezahlbar geworden" weisen deutlich darauf hin, dass unser Sozialstaat **massive Probleme** aufweist. Steigende Sozialversicherungsbeiträge belasten sowohl Arbeitnehmer als auch Arbeitgeber immer stärker. Das System der „Paritätischen Finanzierung", d. h. die Finanzierung je zur Hälfte von Arbeitnehmern und Arbeitgebern, ist aufgrund der sich verändernden Bevölkerungsstruktur auf lange Sicht nicht mehr haltbar.

Die Ausgaben für soziale Leistungen steigen jährlich. **Ursachen** hierfür sind:
- Die Bevölkerung wird immer älter, die Lebenserwartung der Menschen steigt.
- Viele Menschen gehen vorzeitig in den Ruhestand.
- Durch den medizinischen Fortschritt wird die ärztliche Versorgung immer teurer.
- Das Wirtschaftswachstum ist zu gering.
- Die Zahl der Sozialhilfeempfänger steigt an.
- Der Sozialstaat wird von manchen Menschen missbraucht.

Um den Sozialstaat zukunftsfähig zu machen, ist eine Reihe von **Reformen notwendig**. Eine Anhebung des Ruhestandsalters von 65 auf 67 Jahre wurde bereits beschlossen, auch höhere Zuzahlungen zu Medikamenten wurden festgesetzt. Die Selbstbeteiligung der Patienten an den Kosten für eine Krankenbehandlung ist ebenfalls gestiegen. Nicht zuletzt ruft die Politik die Menschen dazu auf, verstärkt Eigenvorsorge für das Rentenalter zu treffen und sich nicht mehr allein auf die staatlichen Rentenzahlungen zu verlassen, da diese in Zukunft geringer ausfallen werden als heute.

269 Erkläre den Begriff „soziales Netz".

_____

_____

_____

_____

_____

270 Die soziale Sicherung in Deutschland funktioniert nach dem Prinzip des Solidarausgleichs, d. h., die Risiken werden von den Versicherten gemeinsam getragen, alle sind, unabhängig davon, wie viel sie in die Versicherungen einbezahlt haben, umfassend abgesichert. So wird ein Ausgleich geschaffen …

▶ zwischen _____ und Alt,

▶ zwischen Gesunden und _____,

▶ zwischen gut und _____ gut Verdienenden.

271 Nenne die fünf großen Sozialversicherungen.

_____

_____

_____

272 **a** Nenne die drei Aufgaben der Krankenversicherung.

_____

_____

_____

b Jeder weiß, dass die gesetzliche Rentenversicherung für die monatliche Auszahlung der Ruhestandsrenten zuständig ist.
In welchen Fällen zahlt die Rentenversicherung noch?

_____

_____

_____

_____

273 Kreuze die richtige Antwort an.

Mitglied einer Pflegeversicherung wird man …

☐ nach Abschluss einer Extra-Versicherung.

☐ automatisch, wenn man einer gesetzlichen Krankenversicherung angehört.

☐ automatisch, weil der Betrieb einen anmeldet.

☐ automatisch, wenn man pflegebedürftig wird.

274 Sieh dir das Schaubild „Das Arbeitslosengeld" genau an und beantworte anschließend die Fragen.

Das Arbeitslosengeld

Arbeitslosengeld I
- Leistung für Personen, die in den vergangenen zwei Jahren vor der Arbeitslosigkeit mindestens **12 Monate versicherungspflichtig beschäftigt** waren und sich **arbeitslos gemeldet** haben.
- ALG I erhält man in der Regel in den ersten **12 Monaten** der Arbeitslosigkeit.
- Die Höhe des ALG I beträgt **60 Prozent** (bzw. mit Kindern 67 Prozent) des letzten Nettogehalts.

Arbeitslosengeld II („Hartz IV")
- Leistung für Personen, die zwischen **15 und 65/67 Jahre** alt und **erwerbsfähig** sind, ihren Lebensunterhalt aber nicht selbst verdienen können.

- **ALG II-Regelsätze für Leistungsberechtigte und ihre Kinder ab dem 1. 1. 2019**

Alleinstehende, Alleinerziehende	424 €
in einem Haushalt zusammenlebende Partner	382 €
18- bis 24-Jährige im Haushalt der Eltern	339 €
14- bis 17-Jährige	322 €
6- bis 13-Jährige	302 €
unter 6-Jährige	245 €

Zahlen nach: http://www.hartziv.org/regelbedarf.html

a Wer erhält Arbeitslosengeld I, wer Arbeitslosengeld II?

_____

_____

_____

_____

b Wie hoch ist das Arbeitslosengeld II für eine alleinstehende Person?

_____

c Wie viel erhalten in einem Haushalt zusammenlebende Partner jeweils?

_____

275 Welche der fünf Sozialversicherungen kommt jeweils für die folgenden Leistungen auf?

Leistung	Sozialversicherung
Blinddarmoperation	
Ambulante Pflegehilfe für Oma	
Rente für den nach einem Arbeitsunfall arbeitsunfähigen Onkel	
Polio-Impfung	
Arbeitslosengeld	
Reha nach Betriebsunfall	
Rente für Opa	

276 „Von allen Sozialversicherungen bereitet die Rentenversicherung die größten Probleme."
Wie ist diese Aussage gemeint? Erkläre.

_____

_____

_____

_____

_____

_____

277 Die Unfallversicherung ist eine wichtige Säule der sozialen Absicherung.
Die Unfallversicherung bietet Schutz …

▶ bei _____

▶ für _____

278 Wer zahlt welchen Anteil bei der Unfallversicherung?

_____

279 Was bedeutet „Sozialstaatsgebot"?

_____

_____

280 Erkläre den Begriff „Subsidiaritätsprinzip".

_____

_____

_____

281 Was ist richtig? Kreuze an.

Wohngeld ist …

☐ eine Hilfe für Vermieter.

☐ ein Mietzuschuss.

☐ eine staatliche Unterstützung für Renovierungen.

282 Nenne Gründe dafür, dass die Sozialausgaben immer weiter steigen.

_____

_____

_____

_____

_____

283 Seit 2012 wird das Renteneintrittsalter für ab 1947 Geborene schrittweise von 65 auf 67 Jahre angehoben. Für die Geburtsjahrgänge ab 1964 ist dann 67 die Regelaltersgrenze. Wie stehst du zur Erhöhung der Altersgrenze? Nimm Stellung.

_____

_____

_____

_____

_____

31 Wirtschaftliches Wachstum

Wirtschaftswachstum ist ein wichtiges wirtschaftspolitisches Ziel des Staates. Auf dem Arbeitsmarkt gibt es nur dann genügend Beschäftigungsangebote, wenn die Wirtschaft wächst. Gibt es kein oder nur ein sehr geringes Wirtschaftswachstum, können die Unternehmen keine Arbeitsplätze schaffen oder müssen sogar Arbeitsplätze abbauen. Die Folge ist eine steigende Arbeitslosigkeit. Eine hohe Arbeitslosenzahl bedeutet wiederum weniger Steuereinnahmen für den Staat. Diese Mindereinnahmen bei den Steuern setzen dem Staat bei der Erfüllung seiner Aufgaben zum Wohl der Bürger Grenzen.

Verdienen die Unternehmen mehr als im Vorjahr, dann spricht man von Wirtschaftswachstum. Als Maßstab für Wirtschaftswachstum gilt das **Bruttoinlandsprodukt**, kurz BIP genannt. Unter dem BIP versteht man den Wert aller Waren und Dienstleitungen, die in einem Jahr innerhalb eines Landes produziert werden. Das Wirtschaftswachstum kann also unterschiedlich hoch sein. Die Unternehmen benötigen die Mehreinnahmen, um in neue Maschinen, Anlagen usw. investieren zu können, denn sie bleiben nur dann konkurrenzfähig, wenn sie mit der Entwicklung Schritt halten können und sich Innovationen öffnen.

Um Wirtschaftswachstum zu erzielen, setzen Unternehmen auf unterschiedliche **Strategien:**

▶ Rationalisierungsmaßnahmen (z. B. durch den Einsatz von Maschinen für Arbeitskräfte)

▶ Senkung der Herstellungskosten (z. B., indem Material eingespart wird)

▶ Erschließung neuer Märkte (z. B., wenn ein Unternehmen in neue Länder exportieren kann)

Voraussetzung für Wirtschaftswachstum ist außerdem eine genügend große **Kaufkraft der Verbraucher**. Erst wenn die Verbraucher bereit sind, mehr Geld für Konsumartikel und Neuanschaffungen auszugeben, wird ein Anreiz für die Unternehmen geschaffen, neue und attraktivere Produkte anzubieten.

Aber auch der Staat schafft durch Gesetze und durch seine **Steuerpolitik** Rahmenbedingungen für eine Steigerung des Konsums. Ein Beispiel ist die Senkung der Lohnsteuer, das hieße, die Menschen hätten mehr Geld in ihrer Lohntüte und könnten folgerichtig mehr ausgeben. Die Erhöhung der Mehrwertsteuer dagegen gilt vielen Fachleuten als Hemmschuh für ein Wirtschaftswachstum. Ein weiterer Beitrag des Staates zum Wirtschaftswachstum sind seine Ausgaben z. B. für den Straßenbau und die Gehälter, die er als Arbeitgeber ausbezahlt.

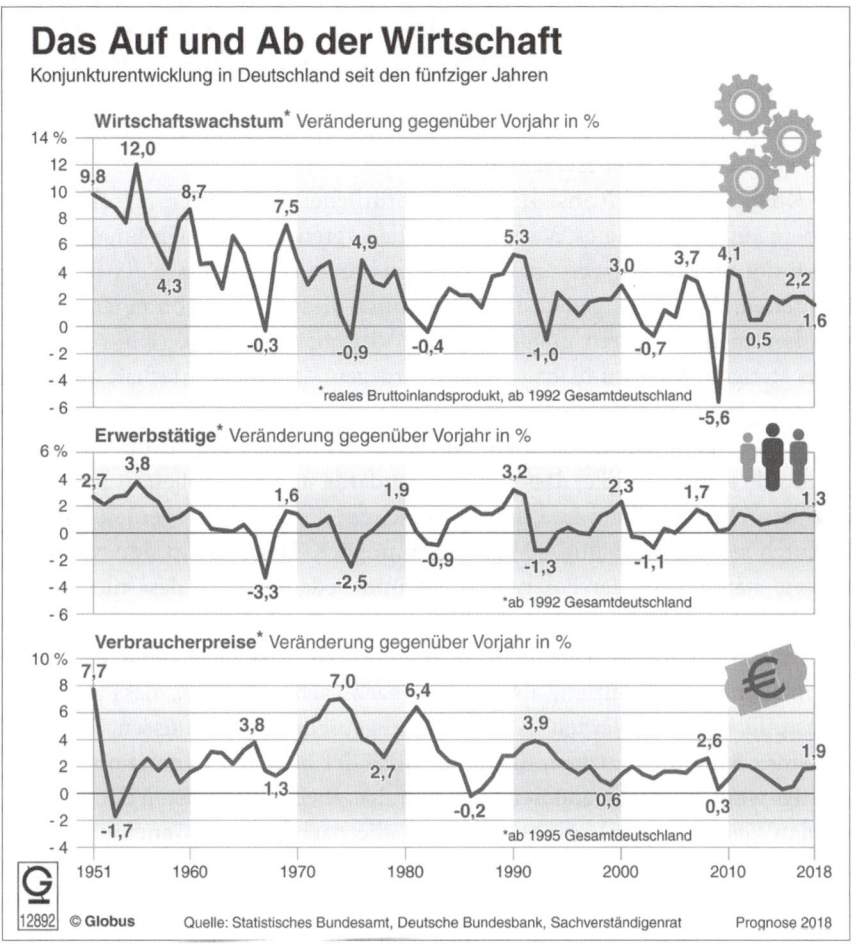

Das Auf und Ab der Wirtschaft

Konjunkturentwicklung in Deutschland seit den fünfziger Jahren

Wirtschaftswachstum * Veränderung gegenüber Vorjahr in %

14 %
12,0
9,8
8,7
7,5
4,9
5,3
4,3
3,0
3,7 4,1
2,2
1,6
-0,3
-0,9
-0,4
-1,0
-0,7
0,5
-5,6

*reales Bruttoinlandsprodukt, ab 1992 Gesamtdeutschland

Erwerbstätige * Veränderung gegenüber Vorjahr in %

6 %
3,8
2,7
1,6
1,9
3,2
2,3
1,7
1,3
-0,9
-3,3
-2,5
-1,3
-1,1

*ab 1992 Gesamtdeutschland

Verbraucherpreise * Veränderung gegenüber Vorjahr in %

10 %
7,7
7,0
6,4
3,8
3,9
2,7
2,6
1,9
1,3
-0,2
0,6
0,3
-1,7

*ab 1995 Gesamtdeutschland

1951   1960   1970   1980   1990   2000   2010   2018

12892 © Globus   Quelle: Statistisches Bundesamt, Deutsche Bundesbank, Sachverständigenrat   Prognose 2018

Förderung des Wirtschaftswachstums durch den Staat

Mit steuerlichen Maßnahmen und Gesetzen versucht der Staat, für ein **angemessenes** und **stetiges Wirtschaftswachstum** zu sorgen.

Als angemessen gilt ein Wachstum von etwa 3 %, da ab diesem Prozentsatz ein langfristiger Abbau der Arbeitslosigkeit möglich ist. Mit ihrem Wirtschaftswachstum liegt die Bundesrepublik derzeit unter dieser Marke. Stetiges Wachstum bedeutet, dass Konjunkturschwankungen vermieden werden. Allerdings sind Schwankungen in einer Marktwirtschaft normal. Starke Auswirkungen auf den Konjunkturverlauf haben besondere Ereignisse. Der Terroranschlag auf das World Trade Center in New York am 11. September 2001 z. B. wirkte sich weltweit negativ auf die Wirtschaft aus. Auch die Pleite der amerikanischen

Investmentbank Lehman Brothers am 15. September 2008 im Zusammenhang mit der US-Immobilienkrise hatte drastische Folgen für die Finanz- und Wirtschaftsmärkte der ganzen Welt.

Grenzen des Wirtschaftswachstums

Die **Knappheit von Rohstoffen** und natürlichen Ressourcen (Quellen) wie saubere Luft und sauberes Wasser sowie die Begrenztheit fossiler Energieträger wie Erdöl und Kohle werden als Hindernis für ewiges Wirtschaftswachstum angesehen. Allerdings gehen die Befürworter dieser These von einer auch in den kommenden Jahren unveränderten Wirtschaftsweise aus. Die Anhänger eines stetigen Wachstums halten dem entgegen, dass die Wirtschaft durchaus in der Lage sei, eine Knappheit bestimmter Ressourcen zu kompensieren (für Ersatz zu sorgen), und dass außerdem bereits das heutige Wachstum zu Wohlstand führe und bewirke, dass höhere Standards und Kontrollen in Bereichen wie dem Umweltschutz und dem Naturschutz durchgeführt werden können. Dadurch sei ein nachhaltiges Wachstum möglich. Das **Prinzip der Nachhaltigkeit** stammt aus der Forstwirtschaft und bedeutet dort, dass nicht mehr Holz aus dem Wald entnommen werden darf, als wieder nachwachsen kann. Übertragen auf alle Wirtschaftsbereiche heißt das, dass nicht mehr Rohstoffe verbraucht werden dürfen, als wieder „nachwachsen", bzw., dass dort, wo Rohstoffe ausgehen werden, **Alternativen** gesucht werden müssen. Denn auf der einen Seite müssen zwar die Bedürfnisse der heutigen Generation berücksichtigt werden, auf der anderen Seite darf dies aber nicht zulasten der nachfolgenden Generation(en) geschehen. Auch die nachfolgende Generation muss ihre Bedürfnisse befriedigen können. Unsere derzeitigen Energieträger Erdöl, Kohle, Gas und Uran stehen nur begrenzt zur Verfügung. Sie werden voraussichtlich in wenigen Jahrzehnten aufgebraucht sein. Um die Menschen weiterhin mit Energie versorgen zu können, müssen deswegen alternative Energieträger erforscht und weiterentwickelt werden. Gleichzeitig muss mit den jetzigen sparsam umgegangen werden.

284 Begründe ausführlich, warum Wirtschaftswachstum ein wichtiges Ziel für den Staat ist.

_____

_____

_____

_____

_____

_____

285 **a** Was bedeutet die Abkürzung BIP? Kreuze an.

☐ Bundesimmissionsprodukt

☐ Bruttoindustrieprodukt

☐ Bruttoinlandsprodukt

b Was versteht man unter dem BIP? Erkläre.

_____

_____

_____

c Ergänze den folgenden Satz:

Das BIP gilt als Maßstab für _____.

286 Nenne die unterschiedlichen Strategien der Unternehmen, um Wirtschaftswachstum zu erreichen.

_____

_____

_____

287 Welches Wirtschaftswachstum ist notwendig, um langfristig Arbeitslosigkeit abzubauen?

☐ 2 %

☐ 3 %

☐ 5 %

288 Schau dir die Karikatur genau an und beantworte anschließend die Fragen.

a Beschreibe zunächst, was du auf dieser Zeichnung siehst.

_____

_____

_____

b Was möchte der Karikaturist mit seiner Zeichnung aussagen?

_____

_____

_____

_____

_____

_____

289 Sieh dir die Grafik auf Seite 173 an und beantworte die folgenden Fragen.

a Das Wirtschaftswachstum in Deutschland weist Höhen und Tiefen auf.
Nenne das Jahr mit dem niedrigsten Wachstum im Vergleich zum Vorjahr.

_____

b Erkläre den Zusammenhang zwischen Wirtschaftswachstum und Zahl der
Erwerbstätigen.

_____

_____

_____

_____

290 Überlege, wie die Pleite der amerikanischen Investmentbank Lehman Brothers im September 2008 mit dem Wirtschaftswachstum zusammenhängt.

_____

_____

_____

_____

_____

_____

_____

_____

291 Einige Wissenschaftler vertreten die Meinung, dass Wirtschaftswachstum nur bis zu einer bestimmte Grenze möglich ist. Andere Wissenschaftler sind der Auffassung, dass die Wirtschaft immer weiter wachsen kann.
Stelle die Argumente beider Seiten stichwortartig gegenüber.

32 Preisstabilität und Kaufkraft

Preisstabilität bedeutet, dass der **Durchschnitt der Preise** in einer Volkswirtschaft **stabil bleibt**, genau gesagt, dass das Geld seinen Wert über die Zeit hinweg behält. Das heißt aber nicht, dass alle Preise gleich bleiben, einzelne Preise können stärker steigen, andere dagegen weniger stark oder sogar sinken. Entscheidend ist der Durchschnitt. Die Preisstabilität ist ein wichtiges wirtschaftspolitisches Ziel. Im **Stabilitäts- und Wachstumsgesetz** der Bundesrepublik Deutschland wurde festgelegt, dass die Preise innerhalb eines Jahres durchschnittlich nicht mehr als 2 % steigen sollen. Bei 2 % oder darunter spricht man daher von Preisstabilität.

Zur Messung der Preisstabilität braucht man einen Preisindex. In Deutschland wird zur Ermittlung des Preisindexes ein „Warenkorb" zugrunde gelegt. Das Statistische Bundesamt ermittelt dafür Monat für Monat die Preise. In diesem „Warenkorb" sind festgelegte Produkte und Dienstleistungen wie Mieten, Preise für Lebensmittel, Energiepreise, Spritpreise usw. enthalten. Aus diesen genau festgelegten Gütern (Konsumentenpreise) wird ein Durchschnittspreis ermittelt und mit dem Vorjahreswert bzw. dem Wert des letzten Monats verglichen. Man sieht, wie sich die Preise verändert haben. Preisstabilität ist für Unternehmen sehr wichtig, da sie auf diese Weise Kosten und Erlöse (Einnahmen) langfristig berechnen können. Für private Haushalte bedeutet Preisstabilität gleichbleibende Kaufkraft.

Die **Kaufkraft bleibt stabil** (gleich), wenn die Preise sich in einem bestimmten Zeitraum (Jahr, Monat) nicht ändern. Der Geldwert bleibt also erhalten.

Die **Kaufkraft steigt**, wenn die Preise für (manche) Güter sinken. Eine Steigerung der Kaufkraft bedeutet, dass man mehr Waren für die gleiche Geldmenge erhält.

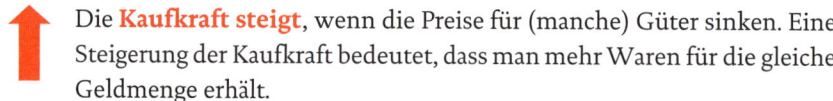

Die **Kaufkraft sinkt**, wenn die Preise steigen und für die gleiche Geldmenge weniger Waren gekauft werden können.

Eine hundertprozentige Preisstabilität ist in einer Marktwirtschaft nicht möglich. Steigende Lohn- und Produktionskosten sowie Verteuerungen der Rohstoffe führen zu Preiserhöhungen. Welche Produkte und wie viel davon die Verbraucher kaufen, ist ebenso wenig vorhersehbar. Eine starke Nachfrage lässt in der Regel die Preise steigen, sinkende Nachfrage kann zu Preissenkungen führen.

Die Kaufkraft des Verbrauchers hängt von der Höhe seines Lohns ab. Je höher der Lohn, desto mehr kann er sich kaufen. Gutverdienende haben also eine höhere Kaufkraft als Geringverdiener.

Die Kaufkraft verändert sich aber auch bei gleichbleibendem Einkommen. Dies lässt sich folgendermaßen erklären: Lohnerhöhungen beziehen sich immer auf das Bruttoeinkommen eines Arbeitnehmers. Vom Bruttoeinkommen werden Steuern (Lohnsteuer, Kirchensteuer) und Sozialversicherungsbeiträge (Krankenversicherung, Arbeitslosenversicherung etc.) abgezogen; der ausbezahlte Lohn ist der Nettolohn.

Die Summe, die ein Arbeitnehmer erhält, bezeichnet man als Nominallohn (lat. *nominare* = nennen). Wie viel ein Arbeitnehmer sich mit seinem Nominallohn leisten kann, hängt wiederum von der Höhe seines Reallohns ab. Reallohn bedeutet, dass die Steigerung der Lebenshaltungskosten berücksichtigt und auf den Nominallohn angerechnet wird. Steigen z. B. Mieten und Spritkosten stark an, dann hat der Arbeitnehmer real (tatsächlich) weniger Geld zur Verfügung, da er von seinem Nominallohn aufgrund dieser Preissteigerung mehr Geld für die Lebenshaltungskosten ausgeben muss. Entscheidend ist letztlich, ob die Lohnerhöhungen mit dem Anstieg der Lebenshaltungskosten Schritt halten.

> Bruttolohn – Steuern und Sozialversicherungsbeiträge = Nettolohn
> Nominallohn – Preissteigerung = Reallohn

Beispiel: Ein Arbeitnehmer verdient brutto 2 500 Euro, er erhält eine Lohnerhöhung von 2,1 %. Die Preissteigerung liegt bei 3,3 %.

Lohn (vor der Erhöhung)
+ 2,1 % Lohnerhöhung
—————————————
– Nominallohn

– 3,3 % Preissteigerung
—————————————
= Reallohn (Minderung um 1,2 %)

Steigen die Preise anhaltend und bekommt man für sein Geld nicht die gleiche Menge an Gütern, so haben wir eine Minderung des Geldwertes. Diesen Prozess bezeichnet man als **Inflation**. In der Bundesrepublik Deutschland können wir Phasen mit schleichender Inflation beobachten, d. h., die Preise steigen dabei nur langsam an, z. B. 2 % bis 3 % jährlich.

Ursachen für eine Inflation sind:

- ▶ Überhöhte Staatsausgaben (Der Staat gibt mehr aus, als er an Steuern einnimmt.)
- ▶ Lohnsteigerungen ohne Steigerung des Güterangebotes (Die Menschen haben mehr Geld, können es aber nicht ausgeben, da die Güter fehlen, es wird weniger wert.)
- ▶ Weitergabe erhöhter Lohnkosten an die Verbraucher
- ▶ Erhöhung indirekter Steuern (z. B. Mehrwertsteuer)
- ▶ Starkes Ansteigen der Preise von Importgütern (importierte Inflation)

Eine Inflation führt zu **Kaufkraftverlust**, also einer **Geldentwertung**. Durch Lohnerhöhungen kann der Kaufkraftverlust aufgefangen werden. Bei den Tarifverhandlungen (Lohnverhandlungen) wird dann vom „Ausgleich der Inflationsrate" gesprochen. Ziel ist es, dass die Löhne mindestens um so viel ansteigen, dass die Reallöhne nicht sinken. Allerdings gelingt es nicht immer, den Kaufkraftverlust wettzumachen.

Besonders benachteiligt von hohen Preissteigerungen sind Sparer, denn der Wert ihres Sparguthabens nimmt ab. Benachteiligt sind auch Rentner und Pensionäre, da ihre Bezüge den Lohnerhöhungen hinterherhinken. Den Kaufkraftverlust spüren Bezieher von niedrigen Einkommen wesentlich stärker als Bezieher hoher Einkommen, da sie einen höheren Anteil ihres Lohns für die Lebenshaltung ausgeben müssen, aber real weniger zur Verfügung haben.

Da bei einer Inflation Sachwerte wie Grundstücke und Häuser ihren Wert behalten, legen Besserverdienende ihr Geld bevorzugt in diesen Sachwerten an. Eine Inflation gefährdet auch Arbeitsplätze, denn weniger Kaufkraft bei den Konsumenten bedeutet sinkende Nachfrage am Markt. Um die sinkende Nachfrage auszugleichen, produzieren die Unternehmen weniger; hält diese Entwicklung an, müssen die Unternehmen über kurz oder lang aufgrund der geringeren Produktion Entlassungen vornehmen. Arbeitslose verfügen aber über eine geringe Kaufkraft und der Konsum nimmt noch weiter ab. Ein Wirtschaftswachstum bleibt aus.

Das Gegenteil der Inflation ist die **Deflation**. Im Gegensatz zur Inflation sinken bei einer Deflation die Güterpreise allgemein und dauerhaft. Für die gleiche Geldmenge kann man sich also mehr kaufen. Ursache einer Deflation ist ein Überangebot an Gütern bei geringer Nachfrage. Allerdings ist eine Deflation selten. Dazu kommt, dass eine Deflation wesentlich gefährlicher für eine Wirtschaft ist als eine Inflation. Die Gewinne der Unternehmen sinken, die Produktion wird eingeschränkt, Arbeitskräfte müssen entlassen werden. Massenarbeitslosigkeit, der Ausfall von Kaufkraft und Firmeninsolvenzen sind die Folge.

292 Sieh dir die folgende Tabelle genau an und beantworte die Fragen.

Verbraucherpreis-index 2015 bis 2018	2015	2016	2017	2018	Veränderung 15–18 in %
Nahrungsmittel und alkoholfreie Getränke	100,0	100,8	103,6	106,0	6,0
Alkoholische Getränke und Tabakwaren	100,0	102,2	104,7	108,0	8,0
Bekleidung und Schuhe	100,0	100,8	101,4	101,7	1,7
Wohnung, Wasser, Strom, Gas etc.	100,0	100,0	101,2	103,0	3,0
Möbel, Leuchten, Ge-räte, Haushaltszubehör	100,0	100,6	101,1	101,8	1,8
Gesundheit, Pflege	100,0	101,1	102,5	103,4	3,4
Verkehr	100,0	99,1	101,9	105,2	5,2
Post und Telekommu-nikation	100,0	98,8	97,6	96,6	−3,4
Freizeit, Unterhaltung und Kultur	100,0	100,7	102,1	103,4	3,4
Bildungswesen	100,0	101,9	102,7	103,6	3,6
Gaststätten-/Beherber-gungsdienstleistungen	100,0	102,2	104,4	106,7	6,7
Andere Waren und Dienstleistungen	100,0	102,2	102,4	103,6	3,6
Verbraucherpreis-index insgesamt	100,0	100,5	102,0	103,8	3,8

Quelle: Statistisches Bundesamt, Wiesbaden 2019

a Wie veränderten sich im Zeitraum von 2015 bis 2018 die Verbraucher-preise insgesamt?

_____

_____

b Welche der angegebenen Produktgruppen verteuerten sich im Zeitraum von 2015 bis 2018 stärker als der Durchschnitt?

_____

_____

_____

c In welcher Produktgruppe wurden die Preise im gesamten Zeitraum von 2015 bis 2018 billiger?

_____

d In welchem Jahr war der Preisanstieg bei Nahrungsmitteln und alkoholfreien Getränken am höchsten?

_____

293 Kreuze richtig an.

Man spricht von Preisstabilität, wenn die Preise im Durchschnitt innerhalb eines Jahres nicht stärker ansteigen als …

☐ 1 %.

☐ 2 %.

☐ 3 %.

☐ 3,5 %.

294 Wie ermittelt das Statistische Bundesamt die durchschnittliche Preissteigerung bei Waren und Dienstleistungen?

_____

_____

_____

_____

295 Ordne die richtigen Satzteile zu. Trage die jeweils passende Ziffer in die unten
stehenden Kästchen ein.

A Die Kaufkraft bleibt stabil,
    wenn …

B Die Kaufkraft sinkt, wenn …

C Die Kaufkraft steigt, wenn …

1 … die Preise steigen und man für das
    gleiche Geld weniger kaufen kann.

2 … sich die Preise in einem bestimmten
    Zeitraum nicht verändern.

3 … die Preise für Güter sinken und man
    für das gleiche Geld mehr kaufen kann.

A	B	C

296 Die Preise werden durch Angebot und Nachfrage bestimmt.
Welche Zusammenhänge bestehen? Streiche das nicht zutreffende Wort durch.

a Bei starker Nachfrage *steigen/sinken* die Preise.

b Bei schwacher Nachfrage *steigen/sinken* die Preise.

297 Erkläre die folgenden Begriffe.

a Bruttolohn:

_____

_____

b Nettolohn:

_____

_____

c Reallohn:

_____

_____

298 Ein Arbeitnehmer erhält eine Lohnerhöhung von 3 %, die allgemeine Preissteigerung beträgt 3,5 %.
Welche Auswirkung hat das auf seinen Reallohn? Erkläre.

_____

_____

_____

_____

_____

_____

299 Eine Arbeitnehmerin erhält eine Lohnerhöhung von 2,4 %. Die allgemeine Preissteigerung liegt bei 2,1 %.
Wie wirkt sich das auf den Reallohn aus? Erkläre.

_____

_____

_____

_____

_____

_____

300 In der Wirtschaft spielt der Begriff Inflation eine wichtige Rolle.

a Was versteht man unter einer Inflation?
Ergänze den folgenden Satz:

Von Inflation spricht man, wenn die Preise anhaltend _____

und das Geld immer _____ Wert hat.

b Nenne die Ursachen für eine Inflation.

_____

_____

_____

_____

_____

c Wie kann man die negativen Folgen einer Inflation umgehen?

_____

_____

_____

_____

_____

301 Ergänze die Reihen sinnvoll mit den folgenden Begriffen.

Entlassungen – Kaufkraft – Konsum – Nachfrage – Wirtschaftswachstum

▶ Weniger Kaufkraft → sinkende _____

▶ Weniger Produktion → _____ in den Betrieben

▶ Geringe _____ → _____ nimmt weiter ab

→ kein _____

302 **a** Was versteht man unter einer Deflation?
Ergänze den folgenden Satz:

Bei einer Deflation _____ die Preise für Güter und

Dienstleistungen allgemein und _____.

b Welche Ursache hat eine Deflation?

_____

_____

_____

_____

c Welche Folgen hat eine Deflation? Nenne drei.

_____

_____

_____

_____

Übungsaufgaben zur Wissenssicherung

Übungsaufgabe 1

Arbeitszeit: 60 Minuten
Erreichbare Punktzahl: 60

1 Nach Abschluss der Haupt-/Mittelschule erfolgt normalerweise deine Ausbildung in Betrieb und Berufsschule.
Wie heißt diese spezielle Art der Ausbildung? **1 Punkt**

_____

2 Bearbeite die folgenden Aufgaben. **6 Punkte**

a Ergänze den folgenden Satz:

Bei ungefähr 350 staatlich anerkannten Ausbildungsberufen kann es nicht

für jeden Ausbildungsberuf eine eigene Berufsschulklasse geben. Verwandte

Berufe werden deshalb in _____

zusammengefasst.

b Von wie vielen Berufsfeldern spricht man in der Regel?
Kreuze richtig an.

☐ 13
☐ 17
☐ 25

c Ordne den folgenden Berufsfeldern jeweils einen Beruf zu.

Berufsfeld	Beruf
Metalltechnik	
Chemie/Physik/Biologie	
Wirtschaft und Verwaltung	
Holztechnik	

3 Berufe eines Berufsfeldes besitzen gemeinsame Merkmale.
Ergänze das Cluster. **3 Punkte**

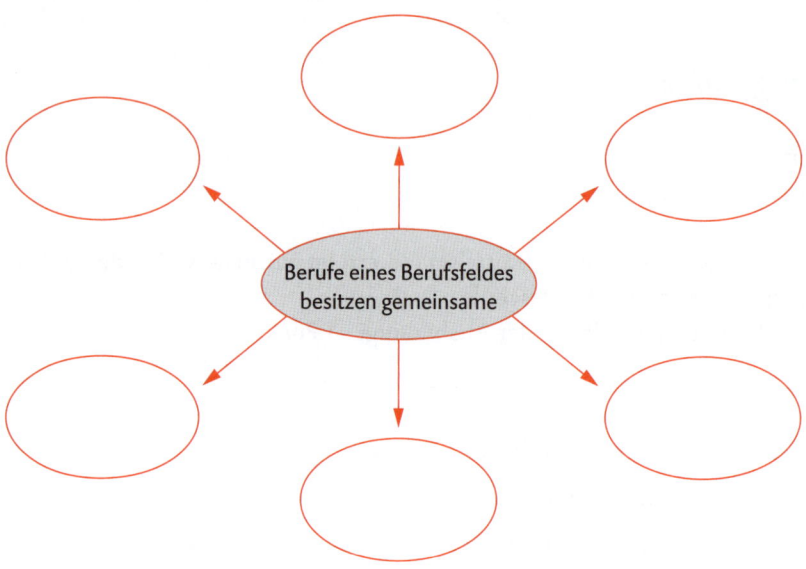

4 Ergänze den folgenden Lückentext zum Berufsausbildungsvertrag. **2 Punkte**

Vor Beginn einer _____ müssen Auszubildender

und Ausbildender (Betrieb) einen _____

abschließen. Ein Vertrag ist eine verbindliche _____

zwischen zwei oder mehreren Vertragspartnern, die übereinstimmend

_____, was sie durch diesen Vertrag _____

wollen. Mit der _____ beider Seiten wird das dabei

entstandene Rechtsgeschäft besiegelt.

5 Nenne mindestens vier Inhalte eines Berufsausbildungsvertrags. **2 Punkte**

_____

_____

_____

_____

6 Das Jugendarbeitsschutzgesetz regelt den besonderen Arbeitsschutz von jugendlichen Arbeitnehmern. Dazu gehören auch Bestimmungen zur Dauer der Arbeitszeit, zur Dauer der Ruhepausen etc.
Welche der Aussagen sind richtig und welche falsch?
Kreuze an. **2 Punkte**

	richtig	falsch
Die Arbeitszeit von Jugendlichen darf grundsätzlich 35 Stunden wöchentlich und sieben Stunden täglich nicht überschreiten.	☐	☐
Akkordarbeit ist für jugendliche Arbeitnehmer grundsätzlich verboten.	☐	☐
Nach Beendigung der täglichen Arbeitszeit dürfen Jugendliche nicht vor Ablauf einer ununterbrochenen Freizeit von mindestens 12 Stunden beschäftigt werden.	☐	☐
Als Ruhepause gilt für Jugendliche nur eine Arbeitszeitunterbrechung von mindestens 10 Minuten.	☐	☐

7 Für wen gilt das Jugendarbeitsschutzgesetz?
Kreuze richtig an. **2 Punkte**

Das JArbSchG gilt für Jugendliche zwischen …

☐ 14 und 18 Jahren.
☐ 15 und 18 Jahren.
☐ 16 und 18 Jahren.

8 Nimm Stellung zu den folgenden Fällen. **4 Punkte**

a Sophie macht seit fünf Monaten eine Ausbildung zur Malerin. Sie bekommt beim Arbeiten mit den Farben Hautausschläge und reagiert allergisch. Sie will deswegen kündigen und eine Ausbildung zur Bürokauffrau aufnehmen. Kann Sophie kündigen? Wenn ja, was muss sie beachten?

_____

_____

_____

_____

_____

b Lilith macht eine Ausbildung zur Modeschneiderin. Ihre Abteilung, in der die Einzelteile zusammengenäht werden, kann einen Auftrag erst ab Mittag bearbeiten, da die Zuschneiderei nicht nachkommt. Ihr Chef bittet sie deshalb, erst um 11.00 Uhr zu kommen und dafür mit einer einstündigen Pause bis 20.00 Uhr zu arbeiten.
Lilith bezweifelt, ob sie das nach dem Jugendarbeitsschutzgesetz darf.

_____

_____

_____

_____

_____

9 Es gibt verschiedene Gründe, warum Menschen arbeiten.
Welche Gründe sind das zum Beispiel? Ergänze das Cluster. **2 Punkte**

Man arbeitet, um …

10 Worum geht es bei der Fort- und Weiterbildung? **3 Punkte**

_____

_____

_____

_____

11 Sieh dir das folgende Schaubild zu den Leistungen und Ausgaben der gesetzlichen Krankenversicherung an und beantworte anschließend die Fragen.

3 Punkte

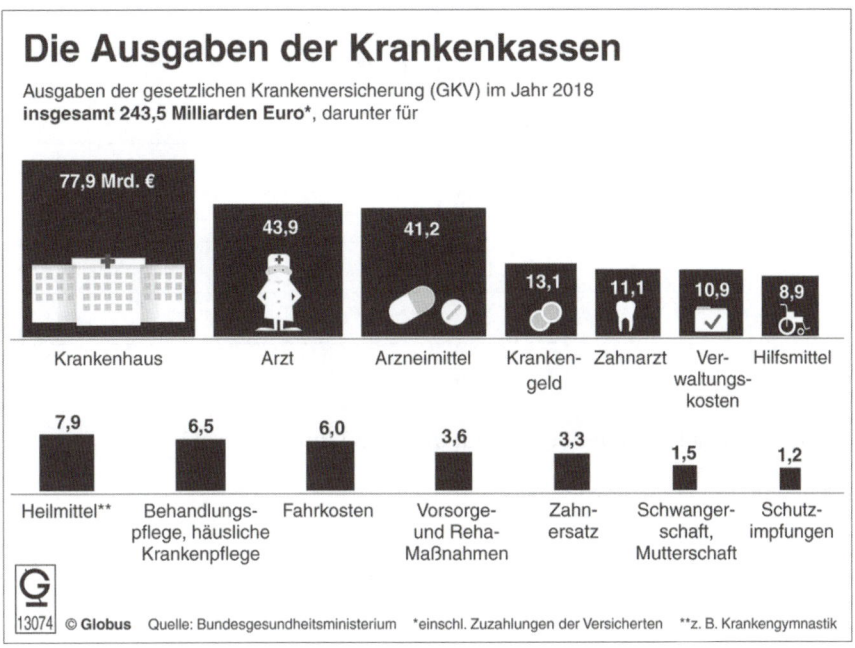

Die Ausgaben der Krankenkassen

Ausgaben der gesetzlichen Krankenversicherung (GKV) im Jahr 2018
insgesamt 243,5 Milliarden Euro*, darunter für

77,9 Mrd. €

Krankenhaus — 43,9 Arzt — 41,2 Arzneimittel — 13,1 Kranken-geld — 11,1 Zahnarzt — 10,9 Ver-waltungs-kosten — 8,9 Hilfsmittel

7,9 Heilmittel** — 6,5 Behandlungspflege, häusliche Krankenpflege — 6,0 Fahrkosten — 3,6 Vorsorge- und Reha-Maßnahmen — 3,3 Zahn-ersatz — 1,5 Schwanger-schaft, Mutterschaft — 1,2 Schutz-impfungen

13074 © **Globus**   Quelle: Bundesgesundheitsministerium   *einschl. Zuzahlungen der Versicherten   **z. B. Krankengymnastik

a In welchen drei Bereichen geben die Krankenkassen am meisten Geld aus?

_____

_____

_____

b Welche drei Bereiche weisen die geringsten Ausgaben auf?

_____

_____

_____

12 Nimm Stellung zu der folgenden Aussage zum Thema Arbeitslosigkeit.
Stimmst du der Aussage zu? Begründe. **2 Punkte**

Das Risiko, arbeitslos zu werden, wird am stärksten vom Qualifikationsniveau bestimmt.

Ich stimme zu: ☐ ja   ☐ nein

Begründung: _____

_____

_____

_____

_____

13 Welche Aufgaben hat der Betriebsrat in einem Unternehmen?
Nenne fünf. **5 Punkte**

_____

_____

_____

_____

_____

_____

_____

14 Welche Ausgaben kommen auf jeden Fall auf dich zu, wenn du eine eigene
Wohnung beziehst?
Kreuze die richtigen Angaben an. **3 Punkte**

☐ Wasser   ☐ Zeitungsabonnement

☐ Getränke   ☐ Autoversicherung

☐ Regelmäßige Instandhaltung ☐ Wohnungsmiete

☐ Strom   ☐ Kaution

☐ Hausratversicherung   ☐ Müllgebühr

15 Auf dem Ausdruck eines Kontoauszugs stehen die Buchstaben H und S hinter den Beträgen. **2 Punkte**

   a Was bedeuten sie?

      H = _____

      S = _____

   b Welchen der beiden Buchstaben darf dein Kontostand noch nicht aufweisen und warum?

      _____

      _____

      _____

16 In der Bundesrepublik Deutschland wurden fünf wirtschaftliche Grundfreiheiten eingeführt, die wesentlich für das Funktionieren der Marktwirtschaft sind. Ordne den Aussagen in der Tabelle die entsprechende Grundfreiheit zu.
5 Punkte

Aussagen	wirtschaftliche Grundfreiheit
Jeder Betrieb hat das Recht, sich an einem Ort seiner Wahl niederzulassen.	
Jeder hat das Recht, frei zu entscheiden, was er kaufen will und wo er kaufen will.	
Jeder Bürger hat das Recht, ein Gewerbe, also eine selbstständige Tätigkeit, zu betreiben, soweit er damit nicht gegen geltende Gesetze verstößt.	
Der Staat garantiert jedem Bürger Privateigentum, wodurch er in der Lage ist, Güter zu erwerben und Dienstleistungen in Anspruch zu nehmen.	
Jeder Bürger hat das Recht, seinen Wohn- und Arbeitsort frei zu wählen.	

17 Erkläre den Begriff „Tertiarisierung". **3 Punkte**

_____

_____

_____

18 Das wesentliche Merkmal der sozialen Sicherung ist das Solidaritätsprinzip. Der einzelne Bürger ist nicht nur für sich allein verantwortlich, sondern für alle Mitglieder der Gesellschaft.
Ergänze den folgenden Satz. **2 Punkte**

Der Solidarausgleich erfolgt zwischen …

▶ Jung und _____,

▶ _____ und Familien,

▶ Gesunden und _____,

▶ gut und _____ gut Verdienenden.

19 Die fünf gesetzlichen Sozialversicherungen bieten Schutz und Sicherheit vor den Arbeits- und Lebensrisiken.
Wie heißen sie? **5 Punkte**

_____

_____

_____

_____

_____

20 Beantworte die folgenden Fragen. **2 Punkte**

a Wie heißt unser Wirtschaftssystem?

☐ Soziale Marktwirtschaft
☐ Zentrale Planwirtschaft

b Wer hat es begründet?

_____

21 Was bedeutet die Abkürzung BIP?
Unterstreiche den zutreffenden Begriff. **1 Punkt**

Bruttoinvestitionsprodukt

Bruttoinlandsprogramm

Bruttoinlandsprodukt

erreichte Punktzahl: _____

Übungsaufgabe 2

Arbeitszeit: 60 Minuten
Erreichbare Punktzahl: 60

1 Welche Abschlüsse kannst du an der Haupt-/Mittelschule erwerben?
2 Punkte

_____

_____

_____

2 Kreuze richtig an. **1 Punkt**

Ein Lastschriftmandat gehört zum ...

☐ Dauerauftrag.

☐ Lastschriftverfahren.

☐ Onlinebanking.

3 Vervollständige den folgenden Satz. **4 Punkte**

Die überbetriebliche Ausbildung ...

▶ macht vertraut mit den neuesten technischen _____,

▶ vermittelt Erfahrungen mit neuesten _____, Materialien
und Arbeitsformen,

▶ ergänzt _____ Fähigkeiten und Kenntnisse,

▶ übernimmt die Ausbildung für _____ Betriebe.

4 Zu welchen Berufsfeldern gehören die angegebenen Berufe? **3 Punkte**

Beruf	Berufsfeld
Chemikant/in	
Hotelfachmann/-frau	
Kosmetiker/in	
Wagner/in	
Bürokaufmann/-frau	
Kfz-Mechatroniker/in	

5 Welche Vorteile bietet die berufsübergreifende Grundbildung in den Berufsfeldern? **3 Punkte**

_____

_____

_____

6 Nimm Stellung zu folgendem Fallbeispiel. Begründe deine Antwort. **2 Punkte**

Marc geht jeden Mittwoch zur Berufsschule. Am Dienstag, dem 1. August,
haben die Schulferien begonnen. Muss Marc in den Betrieb gehen oder hat er
Ferien wie andere Schüler auch?

_____

_____

_____

7 Ergänze die Bestimmungen des Jugendarbeitsschutzgesetzes. **2 Punkte**

Jugendliche dürfen in der Regel nicht mehr als _____ Stunden täglich und

nicht mehr als _____ Stunden wöchentlich beschäftigt werden.

Jugendliche dürfen grundsätzlich nur in der Zeit von _____ Uhr bis

_____ Uhr beschäftigt werden.

Jugendliche dürfen nicht beschäftigt werden mit Arbeiten, die ihre körperliche

und _____ Leistungsfähigkeit übersteigen.

8 Nimm Stellung zu der folgenden Aussage zum Thema Arbeit.
Stimmst du der Aussage zu? Begründe deine Antwort. **2 Punkte**

Arbeit als Erwerbstätigkeit spielt für die Gesellschaft eine ganz wichtige Rolle.

Ich stimme zu: ☐ ja   ☐ nein

Begründung: _____

_____

_____

9 Sieh dir die folgende Karikatur zum Thema „Mitbestimmung" genau an, und beantworte anschließend die Fragen. **5 Punkte**

a Beschreibe kurz, was du auf den Bildern siehst.

_____

_____

_____

_____

b Wer wird hier kritisiert und warum? Erkläre.

_____

_____

_____

_____

10 Kreuze richtig an. **1 Punkt**

Man spricht von Preisstabilität, wenn die Preise im Durchschnitt innerhalb eines Jahres nicht stärker ansteigen als …

☐ 1 %.

☐ 2 %.

☐ 4 %.

☐ 6 %.

11 Ordne die folgenden Begriffe den entsprechenden Aussagen zu. **5 Punkte**

Mechanisierung – Tertiarisierung – Mobilität – Arbeitszeitflexibilität – Lifelong learning

Arbeitnehmer müssen bereit sein, an unterschiedlichen Orten zu arbeiten, unter Umständen auch für einige Zeit im Ausland.	
Körperlich sehr anstrengende Arbeiten nehmen immer mehr ab, diese werden verstärkt von Robotern übernommen.	
Erhält ein Betrieb viele Aufträge, dann arbeiten alle Mitarbeiter länger und nehmen in dieser Zeit keinen Urlaub. In Zeiten schwacher Auftragslage arbeiten sie dafür kürzer.	
In der Arbeitswelt nehmen Dienstleistungen ständig zu.	
Auf dem in der Ausbildung Erlernten kann man sich nicht ausruhen, sondern man muss ständig Neues dazulernen.	

12 Wie ist ein Betrieb in der Regel aufgebaut?
Nenne die sechs Bereiche. **3 Punkte**

_____

_____

_____

_____

_____

_____

13 Man unterscheidet den traditionellen Unternehmensaufbau vom modernen Unternehmensaufbau.
Nenne je einen Vor- und Nachteil der beiden Modelle. **4 Punkte**

	Vorteil	Nachteil
Moderner Unternehmensaufbau		
Traditioneller Unternehmensaufbau		

14 Wohnungsinserate enthalten eine ganze Reihe von Abkürzungen, die man kennen muss, um die Anzeige zu verstehen.
Was bedeuten folgende Abkürzungen einer Wohnungsanzeige? **3 Punkte**

a DG _____

b NK _____

c EBK _____

15 Welche Form des bargeldlosen Zahlungsverkehrs bietet sich in folgenden Fällen an?
Ordne richtig zu. Trage die jeweils passende Ziffer in die unten stehende Tabelle ein. **1 Punkt**

A Wohnungsmiete   1 Lastschrift

B Monatliche Telefonkosten   2 Dauerauftrag

C Rechnung von der Firma A   3 Überweisung

A	B	C

16 Was bedeutet die Geldkartenfunktion bei einer Debitkarte?
2 Punkte

_____

_____

_____

_____

17   Ergänze den Lückentext zum Prämiensparen.   **2 Punkte**

Beim Prämiensparen kann der Sparer die monatliche _____

und die _____ des Vertrags selbst bestimmen. Je

_____ der Vertrag läuft, desto _____ fällt die

jährliche Sparprämie aus.

18   Du möchtest später gerne ein eigenes Haus bauen. Welchen Sparvertrag schließt du dazu am besten ab?   **1 Punkt**

_____

19   Nenne vier Kreditarten.   **4 Punkte**

_____

_____

_____

_____

20   Durch welche Sozialversicherungen sind die folgenden Fälle abgedeckt? Fülle die Tabelle aus.   **6 Punkte**

Fall	Sozialversicherung
Christiane stürzt am Arbeitsplatz und bricht sich das Handgelenk.	
Die Firma Stewens schließt, weil der Inhaber in den Ruhestand geht. Alle Mitarbeiter werden entlassen.	
Frau Pieper ist 65 Jahre alt und hört zu arbeiten auf.	
Tina hat eine starke Mandelentzündung und kann eine Woche nicht zur Arbeit gehen.	
Herr Schwarz hatte einen Herzinfarkt. Nun kann er sich nicht mehr allein versorgen und ist auf Betreuung angewiesen.	

21 Es gibt verschiedene Arten der Arbeitslosigkeit.
Ordne den folgenden Fällen jeweils die entsprechende Form der Arbeitslosigkeit zu. **4 Punkte**

a Die Lohnerhöhungen waren in diesem Jahr sehr niedrig, die Menschen sparen daher bei teurer Kleidung. In einer Edelboutique müssen aus diesem Grund zwei Verkäuferinnen entlassen werden, da jetzt eine ausreicht.

_____

b Georg hat seine Arbeitsstelle gekündigt, weil er in eine andere Stadt zieht. Dort hat er bereits eine neue Stelle, die er aber erst in vier Monaten antreten wird.

_____

c Eine Fabrik für Sporttaschen verzeichnet einen starken Absatzrückgang, da die Konkurrenz aus China diese Taschen wesentlich billiger herstellt und verkauft. Der Betrieb wird stillgelegt und die Mitarbeiter entlassen.

_____

d In vielen Ferienorten schließen ab Oktober die Hotels und Restaurants, da in den Wintermonaten kaum Gäste zu erwarten sind. Das Personal ist in dieser Zeit arbeitslos.

_____

erreichte Punktzahl: _____

Lösungsvorschläge

1   Wege in den Beruf

1 informieren, entscheiden, verwirklichen

2 ☒ Betriebspraktikum
☒ BIZ
☒ AWT-Unterricht
☒ Eltern, Freunde

3

Seine Chancen, einen Ausbildungsplatz zu bekommen, erhöht derjenige, der nicht nur seinen Traumberuf in Betracht zieht, sondern sich auch alternative Berufe überlegt.

Ich stimme zu: ☒ ja   ☐ nein

Begründung: Ich stimme der Aussage zu, denn je offener man ist und je mehr alternative Berufe man sich überlegt, desto größer werden die Chancen auf eine Ausbildungsstelle.

4 **a** Mittlere Reife, Qualifizierender Hauptschulabschluss, Erfolgreicher Hauptschulabschluss

b Mit dem Qualifizierenden Hauptschulabschluss hat Peter einen höherwertigen Abschluss als Max mit seinem Erfolgreichen Hauptschulabschluss. Das verschafft ihm im Bewerbungswettbewerb einen Vorteil.

5 Es gibt Berufsfachschulen mit zwei Jahren Vollzeitunterricht und einem Jahr betrieblicher Ausbildung und Berufsfachschulen, die zu einer abgeschlossenen Berufsausbildung führen.

6 **a** Berufsgrundschuljahr

b Im BGJ …

	trifft zu	trifft nicht zu
geht man im ersten Jahr nur in den Betrieb.	☐	☒
besucht man im ersten Jahr nur die Berufsschule.	☒	☐

lernt man drei Jahre lang entweder in einem Betrieb oder in einer speziellen Berufsschule.	☐	☒
wechselt ab dem zweiten Jahr die Ausbildung zwischen Betrieb und Berufsschule.	☒	☐
kann der Auszubildende zwischen theoretischer und praktischer Ausbildung wählen.	☐	☒

7 **a** Berufsvorbereitungsjahr

   b Wer keine **Ausbildungs-** bzw. Arbeitsstelle erhält, der muss für **ein** Jahr im **Vollzeitunterricht** die Berufsschule besuchen.

8 ☒ Ein Ungelernter muss im ersten Jahr einmal wöchentlich zur Berufsschule.

9 Du könntest antworten: Ich halte es für keine gute Idee, ein ganzes Jahr zu warten und zu sehen, ob du im nächsten Jahr einen Ausbildungsplatz in deinem Traumberuf findest. Du weißt doch nicht, ob in ein oder zwei Jahren die Situation besser wird, du verlierst viel Zeit. Es ist sinnvoller, dich nach einer anderen Ausbildungsstelle umzuschauen. Du könntest auch später die Stelle wechseln, wenn sich die Gelegenheit ergibt.

2 Das Duale System der Ausbildung

10 Der Begriff „Duales System" bedeutet, dass die Berufsausbildung an zwei Orten stattfindet: in der Berufsschule und im Betrieb.

11 ☒ Deutsch   ☒ Sozialkunde   ☒ Religion

12 Die **Auszubildenden** eines Ausbildungsberufes werden in **Fachklassen** zusammengefasst.

13 Der Vorteil bei einer Ausbildung im Dualen System liegt in der Verknüpfung von Theorie und Praxis. Der Auszubildende erhält seine theoretische Ausbildung in der Berufsschule, wo neben beruflichen Lernfeldern auch allgemeinbildende Fächer unterrichtet werden. Im Betrieb dagegen erhält der Azubi eine hauptsächlich praktische Ausbildung. Dort lernt er den praktischen Umgang mit Maschinen und technischem Gerät, lernt technische Verfahren, Einrichtungen etc. kennen.

14 **a** die jeweilige Kammer

b Im Mittelpunkt der überbetrieblichen Ausbildung steht das Kennenlernen neuester Materialien, Werkzeuge und Techniken.

c Es handelt sich um Inhalte, die im Betrieb nicht vermittelt werden können, weil dieser nicht immer auf dem neuesten Stand der Technik ist.

15 Die bayerischen Lehrpläne der Berufsschulen werden festgelegt ...

☒ vom bayerischen Kultusministerium.

16 Unser Betrieb hat nicht alle Maschinen und arbeitet nicht mit allen Materialien, die für meine Ausbildung wichtig sind. Es ist doch nur von Vorteil – auch für den Betrieb –, wenn ich als Lehrling die neuesten Materialien, Werkzeuge und Techniken kennenlerne.

17

Der Unterricht in der Berufsschule ist überflüssig, da für die berufliche Praxis nichts gelernt wird.

Ich stimme zu: ☐ ja ☒ nein

Begründung: Der Unterricht in der Berufsschule ist nicht überflüssig, da hier die wichtigen theoretischen Inhalte des Berufsbildes vermittelt werden, die sehr wohl für die Praxis wichtig sind.

Berufsschule und Betrieb stehen in keinerlei Beziehung zueinander. Beide bilden unabhängig voneinander aus.

Ich stimme zu: ☐ ja ☒ nein

Begründung: Berufsschule und Betrieb ergänzen sich, sie müssen sich bei der Vermittlung ihrer Inhalte aufeinander abstimmen.

3 Ausbildung nach Berufsfeldern

18 ☒ ungefähr 350

19 Berufe mit ähnlichen Tätigkeiten, Aufgabenstellungen und Arbeitsgegenständen bzw. Werkstoffen werden in Berufsfeldern zusammengefasst.

20 Für alle Berufe eines Berufsfeldes sind alle **Ausbildungsmaßnahmen** im ersten Ausbildungsjahr **gleich**. Jeder Auszubildende erlernt die gleichen **Grundkenntnisse** und **Grundfertigkeiten**, und jeder übt die gleichen **Grundtätigkeiten** aus.

21 Die Ausbildung nach Berufsfeldern fördert die berufliche Mobilität und Flexibilität, denn eine allzu frühe Spezialisierung wird vermieden und ein Wechsel unter verwandten Berufen ist leichter möglich.

22

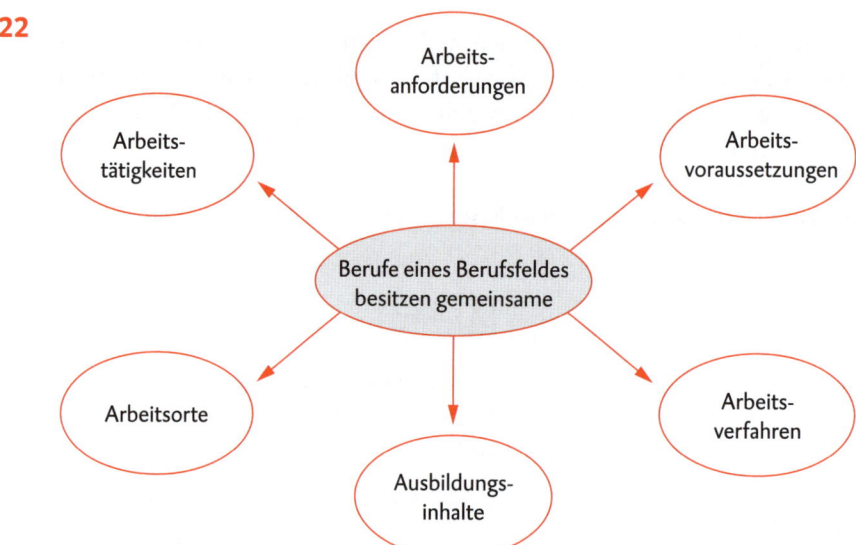

23 Durchzustreichen sind:
Kunststofftechnik, Kontaktpflege, Computertechnik, Betriebswirtschaft, Wellness

24 **a** Ernährung und Hauswirtschaft   **b** Textiltechnik und Bekleidung
c Körperpflege   **d** Bautechnik
e Wirtschaft und Verwaltung   **f** Holztechnik
g Farbtechnik und Raumgestaltung   **h** Agrarwirtschaft
i Elektrotechnik   **j** Chemie/Physik/Biologie
k Metalltechnik   **l** Gesundheit
m Drucktechnik

25 a Maßschneider/in, Modist/in, Modenäher/in

b Friseur/in, Kosmetiker/in, Podologe/in

c Bäcker/in, Fleischer/in, Koch/Köchin

d Buchbinder/in, Drucker/in, Mediengestalter/in

e Fotolaborant/in, Chemikant/in, Fachkraft für Wasserversorgungstechnik

f Elektroniker/in, Elektroanlagenmonteur/in, Informationselektroniker/in

g Fachverkäufer/in, Kaufmann/-frau im Einzelhandel, Bürokaufmann/-frau

h Tischler/in, Bootsbauer/in, Holzbildhauer/in

i Landwirt/in, Gärtner/in, Tierwirt/in

j Maurer/in, Straßenbauer/in, Fliesen-, Platten- und Mosaikleger/in

k Metallbauer/in, Kfz-Mechatroniker/in, Anlagenmechatroniker/in

l Medizinische/r Fachangestellte/r, Augenoptiker/in, Gesundheits- und Krankenpfleger/in

26 Die Berufsfelder lauten:
Agrarwirtschaft; Chemie, Physik, Biologie; Bautechnik

4   Berufswünsche von Mädchen und Jungen

27 a Das größte Berufsorientierungsprojekt für Mädchen und junge Frauen ist der Girls' Day, der Mädchen-Zukunftstag.

b Mädchen und Frauen verdienen weniger, weil sie häufig in Branchen tätig sind, in denen das Verdienstniveau gering ist.

c ☒ Gesundheitsbereich
☒ Erziehungswesen

d Der Begriff „festgefahrene Rollenbilder" meint, dass Mädchen und Jungen immer noch häufig typische „Männer-" bzw. „Frauenberufe" wählen.

28	Beruf	m/w
	Maurer/in	m
	Gesundheits- und Krankenpfleger/in	w
	Mechatroniker/in	m
	Altenpfleger/in	w
	Hotelfachmann/-frau	w

29 **a** Der Frauenanteil ist mit 95 % im Beruf der Sekretärin bzw. des Sekretärs am höchsten, nur 5 % sind Männer. Dagegen liegt der Anteil der Frauen in Chefpositionen bei unter 2 %, der der Männer also bei mehr als 98 %.

b Die Berufe Krankenschwester, Apothekenhelferin, Anwaltsgehilfin und Sekretärin gelten als typische Frauenberufe. In diesen Berufen gibt es so gut wie keine Aufstiegsmöglichkeiten und der Verdienst ist sehr gering.

30 Aus der großen Anzahl von Ausbildungsberufen wählt **mehr als die Hälfte** der Mädchen aus nur **zehn** verschiedenen Berufen im dualen Ausbildungssystem, darunter ist kein einziger **naturwissenschaftlich-technischer**.

31 ☒ Erziehung
☒ gesellschaftliche Tradition der Rollenverteilung

32 ☒ nein
Im **Grundgesetz Art. 3** heißt es: Alle Menschen sind vor dem Gesetz **gleich**. Männer und Frauen sind **gleichberechtigt**. Niemand darf wegen seines Geschlechts **benachteiligt** werden.

		richtig	falsch
33	Eine hohe körperliche Belastung spielt in Handwerk und Industrie auch heute noch eine große Rolle.	☐	☒
	Der Einsatz von Maschinen und Robotern verringert die körperliche Belastung.	☒	☐
	Der Einsatz von Maschinen und Robotern erhöht die körperliche Belastung.	☐	☒
	In Handwerk und Industrie spielte eine hohe körperliche Belastung früher eine große Rolle.	☒	☐

34   **a**

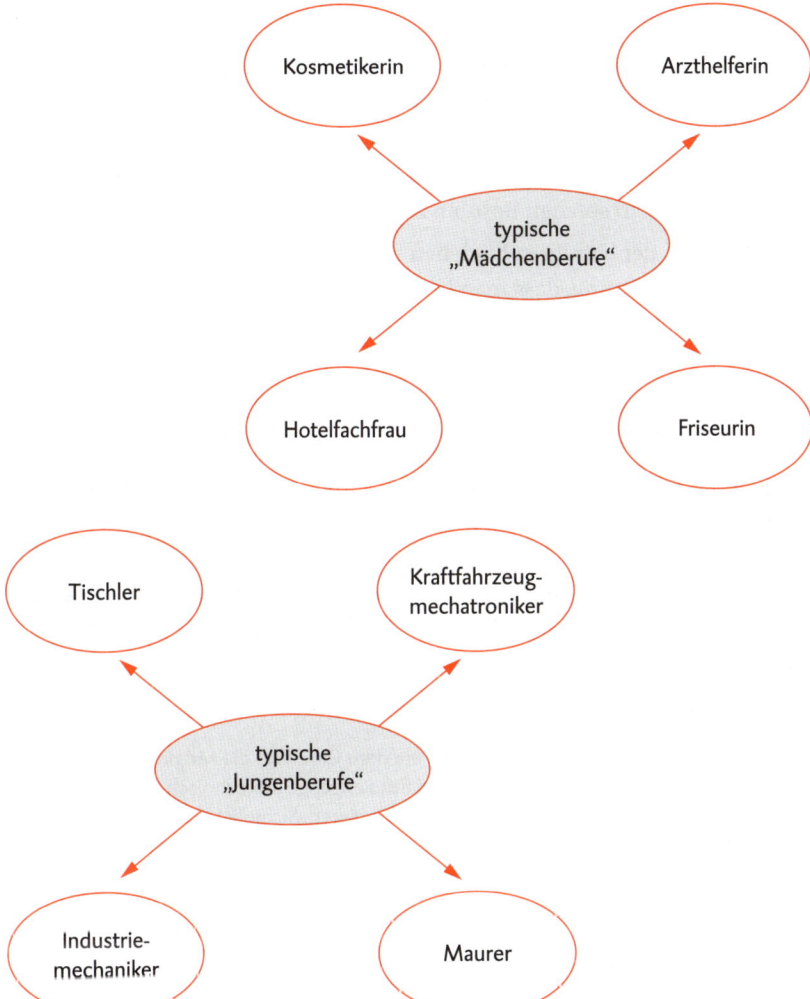

b Auch heutzutage haben Erziehung und gesellschaftliche Tradition der Rollenverteilung bei der Berufswahl Einfluss auf die Jugendlichen. Insbesondere die Mädchen sind von diesen Verhaltensmustern betroffen. Allerdings lässt sich in allen Bereichen eine zunehmende Vermischung feststellen.

c Alle Berufe werden heute sowohl von Mädchen als auch von Jungen gelernt und ausgeübt.

		trifft zu	trifft nicht zu

35 **a** 56 % der Befragten glauben, dass die Arbeitsmarkt-chancen in technisch-naturwissenschaftlichen Berufen schlecht sind. ☐ ☒

Knapp die Hälfte der befragten Mädchen glaubt, dass es Spaß macht, in solchen Berufen zu arbeiten. ☒ ☐

Über 90 % der befragten Mädchen sind ganz oder teil-weise der Meinung, dass man in technisch-naturwissen-schaftlichen Berufen gut verdienen kann. ☒ ☐

92 % der befragten Mädchen sind ganz oder teilweise der Meinung, dass man in technisch-naturwissenschaft-lichen Berufen keine guten Aufstiegsmöglichkeiten hat. ☐ ☒

b Technisch-naturwissenschaftliche Berufe haben bei den befragten Schüle-rinnen insgesamt ein eher gutes Image.

36

> Der Girls' Day trägt dazu bei, dass Mädchen ihre beruflichen Perspektiven überdenken und auch technisch-naturwissenschaftliche Berufe in ihre Berufsplanung mit einbeziehen.
>
> Ich stimme zu: ☒ ja ☐ nein
>
> Begründung: Die Mädchen erhalten auf dem Girls' Day die Möglichkeit, sich über Ausbildungsberufe und Studiengänge im technisch-naturwissen-schaftlichen Bereich zu informieren. Sicherlich überdenken anschlie-ßend einige der Mädchen ihre Berufswahl noch einmal.

5   Der Berufsausbildungsvertrag

37 Erst mit der Unterschrift beider Parteien wird ein Vertrag rechtlich bindend und damit gültig.

38 Die Erziehungsberechtigten müssen unterschreiben, wenn der Auszubildende noch nicht volljährig (18 Jahre) ist.

39

Was muss der Ausbildende dem Auszubildenden kostenlos aushändigen?	
1. **Ausbildungsordnung**	§ 3 Nr. 3
2. **Ausbildungsmittel**	§ 3 Nr. 4
3. **schriftliche Ausbildungsnachweise (Berichtsheft)**	§ 3 Nr. 6

40 **a** In der Probezeit haben sowohl Ausbildender als auch Auszubildender die Möglichkeit, ohne Einhaltung einer Kündigungsfrist und ohne Angabe von Gründen die Berufsausbildung zu kündigen. Stellt z. B. ein Lehrling fest, dass er für diesen Beruf überhaupt nicht geeignet ist, kann er problemlos das Ausbildungsverhältnis lösen. Gleiches gilt für den Ausbildenden, der einem ungeeigneten Azubi innerhalb der Probezeit ohne Frist kündigen kann.

b Die Dauer der Probezeit ist gesetzlich festgelegt. Sie muss mindestens **einen** Monat und darf maximal **vier** Monate betragen.

c Der Auszubildende kann nach Ablauf der Probezeit nur kündigen, wenn er die Berufsausbildung gänzlich aufgeben will oder einen anderen Beruf erlernen will. Der Ausbildende kann dem Auszubildenden nur noch im Falle eines schwerwiegenden Grundes kündigen.

41 Er muss über Betriebs- und Geschäftsgeheimnisse Stillschweigen bewahren. (§4,6 BAV)

42 ☒ spätestens am vierten Tag (§4,8 BAV)

43 ☒ nein
Er darf nach §6,3 keine dem Urlaubszweck widersprechende Erwerbsarbeit leisten. Der Urlaub dient lediglich der Erholung. Der Azubi soll nach dem Urlaub ausgeruht und erholt sein. Würde er im Urlaub arbeiten, könnte er im Betrieb anschließend keine volle Leistung bringen. Dafür aber wird er von seinem Chef bezahlt.

44 ☒ Nein, nur eine schriftliche Kündigung ist rechtswirksam.

45 Richtig: Ausbildungszeugnis

46 ☒ nach der bestandenen Prüfung

47 **Fall 1:** Der Ausbildende muss dem Lehrling die Ausbildungsmittel kostenlos zur Verfügung stellen (§3,4 BAV).

Fall 2: Schwarzarbeit ist strafbar. Außerdem darf der Azubi das betriebseigene Werkzeug nur für die ihm vom Ausbildenden oder Ausbilder aufgetragenen Arbeiten im Betrieb verwenden (§4,5 BAV).

Fall 3: Der Ausbilder verletzt seine Sorgepflicht nach §3,8 BAV.

Fall 4: Der Auszubildende hat das Recht, seine Ausbildung bis zur nächsten Prüfung fortzusetzen, allerdings darf die Fortsetzung nicht länger als ein Jahr dauern (§ 1,4 BAV).

Fall 5: Wird die Ausbildung während der Probezeit um mehr als ein Drittel unterbrochen, dann verlängert sich die Probezeit um die Dauer der Unterbrechung. In diesem Fall wird sie um genau ein Drittel unterbrochen, eine Verlängerung der Probezeit ist nicht nötig (§ 1,2 BAV).

Fall 6: In diesem Fall liegt seitens des Lehrlings ein grober Verstoß gegen die Einhaltung der Arbeitszeit vor. Der Ausbildende kann ihm also schriftlich unter Angabe dieses wichtigen Grundes fristlos kündigen (§ 7,2 BAV).

Fall 7: Anna ist noch in der Probezeit, sie kann ohne Angabe von Gründen und ohne Einhaltung einer Kündigungsfrist schriftlich kündigen (§ 7,1 BAV).

Fall 8: Peter kann kündigen, da ein wichtiger Grund vorliegt. Die Kündigung muss schriftlich erfolgen, die Gründe sind anzugeben und die Kündigungsfrist von vier Wochen ist einzuhalten (§ 7,2 BAV).

Fall 9: Der Ausbildende ist verpflichtet, seinen Auszubildenden zum Berufsschulbesuch freizustellen. Daniel hat das Recht, zur Berufsschule zu gehen (§ 3,5 BAV).

Fall 10: Die Auszubildende verletzt ihre Pflicht nach § 4,6 BAV, über Betriebs- und Geschäftsgeheimnisse Stillschweigen zu bewahren. Das kann ein Kündigungsgrund sein.

Fall 11: Der Lehrling hat das Recht auf betriebseigenes Werkzeug, er muss seine private Bohrmaschine auf keinen Fall mitbringen (§ 3,4 BAV).

6 Das Jugendarbeitsschutzgesetz

48 Das Jugendarbeitsschutzgesetz gilt für ...

|X| Beschäftigte, die noch nicht 18 Jahre alt sind.

49 **a** Jugendliche dürfen nach dem JArbSchG grundsätzlich nicht länger als acht Stunden täglich und nicht mehr als 40 Stunden wöchentlich beschäftigt werden.

b In der Landwirtschaft dürfen Jugendliche über 16 Jahre bis zu neun Stunden täglich, in der Doppelwoche aber nicht über 85 Stunden beschäftigt werden (§ 8 JArbSchG).

c Grundsätzlich dürfen Jugendliche ab **6.00** Uhr beschäftigt werden. Ausnahmen gibt es in der **Landwirtschaft** und für **Bäckereien** und **Konditoreien**, hier dürfen Jugendliche ab **5.00** Uhr arbeiten. Ab 17 Jahren dürfen sie in **Bäckereien** ab 4.00 Uhr arbeiten.

Der späteste Arbeitsschluss ist grundsätzlich um **20.00** Uhr, aber auch hier gibt es Ausnahmen: In der **Landwirtschaft** darf bis 21.00 Uhr gearbeitet werden, für Gaststätten und Schausteller gilt sogar **22.00** Uhr und für **Schichtbetriebe** 23.00 Uhr.

50 ☒ 12 Stunden

51 Jugendlichen müssen im Voraus feststehende Ruhepausen von angemessener Dauer zugestanden werden. Eine Ruhepause muss mindestens **15** Minuten lang dauern. Bei einer Arbeitszeit von mehr als viereinhalb Stunden muss die Pause mindestens **30** Minuten betragen, bei einer Arbeitszeit von mehr als sechs Stunden mindestens **60** Minuten.

52
unter 16 Jahre   mindestens 27 Tage
unter 17 Jahre   mindestens 25 Tage
unter 18 Jahre   mindestens 30 Tage

53 Für Jugendliche verboten sind Akkordarbeit und gefährliche Arbeiten. Dazu gehören Arbeiten, die körperlich zu schwer sind, Arbeiten, bei denen Jugendliche sittlichen Gefahren ausgesetzt sind, und Arbeiten mit gefährlichen Chemikalien.

	trifft zu	trifft nicht zu
54 Jugendliche dürfen an Sonntagen in Gaststätten arbeiten.	☒	☐
Jugendliche dürfen an Samstagen in Reparaturwerkstätten für Kraftfahrzeuge arbeiten.	☒	☐
Jugendliche dürfen an Sonntagen in Altersheimen nicht beschäftigt werden.	☐	☒
Jugendliche dürfen an Samstagen im Friseursalon arbeiten.	☒	☐
Jugendliche dürfen in der Landwirtschaft nur an zwei Sonntagen im Monat arbeiten.	☒	☐

55 Jeder Jugendliche muss eine Erstuntersuchung und eine Nachuntersuchung vornehmen lassen. Die Erstuntersuchung darf bei Ausbildungsbeginn nicht älter als 14 Monate sein, die Nachuntersuchung muss spätestens nach dem ersten Ausbildungsjahr stattfinden.

56 **a** Milla hat keinen Anspruch auf Freizeit an Wochenenden, da nach § 16,2 und § 17,2 die Beschäftigung Jugendlicher in Krankenhäusern an Samstagen und Sonntagen zulässig ist. Ihr stehen allerdings zwei freie Wochenenden im Monat zu.

b Simona darf den Arbeitsbeginn verweigern, da zwischen ihrem Arbeitsende und dem Beginn am nächsten Tag lediglich acht Stunden ununterbrochene Freizeit liegen. Ihr stehen aber grundsätzlich 12 Stunden zu, Ausnahmen gibt es keine (§ 13).

c Julius steht nach sieben Stunden Arbeitszeit eine Ruhepause von mindestens 60 Minuten zu. Fünf Minuten sind keine angemessene Ruhepause, denn als Ruhepause gilt nur eine Arbeitsunterbrechung von mindestens 15 Minuten (§ 11,1).

d Der Arbeitsbeginn von Can verstößt gegen das Jugendarbeitsschutzgesetz. Da Can erst 16 Jahre alt ist, darf er frühestens um 5.00 Uhr zu arbeiten beginnen (vgl. § 14,2).

e Nach § 22 sind gefährliche Arbeiten für Jugendliche verboten. Simon wäre bei dieser Arbeit Gefahrstoffen im Sinne des Chemikaliengesetzes ausgesetzt, er darf sie also nicht ausführen (§ 22,1).

7   Warum Menschen arbeiten

57 Arbeit wird allgemein verstanden als ein planvolles, auf ein Ziel ausgerichtetes Tun. Als Arbeit im engeren Sinn bezeichnet man die Erwerbstätigkeit, also Arbeit, um Geld zu verdienen.

58 Menschen arbeiten z. B., um …
- ihren Lebensunterhalt zu verdienen (Lebensmittel, Kleidung etc.).
- Werte zu schaffen, z. B. ein Haus zu bauen.
- ihren Lebensstandard zu halten.
- für ihre soziale Sicherheit zu sorgen.

59 **a** Kleidung, Essen, Körperpflege, Freizeit, Urlaub
b individuelle Lösung

60 Das Erbringen von Leistungen ist deshalb für viele Menschen wichtig, da sie sich persönliche Zufriedenheit damit schaffen. Sie fühlen sich anerkannt und respektiert, indem sie für sich und die Gesellschaft etwas leisten.

61 Arbeitslose fühlen sich häufig nutzlos, weil sie keinen gesellschaftlichen Nutzen durch Arbeitsleistung erbringen können.

62 Besonders anerkannt sind Berufe, die einen hohen gesellschaftlichen Nutzen haben, wie z. B. der Arztberuf, Berufe, die mit einem hohen Maß an Selbstständigkeit und Verantwortung verbunden sind, wie z. B. Meisterberufe, sowie Berufe, die ein hohes Einkommen und einen sicheren Arbeitsplatz garantieren, wie z. B. Beamte.

63 **Gesellschaftlich relevante Merkmale von Arbeit**

	richtig	falsch
Gewinn von Rohstoffen	X	
Erhalten des eigenen Lebensstandards		X
Produktion von Waren, Lebensmitteln, Maschinen	X	
Anerkennung und Erfolgsgefühl		X
Produktion von Dienstleistungen	X	
Steuereinnahmen für den Staat	X	
persönliche Zufriedenheit		X

8 Wandel der Arbeitswelt – Berufe der Zukunft

64 ▶ fortschreitende Globalisierung
▶ Entwicklung zur Dienstleistungsgesellschaft

65 **Grundlagenkenntnisse** und **Schlüsselqualifikationen** werden für Arbeitnehmer immer wichtiger, um in der neuen Arbeitswelt bestehen zu können.

66 Zum Beispiel: Selbstständigkeit, Verantwortungsbereitschaft, Sorgfalt

67 ☒ Erneuerung

68 Technische Innovationen gibt es z. B. im Bereich der Steuerungstechnik, der Nanotechnik und der Lasertechnik.

69 Innovationen sind für Betriebe wichtig, weil sie sich so Marktvorteile verschaffen, konkurrenzfähig bleiben und ihre Gewinne maximieren.

70

Globalisierung	Wirtschaften und Wettbewerb auf weltweiten Märkten
tertiärer Sektor	Wirtschaftssektor, der den Bereich Dienstleistung umfasst
Standortbedingungen	Kriterien wie Fachkräfteangebot, Absatzchancen etc., die für die Wahl eines Produktionsorts entscheidend sind
Industriegesellschaft	eine Gesellschaft, in der die meisten Erwerbstätigen im produzierenden Gewerbe arbeiten

71 Durchzustreichen sind: Freibäder, Einkaufscenter, Tiefgaragen

72 Unter dem Begriff „Tertiarisierung" versteht man den fortschreitenden Wandel von der Industrie- zur Dienstleistungsgesellschaft.

73 **a** 1950 arbeiteten im produzierenden Gewerbe noch 43 % der Beschäftigten, im Jahr 2018 reduzierte sich dieser Anteil auf unter ein Viertel (24 %). Die Entwicklung im Dienstleistungssektor verlief genau umgekehrt. Hier ließ sich ein Anstieg von 33 % auf 75 % beobachten.

b

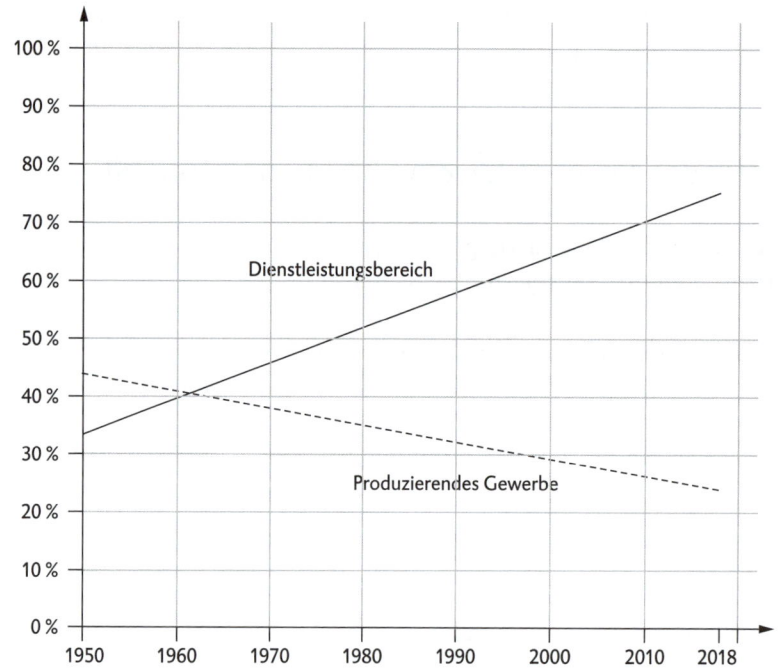

Hinweis: Die tatsächliche Entwicklung verlief nicht so linear wie in der Grafik dargestellt, sondern mit Schwankungen in den jeweiligen Sektoren.

74

Durch den zunehmenden Einsatz von Maschinen gehen Arbeitsplätze verloren.

Ich stimme zu: ☒ ja   ☐ nein

Begründung: Es ist eine Tatsache, dass manche Arbeitsplätze durch den Einsatz von Maschinen überflüssig werden, denn Maschinen können bestimmte Arbeiten besser und schneller ausführen als Menschen.

Durch neue Technologien werden Arbeitsplätze geschaffen.

Ich stimme zu: ☒ ja   ☐ nein

Begründung: Durch neue Technologien entstehen zum Teil ganz neue Berufszweige und damit natürlich auch Arbeitsplätze. Ein Beispiel wäre die Umwelttechnologie.

9   Mobilität, Flexibilität und lifelong learning

75   **a**   Von einem Normalarbeitsverhältnis spricht man, wenn jemand nach der Schule einen Beruf erlernt und diesen ein Leben lang in einem Betrieb ausübt.

     b   Entwicklung neuer Technologien, Globalisierung

76   Die moderne Arbeitswelt hat sich in den letzten Jahren stark geändert. Neue Arbeitszeitmodelle tragen diesen Veränderungen Rechnung.

77

neue Formen der Beschäftigung	Merkmale /Erläuterungen
geringfügiges Beschäftigungsverhältnis	zeitlich begrenzt, Arbeit im Niedriglohnbereich
Teilzeitarbeit	nicht die volle Zeit arbeitend, Arbeitszeit begrenzt bzw. reduziert
Zeitarbeit	Arbeitskräfte werden für einen bestimmten Zeitraum für ein bestimmtes Projekt ausgeliehen
freie Mitarbeit	keine feste Anstellung, Arbeit nach Bedarf
Telearbeit	ortsunabhängiges Arbeiten mittels moderner Informations- und Kommunikationstechnologien

78

	Vorteile	Nachteile
Arbeitnehmer	hat mehr Freizeit und flexiblere Arbeitszeit	hat weniger Verdienst
Arbeitgeber	kann Arbeitszeit an Arbeit angleichen	braucht mehr Mitarbeiter

79 Teamarbeit in der modernen Arbeitswelt erfordert ...

[X] gleiches Arbeitsengagement der Mitarbeiter.

[X] spezielle Fähigkeiten der einzelnen Mitarbeiter.

[X] Koordination in der Gruppe.

80 **a** Der Karikaturist zeigt drei Personen, die am Strand sitzen und ganz entspannt an ihren Laptops arbeiten.

b die Telearbeit

c Telearbeit ermöglicht das ortsunabhängige Arbeiten. Das wird in der Regel bedeuten, dass man von zu Hause aus arbeitet. Es ist aber genauso möglich, sich mit seinem Laptop auf eine Ferieninsel zu begeben und von dort aus zu arbeiten. Über Internet und Mobilfunk kann man auf alle nötigen Informationen zugreifen. Der Karikaturist überspitzt diese Möglichkeit in seiner Zeichnung.

81 **a** **Flexibilität** bedeutet, anpassungsfähig zu sein, sich auf unterschiedliche Situationen einstellen zu können, z. B. nicht auf eine Tätigkeit festgelegt zu sein.

Mobilität heißt, beweglich zu sein, an unterschiedlichen Orten zu arbeiten, unter Umständen auch für längere Zeit im Ausland.

Lifelong learning bedeutet lebenslanges Lernen. Das heißt, dass man sich nicht auf dem in der Ausbildung Erlernten ausruhen darf, sondern bereit ist, ständig Neues dazuzulernen.

b **Flexibilität:** Ein Arbeitnehmer ist z. B. flexibel, wenn er unterschiedliche Tätigkeiten beherrscht. Eine Sekretärin muss nicht nur schreiben können, sie muss auch Tabellenkalkulationen beherrschen.

Mobilität: Mobil ist ein Arbeitnehmer, der nicht dauerhaft ortsgebunden ist. Arbeiten an ausländischen Produktionsstätten z. B. setzt Mobilität voraus.

> **Lifelong learning:** Produktionsverfahren und Techniken entwickeln sich ständig weiter. Ein Kfz-Mechatroniker, der sich nicht weiterbildet, wird die neuesten Automodelle nicht mehr reparieren können, weil er den Anschluss an die technische Entwicklung verliert.

82 Damit ist gemeint, dass in Zukunft Arbeitnehmer nicht mehr ihr Leben lang in einer Firma beschäftigt sein werden, sondern dass sie von Zeit zu Zeit die Arbeitsstelle wechseln werden und es auch Zeiträume geben wird, in denen sie nicht arbeiten werden.

83 Diese Entscheidung wäre eher unklug. Die Arbeit heutzutage erfordert hohe Mobilität, d. h., wer seinen Arbeitsplatz behalten möchte, sollte bereit sein, auch an anderen Standorten seiner Firma zu arbeiten.

10 Die Bedeutung der Fort- und Weiterbildung

84 **a** Die moderne Gesellschaft und Arbeitswelt bringen für Arbeitnehmer wirtschaftliche, soziale und ökologische Herausforderungen mit sich.

b

Art der Herausforderung	Beispiel
Soziale Herausforderung	eigenständig für die Rente vorsorgen
Wirtschaftliche Herausforderung	im Ausland arbeiten
Ökologische Herausforderung	sich als Kaminkehrer weiterbilden, um Abgasmessungen durchführen zu können

85 Wer im Berufsleben fit bleiben will, muss sein Fachwissen immer wieder auf den neuesten Stand bringen. Er muss dazulernen und sich fortbilden, nur so kann er in seinem Job gute Leistungen erbringen.

86 individuelle Lösung

87 Bei der beruflichen Fort- und Weiterbildung geht es um die …

- ☒ Anpassung an technische Weiterentwicklungen.
- ☒ Weiterbildung zum beruflichen Aufstieg.
- ☒ berufliche Umschulung.

88

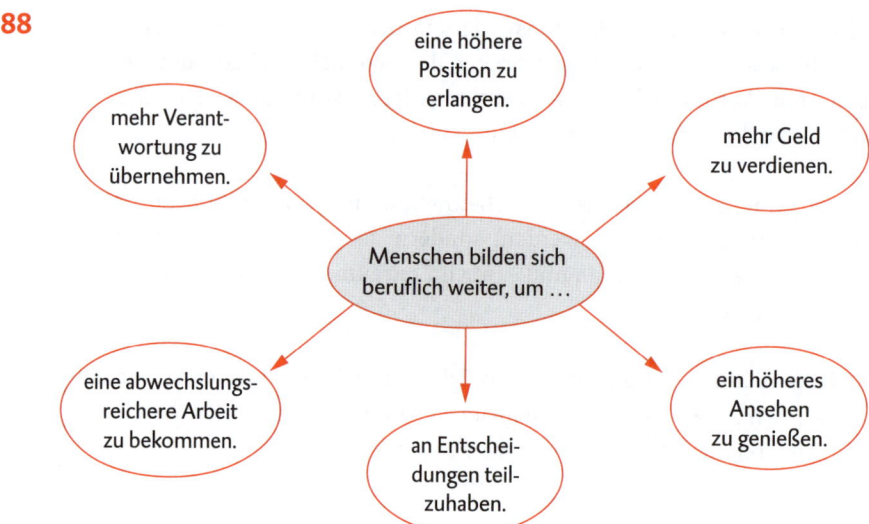

eine höhere Position zu erlangen.

mehr Verantwortung zu übernehmen.

mehr Geld zu verdienen.

Menschen bilden sich beruflich weiter, um …

eine abwechslungsreichere Arbeit zu bekommen.

an Entscheidungen teilzuhaben.

ein höheres Ansehen zu genießen.

89 In der Forstwirtschaft haben moderne Maschinen inzwischen die Arbeit der Holzfäller übernommen. Ein Forstarbeiter muss mit diesen Maschinen umgehen können, deshalb ist es wichtig, dass der Betrieb Anpassungsweiterbildungen für die Mitarbeiter durchführt.

90 Du könntest z. B. antworten: Du bist ziemlich naiv. Die Arbeitswelt entwickelt sich ständig weiter, es werden neue Technologien, neue Materialien und Werkstoffe, neue Arbeitstechniken und Maschinen eingeführt. Wer sich diesen Entwicklungen nicht anpasst, gerät fachlich schnell ins Hintertreffen und verliert womöglich seinen Job.

	trifft zu	trifft nicht zu
91 Die am häufigsten praktizierte Form der Weiterbildung ist das Lernen in externen Kursen.	X	
Ein Fünftel der Mitarbeiter in kleinen Betrieben mit weniger als 10 Beschäftigten bildet sich am Arbeitsplatz weiter.	X	
Mehr als 50 % aller Betriebe schicken ihre Mitarbeiter auf interne Lehrveranstaltungen.		X
Die am wenigsten praktizierte Form der betrieblichen Weiterbildung ist der Arbeitsplatzwechsel.	X	
Fast die Hälfte der Mitarbeiter aller Betriebe bildet sich durch selbstgesteuertes Lernen mithilfe von Medien weiter.		X

92

Fort- und Weiterbildung ist ein gewisser Schutz gegen Arbeitslosigkeit.

Ich stimme zu: ☒ ja ☐ nein

Begründung: In der Regel verlieren Ungelernte und gering Qualifizierte als Erste ihre Stellen. Gut qualifizierte Mitarbeiter sind wichtig für den Betrieb, ihnen wird daher nicht so schnell gekündigt. Gut Qualifizierte haben auch eine größere Chance, einen neuen Job zu finden.

93 Die in der ersten Ausbildungsphase erworbenen **Kenntnisse** und **Fähigkeiten** gilt es den neuen **Anforderungen** des Berufs **anzupassen**.
Um **wettbewerbsfähig** zu bleiben, **investieren** Unternehmen in das **Know-how** ihrer Mitarbeiter.
Für Arbeitnehmer wird es immer **wichtiger**, sich beruflich **weiterzubilden**. Sie leisten dadurch einen wichtigen Beitrag zur **Sicherung** ihrer **Arbeitsplätze**.

11 Problemgruppen auf dem Arbeitsmarkt

94 Menschen ohne Berufsausbildung, Langzeitarbeitslose, Arbeitslose, die über 50 Jahre alt sind, Menschen mit gesundheitlichen Einschränkungen, ausländische Arbeitnehmer, lediglich an Teilzeitbeschäftigung interessierte Arbeitnehmer gehören zu den sogenannten „Problemgruppen" des Arbeitsmarktes.

	trifft zu	trifft nicht zu
95 a Die Arbeitslosenquote von Menschen ohne Berufsabschluss war 2017 fast dreimal höher als die Arbeitslosenquote insgesamt.	☒	☐
Das geringste Risiko zur Arbeitslosigkeit tragen Hochschul- bzw. Fachhochschulabsolventen.	☒	☐
Die Arbeitslosenquote von Menschen mit Lehre bzw. Fachschulabschluss ist ähnlich hoch wie die Quote der Menschen ohne Berufsabschluss.	☐	☒

b In Ostdeutschland ist das Risiko als Geringqualifizierter arbeitslos zu werden noch sehr viel höher als in Westdeutschland. Die Arbeitslosenquote für Menschen ohne Berufsabschluss liegt dort bei 27,0 % und damit 10,4 % höher als in Westdeutschland. In allen angegebenen Bereichen ist die Arbeitslosenquote in Ostdeutschland höher als in Westdeutschland (insgesamt: Westdeutschland 5,4 %, Ostdeutschland 7,3 %).

96

sich ständig weiterbildet.

eine Berufsausbildung macht.

Vor Arbeitslosigkeit kann man sich nicht 100 %ig schützen, man kann aber vorsorgen, indem man …

flexibel bei den Arbeitszeiten ist.

die deutsche Sprache gut beherrscht.

97   [X] Frauen kümmern sich um die Kinder und die Hausarbeit.

[X] Frauen haben oft mit Familie und Beruf eine Doppelbelastung.

98   Das Risiko, arbeitslos zu werden, ist für einen **Ungelernten** wesentlich höher als für jemanden mit **Berufsausbildung**. Eine Berufsausbildung **verbessert** die Chancen auf dem Arbeitsmarkt erheblich. Bei Neueinstellungen werden Menschen mit einer Berufsausbildung ungelernten Kräften **vorgezogen**.

99   **a**   Die Arbeitslosenquote lag bei 4,9 %.

b   Bremen (10,0 %), Berlin (7,8 %), Sachsen-Anhalt (6,7 %), Mecklenburg-Vorpommern (6,5 %), Nordrhein-Westfalen (6,5 %), Saarland (6,2 %), Hamburg (6,1 %), Brandenburg (5,5 %), Sachsen (5,2 %), Thüringen (5,1 %),

c   Schleswig-Holstein (4,8 %), Hessen (4,3 %), Rheinland-Pfalz (4,2 %), Baden-Württemberg (3,2 %), Bayern (2,8 %)

d   Bei den Arbeitslosenzahlen lässt sich ein Ost-West-Gefälle, aber auch ein Nord-Süd-Gefälle feststellen. Die Arbeitslosenzahlen sind in den ostdeutschen Bundesländern und im Norden, in Bremen, am höchsten. Die niedrigsten Arbeitslosenquoten gibt es in den südlichen Bundesländern.

100

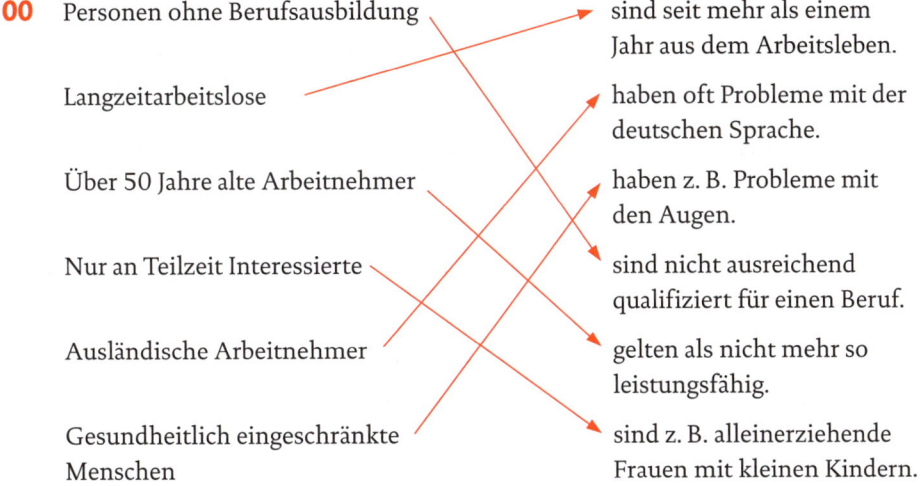

Personen ohne Berufsausbildung — sind seit mehr als einem Jahr aus dem Arbeitsleben.

Langzeitarbeitslose — haben oft Probleme mit der deutschen Sprache.

Über 50 Jahre alte Arbeitnehmer — haben z. B. Probleme mit den Augen.

Nur an Teilzeit Interessierte — sind nicht ausreichend qualifiziert für einen Beruf.

Ausländische Arbeitnehmer — gelten als nicht mehr so leistungsfähig.

Gesundheitlich eingeschränkte Menschen — sind z. B. alleinerziehende Frauen mit kleinen Kindern.

12 Aufbau eines Betriebs

101 Der Aufbau eines Betriebs richtet sich nach …

☒ seiner Größe.

☒ seinen Produkten.

102 Geschäftsleitung, Einkauf, Produktion, Absatz, Personal- und Rechnungswesen

103 **a** ~~Handwerksbetriebe bestehen in der Regel aus sechs Abteilungen.~~

    b ~~Die Eigenverantwortung ist dann besonders hoch, wenn Entscheidungen an höherer Stelle getroffen werden.~~

    c ~~Ein reibungsloser und erfolgreicher Betriebsablauf wird erst durch das eigenständige Wirken der einzelnen Abteilungen ermöglicht.~~

104 **a** und **b** vgl. S. 68

    c Während im traditionellen Unternehmensaufbau die Abteilungen hierarchisch gegliedert sind, sind die Bereiche im modernen Unternehmensaufbau besser miteinander verzahnt, der Informationsfluss kann so schneller und direkter erfolgen.

105

Abteilungen des Betriebs	Aufgaben
Beschaffung	stellt die benötigten Materialien zur richtigen Zeit und zu möglichst günstigen Preisen bereit
Unternehmensleitung	legt die betrieblichen Ziele fest
Produktion	muss für eine gute Qualität des Produkts sorgen
Unternehmensleitung	trägt Verantwortung für den Erfolg des Unternehmens
Absatz	soll möglichst viel von den hergestellten Produkten verkaufen
Produktion	muss Waren kostengünstig und termingerecht produzieren

106 Beim **traditionellen** Unternehmensaufbau sind die Abteilungen hierarchisch (von unten nach oben) gegliedert. In der **Geschäftsleitung** laufen alle Fäden zusammen, es muss aber bei Anweisungen und Vorschlägen immer die **nächsthöhere** Ebene eingeschaltet werden, die die Information bzw. Anweisung dann weitergibt.
Beim **modernen** Unternehmensaufbau sind die einzelnen Bereiche besser miteinander **verzahnt**. Es muss nicht alles von **unten** nach **oben** und umgekehrt weitergegeben werden. Der **Informationsfluss** erfolgt schneller und direkt. Die **Geschäftsleitung** wird trotz aller Überwachung für andere Aufgaben **frei**.

107

	Vorteile	Nachteile
Traditioneller Unternehmensaufbau	Unternehmensleitung immer beteiligt	wichtige Entscheidungen dauern zu lange; geringe Eigenverantwortung
Moderner Unternehmensaufbau	Entscheidungen laufen schnell und direkt ab; größere Eigen- und Gruppenverantwortung	Entscheidungen ohne Einbeziehung der Unternehmensleitung

108 Ein Unternehmer, der so eine Aussage macht, setzt das Überleben seines Betriebs aufs Spiel. Keiner kann alles allein machen. Oft haben Mitarbeiter gute Ideen, diese könnten sie dann nicht einbringen. Macht man seinen Mitarbeitern nur Vorschriften, dann sinkt ihre Arbeitsmotivation.

13 Grundaufgaben des Betriebs: Personalwesen und Rechnungswesen

109
☒ Personalplanung   ☒ Personalentwicklung
☒ Personalführung   ☒ Personalbetreuung
☒ Personalverwaltung   ☒ Personalbeschaffung

110

Abteilungen des Personalwesens	Tätigkeiten
Personalbeschaffung	gibt in der Zeitung Inserate mit Stellenausschreibungen auf
Personalbetreuung	bietet u. a. Kinokarten an
Personalplanung	entscheidet, ob Lehrlinge eingestellt werden
Personalentwicklung	regelt Weiterbildungsmaßnahmen
Personalführung	schlägt Mitarbeiter für Führungspositionen vor

111   **a**   Aufgabe des Rechnungswesens ist es, alle wirtschaftlichen Vorgänge in einem Betrieb, die sich wert- oder mengenmäßig ausdrücken lassen, zu erfassen und auszuwerten.

       b   Die Daten des Rechnungswesens dienen der Unternehmensleitung als Grundlage für zukünftige Geschäftsentscheidungen, zur Führung und Steuerung des Unternehmens.

112   Unter einer Investition versteht man den Einsatz von Geld zur Erhaltung, Verbesserung und Vermehrung von Produktionsmitteln oder Lagerbeständen. Beispiel: Eine Baufirma benötigt einen neuen Lkw. Für die Anschaffung muss sie Geld einsetzen, d. h. investieren.

113   Investitionen werden notwendig, wenn …
~~der Chef in Urlaub fliegen will~~.
~~die Steuern erhöht werden~~.

114   Ein Preis ist marktgerecht, wenn das Produkt nicht so **teuer** ist, dass Konkurrenten es zu einem **niedrigeren** Preis anbieten können. Zu **billig** darf das Produkt aber auch nicht sein, da man sonst eventuell **Verlust** macht.

115 Der **Preis/~~Markt~~** muss sich am ~~Preis~~/**Markt** orientieren. Verkauft sich das Produkt zum veranschlagten Preis schlecht (geringe Nachfrage), hat das Auswirkungen auf den Preis, er muss **~~heraufgesetzt~~/herabgesetzt** werden, um so wenigstens einen Teil der eingesetzten Mittel wieder herauszubekommen. Ist die Nachfrage hoch, kann der Preis **heraufgesetzt/~~herabgesetzt~~** und die Gewinnspanne des Betriebs vergrößert werden.

116 **a** Homepages

b Kapital

c Materialkosten

d Eigenmittel

117 Maschinen veralten und müssen irgendwann neu **angeschafft** werden. Der **Staat** erlaubt es den Betrieben, die Maschinen über ihre **Nutzungsdauer** verteilt mit einem bestimmten Betrag **abzuschreiben**, d. h., die **Steuerschuld** verringert sich jährlich um diesen **Abschreibungsbetrag**. Die **Abschreibung** soll es den Betrieben ermöglichen, mit den eingesparten **Steuern** neue Maschinen anzuschaffen.

118

Soll	Gewinn- und Verlustrechnung		Haben
Aufwendungen		Erträge / Erlöse	
Personalkosten	32 000 €	Umsatzerlöse	98 000 €
Materialaufwand	45 000 €	Zinserträge	13 000 €
Unterhaltskosten	15 000 €	Erträge aus Beteiligungen	18 000 €
Verwaltungskosten	22 000 €		
Zinsen für Fremdkapital	9 000 €		
Summe:	**123 000 €**	Summe:	**129 000 €**

Sein **Gewinn** beträgt **6 000 €**.

14 Mitbestimmung und Mitwirkung

119 **Wirtschaftlicher Konflikt:** Ein Betrieb soll ins Ausland verlegt werden, da dort die Produktionskosten günstiger sind.
Sozialer Konflikt: Entlassungen

120 **Zeitleiste**

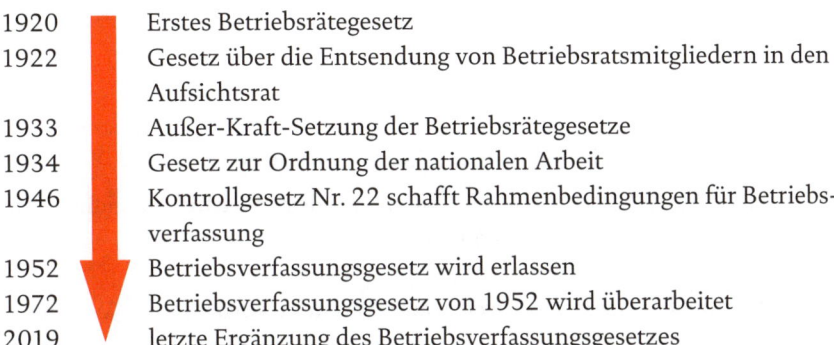

1920	Erstes Betriebsrätegesetz
1922	Gesetz über die Entsendung von Betriebsratsmitgliedern in den Aufsichtsrat
1933	Außer-Kraft-Setzung der Betriebsrätegesetze
1934	Gesetz zur Ordnung der nationalen Arbeit
1946	Kontrollgesetz Nr. 22 schafft Rahmenbedingungen für Betriebsverfassung
1952	Betriebsverfassungsgesetz wird erlassen
1972	Betriebsverfassungsgesetz von 1952 wird überarbeitet
2019	letzte Ergänzung des Betriebsverfassungsgesetzes

121 **a** Der Betriebsrat hat in folgenden Bereichen Mitbestimmungsrechte:
   ▶ bei bestimmten sozialen Angelegenheiten
   ▶ bei der Gestaltung des Arbeitsablaufes/der Arbeitsplatzumgebung
   ▶ bei Personalfragen
   ▶ bei wirtschaftlichen Angelegenheiten

   b **Fall 1:** soziale Angelegenheit (Arbeitszeitregelung)
   Fall 2: Gestaltung des Arbeitsablaufes und der Arbeitsplatzumgebung
   Fall 3: Personalfragen
   Fall 4: Wirtschaftliche Angelegenheiten (Betriebsverlagerung)

122 Aufgaben des Betriebsrats: Überwachung der Einhaltung und Umsetzung bestehender Gesetze und Vorschriften, Durchsetzung der Gleichstellung von Frauen und Männern, Förderung der Vereinbarkeit von Familie und Beruf, Unterstützung der Eingliederung Schwerbehinderter oder sonstiger besonders Schutzbedürftiger, Förderung und Sicherung der Beschäftigung im Betrieb

123 Eine Betriebsratswahl ist möglich, wenn es im Betrieb mindestens …
   ⊠ 5
   … wahlberechtigte Arbeitnehmer gibt.

124 Wählen darf, wer **18** Jahre alt ist. Wählbar ist, wer **18** Jahre alt ist und dem Betrieb mindestens seit **sechs** Monaten angehört.

125 $\boxed{X}$ nein

126 Der Betriebsrat kann …
<u>den Rechtsweg beschreiten und vor Gericht klagen</u>.

127 **a** 8 500 Mitarbeiter: **35** Vertreter

　　b 25 000 Mitarbeiter: **47** Vertreter

128 **a** JAV bedeutet Jugend- und Auszubildendenvertretung.

　　b Eine JAV kann gewählt werden, wenn mindestens **fünf** Jugendliche im Betrieb sind und diese unter **25** Jahre alt sind.

129 **a** Die Mitarbeiter sitzen am Tisch. Der Chef steht vorne an der Wandtafel und deutet mit dem Zeigestock darauf. Er überlässt seinen Mitarbeitern die Entscheidung, ob sie künftig einen roten oder lieber einen grünen Locher verwenden wollen.

　　b Der Karikaturist kritisiert die Haltung der Unternehmer, die die Mitbestimmung nicht ernst nehmen bzw. diese ins Lächerliche ziehen.

130 **a** In kleinen Betrieben fällt zu viel Arbeitszeit für Sitzungen des Betriebsrats aus, es gibt ohnehin einen direkten Kontakt zum Chef, da dieser ja jeden Arbeitnehmer persönlich kennt. Der Betriebsrat verzögert wichtige Entscheidungen des Unternehmens.

　　b Die Arbeitnehmer brauchen ein Sprachrohr gegenüber dem Chef, sie sind motivierter, wenn sie Mitspracherechte haben, und die Unternehmensleitung muss genau auf die Einhaltung bestimmter Rechte und Vorschriften achten.

131 **a** Unternehmer fühlen sich in ihrer Entscheidungsfreiheit eingeengt. Es geht bei wichtigen Entscheidungen unter Umständen viel Zeit verloren, wenn erst der Betriebsrat dazu gehört werden muss.

　　b Über die Betriebsräte haben die Gewerkschaften die Möglichkeit, Arbeitnehmerrechte in den Betrieben einzufordern und durchzusetzen.

15 Die volkswirtschaftliche Bedeutung eines Betriebs

132 Privateigentum an Produktionsmitteln, allgemeine Freiheitsrechte (wie Freiheit der Berufs- und Arbeitsplatzwahl, Gewerbefreiheit, Produktions-, Handels- und Konsumfreiheit und Vertragsfreiheit), rechtliche Regelung des Wettbewerbs

133 Ein Betrieb ist eine Arbeitsstätte, die mit Produktionsmitteln ausgestattet ist und in der Sachgüter und Dienstleistungen zur Bedürfnisbefriedigung der Menschen nach dem Prinzip der Wirtschaftlichkeit hergestellt werden.

134 Betriebe sind keine Wohlfahrtseinrichtungen, ihr oberstes Streben ist es, …

☒ Gewinn zu erzielen.

135 Ein Betrieb ist wichtig für den Staat, weil er …

	trifft zu	trifft nicht zu
die Umweltpolitik unterstützt.	☐	☒
Steuereinnahmen garantiert.	☒	☐
die Gesetzgebung erleichtert.	☐	☒
Arbeitsplätze schafft.	☒	☐

136 Straßenbau, Polizei, Schulen und Universitäten, Kindergärten

137 Ein Gewerbegebiet zerstört unter Umständen ökologisch bedeutsame Flächen. Eine Betriebsansiedlung bedeutet aber auch Arbeitsplätze für die Menschen, mehr Kaufkraft und mehr Steuereinnahmen für den Staat.

138 Autobahn und Autobahnanbindung, Bahnhof, Hafen, Flughafen

139 Die Menschen, die in den Betrieben arbeiten, wollen ihre Freizeit genießen. Qualifizierte Mitarbeiter sind viel eher bereit, umzuziehen, wenn es gute Freizeitangebote gibt. Freizeitangebote sind außerdem ein wichtiger Ausgleich zur Arbeit.

140 **a** Zum Beispiel: niedrigere Lohnkosten, niedrigere Grundstückspreise, niedrigere Energiepreise

b Zum Beispiel: qualifizierte Arbeitskräfte, gute Verkehrsanbindungen, Lebensqualität, stabile politische Lage

16 Ökologie und Ökonomie

141 Oft heißt es: Umweltschutz vernichtet Arbeitsplätze.

142 Das größte Wachstum verzeichnet u. a. die Umweltbranche.

143 Zum Schutz der Umwelt in Deutschland hat der Staat eine Reihe von Gesetzen und Verordnungen erlassen, an die sich die einzelnen Betriebe halten müssen. Die Vermeidung von Abfällen, Recycling und die schadlose Beseitigung von Abfällen wird im **Kreislaufwirtschaftsgesetz** geregelt. Die Verwendung von gewässerschädlichen Stoffen in Waschmitteln wird durch das sogenannte **Wasch- und Reinigungsmittelgesetz** eingeschränkt. Das **Benzinbleigesetz** verbietet bleihaltiges Normalbenzin und verpflichtet Tankstellen dazu, die Benzinqualität an den Zapfsäulen anzugeben.

144 Ein Zertifikat wie EMAS dient der Werbung für die Produkte durch Hinweis auf deren umweltfreundliche Herstellungsweise oder Eigenschaften.

145 Zum Beispiel: Abfallvermeidung, Abfallverwertung (Recycling), Abfallbeseitigung, Einsatz moderner Umwelttechnologien, umweltfreundliche Transportmittel

146 Umweltschutzbeauftragte in Betrieben, Städten und Gemeinden, Arbeitsplätze in der Entsorgungswirtschaft und in Betrieben für Umwelttechnik

147

Kooperationsprinzip	Umweltschutz ist Gemeinschaftssache: Bürger, Wirtschaft und Staat können in Zusammenarbeit umweltpolitische Ziele einvernehmlich durchsetzen.
Vorsorgeprinzip	Rohstoffe sollen möglichst sparsam verwendet bzw. wiederverwertet werden.
Verursacherprinzip	Der Verursacher muss die Sanierungskosten tragen.

148 Richtig ist, dass Umweltschutz den Betrieb einerseits Geld kostet, z. B. wenn teure Anlagen eingebaut werden müssen. Andererseits kann ein Betrieb durch Umweltschutz aber auch Geld sparen: Ein sparsamer Umgang mit Rohstoffen z. B. ist auf Dauer billiger. Durch ein positiveres Image bei Kunden können Produkte zudem besser verkauft werden.

149 Ja, ich kann dazu beitragen, dass Unternehmen der Forderung nach Produktverantwortung nachkommen, indem ich nur Produkte von Firmen kaufe, die ein Umweltzertifikat haben und umweltgerecht produzieren.

	trifft zu	trifft nicht zu
150 Müllvermeidung ist besser als Wiederverwertung.	X	
Der Lastwagen ist das umweltverträglichste Transportmittel.		X
Das Wasch- und Reinigungsmittelgesetz schützt die Gewässer.	X	
Missachtung von Umweltschutz hat keine negativen Folgen für einen Betrieb.		X
Umweltschutzbeauftragte arbeiten nur beim Staat.		X

17 Grundfunktionen einer Wohnung

151 Arbeit und Beruf beeinflussen die Wohnungswahl und den Wohnort. Denn von der Arbeitsstelle und dem Einkommen hängt es ab, welche Wohnung ich mir leisten kann und in welchen Ort oder Stadtteil ich ziehe.

152

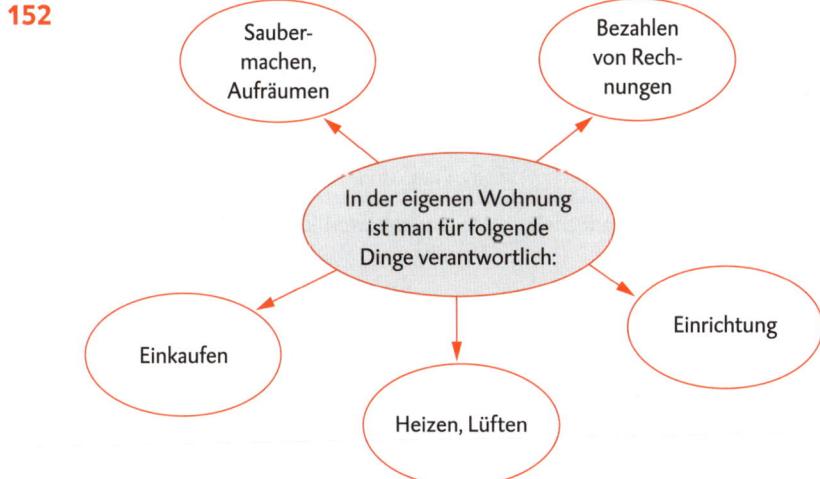

153 Eine Wohnung soll z. B. Raum geben zum Kochen, Essen, Waschen, Schlafen und Arbeiten.

154   Welche Räume zählen als Zimmer?

	ja	nein
Schlafzimmer	☒	☐
Flur	☐	☒
Kellerabteil	☐	☒
Bad	☐	☒
Wohnzimmer	☒	☐
Arbeitszimmer	☒	☐
Küche	☐	☒

155   Bei einer Zimmerhöhe unter 2 m darf nur noch die Hälfte der Fläche veranschlagt werden. Im vorliegenden Fall zählen bei 16 Quadratmetern 8 Quadratmeter ganz, die anderen 8 Quadratmeter müssen halbiert werden, denn nach 2 m beginnt die Dachschräge. Das Zimmer ist also mit 12 Quadratmetern zu berechnen.

156   **b**   Wohnung, die in einer ehemaligen Fabrikhalle oder Lagerhalle liegt

      c   Wohnung, die auf einem anderen Haus aufgesetzt ist

      a   Wohnung, bei der der Fußboden der Wohnung unterhalb der Erdoberfläche liegt

157   Die Heizkosten sind oft sehr hoch, da die Räume sehr hoch und die Fenster sehr groß sind. Zudem sind Altbauten oft schlecht isoliert.

158

Vorteile	Nachteile
Ich habe die Wohnung für mich ganz allein und muss auf niemanden Rücksicht nehmen.	Ich bin verantwortlich für die Reinigung, Heizung usw.
Ich kann meine Wohnung einrichten, wie ich will.	Ich muss Miete und Nebenkosten zahlen.
Ich muss beim Fernsehen, Musikhören nicht auf andere Rücksicht nehmen.	Ich muss mich um Reparaturen selber kümmern.
Ich bin mein eigener Herr.	Ich bin allein.

18 Von der Wohnungssuche bis zum Einzug

159 Mögliche Lösung:

Entscheidungskriterien	Begründung
[X] Größe	Ich brauche genügend Platz für mich und meine(n) Freund(in).
[X] Lage	Bei der Fahrt zur Arbeit dürfen zusätzlich keine hohen Fahrtkosten entstehen.
[X] Preis	Der Mietpreis muss für mich bezahlbar sein.

160
- ▶ Überblick über die Angebote auf dem Wohnungsmarkt verschaffen
- ▶ Wohnungsbesichtigungen durchführen
- ▶ Bezahlbarkeit der Wohnungsmieten überprüfen
- ▶ Standortfaktoren der verschiedenen Wohnungen vergleichen
- ▶ Vor- und Nachteile der Wohnungsangebote abwägen

161 Der Mieterschutzbund

162 [X] Tageszeitung
[X] Freunde, Bekannte
[X] Internet

163 **a** 1 629 Euro (alle Posten zusammengerechnet)

b Wenn sich Einnahmen und Ausgaben nur gerade noch die Waage halten, müsste man sich konsequent an die geplanten Ausgaben halten. Es kann aber immer zu unerwarteten Ausgaben kommen, dann wäre man sofort in Finanzierungsschwierigkeiten und auf die Hilfe der Eltern angewiesen. Darum solltest du zu den 1 629 Euro noch einen „Pufferbetrag" dazurechnen.

c Zum Beispiel: essen gehen, ins Kino gehen, ÖPNV statt eigenes Auto, Kosmetika, Schmuck, Tabakwaren, Bekleidung

164 [X] Wohnungsgröße in m^2
[X] Höhe der Miete
[X] Namen des Mieters und Vermieters

165 **a** Die Abkürzungen bedeuten:

Aufz.	Aufzug
App.	Appartement
KM	Kaltmiete
KT	Kaution
möbl.	möbliert
NK	Nebenkosten
OG	Obergeschoss
Prov.	Provision
ren.	renoviert

b ☒ Wohnung A

c

Wohnung A	
Pro	**Kontra**
günstigere Miete	tägliche Fahrtkosten nach Ingolstadt kommen hinzu
keine Kaution und keine Provision	
möbliert	Zeitaufwand für die Fahrt zur Arbeit nach Ingolstadt
renoviert	

Wohnung B	
Pro	**Kontra**
Lage in Ingolstadt	höhere Mietkosten
Aufzug	Kaution kommt noch dazu
sofort beziehbar	

d Wohnung A kostet insgesamt 430 Euro, Wohnung B 520 Euro. Rechnet man die Fahrt- und Fahrzeugkosten in Höhe von 120 Euro zur Miete von Wohnung A hinzu, so entstehen Kosten in Höhe von 550 Euro. Rein rechnerisch wäre dann die Wohnung B günstiger.

166 Nein, der Vermieter darf keine 1 350 Euro Kaution verlangen, denn die Kaution darf maximal drei Kaltmieten betragen (3 × 380 = 1 140 Euro).

167
1. gesicherte Mietzahlung
2. langes Mietverhältnis
3. sein Eigentum soll keinen Schaden nehmen
4. der Mieter muss sich an die Hausordnung halten

168 Kaltmiete (290 Euro) und Nebenkosten (290 : 100 × 25) ergeben zusammen 262,50 Euro. Das liegt über den geplanten Kosten. Ausschlaggebend ist, welche Obergrenze man seiner Finanzierung zugrunde gelegt hat.

Kaltmiete:	**290,00** Euro
Nebenkosten (25 % der Kaltmiete):	+ **72,50** Euro
Warmmiete:	= **362,50** Euro

Antwortsatz: Die Miete für dieses Zimmer kann ich mir **nicht** leisten, denn **die Miete liegt 12,50 Euro über dem geplanten Höchstbetrag**.

169 Hausratversicherung

170 2 ZKB, 50 qm, 3. OG, EBK, Blk., KM 380,– + NK 90,–
Hinzu kommen noch Angaben zum Ort und die Telefonnummer oder E-Mail-Adresse zur Kontaktaufnahme.

19 Aufgabenbereiche der Geldinstitute

171 Eine Bank ist ein kaufmännisch geführtes Unternehmen, das Dienstleistungen rund um das Geld erbringt.

172 **a** Bargeldloser Zahlungsverkehr, Geldanlagen, Bereitstellung von Krediten, Dienstleistungen und EDV-Service im Zusammenhang mit Bankgeschäften, Auslandsgeschäft

b Geldautomat, Kontoauszugsdrucker, Nachttresor, Schließfach

c Unter bargeldlosem Zahlungsverkehr versteht man das Übertragen von Zahlungsmitteln ohne Bargeld, z. B. das Überweisen von Rechnungen und das Bezahlen mit Bankkarte.

173

Bank	Träger
Sparkasse	**Kommunen (Gemeinden, Städte)**
Deutsche Bank	**Aktionäre**
Raiffeisenbank	**Genossenschaft**
Volksbank	**Genossenschaft**
Commerzbank	**Aktionäre**

174 ~~Privatbanken~~ ~~Genossenschaftliche Banken~~ Spezialbanken ~~Öffentliche Banken~~

175 Sparbuch, Festgeld, Aktien

176 Banken und Sparkassen nehmen die **Gelder** von Sparern gegen **Zinsen** an und geben **Gelder** gegen **Zinsen** an Unternehmen und Privatleute aus, damit diese **Investitionen** und **Anschaffungen** finanzieren können.

177 **a** Mit Girogeschäften bezeichnet man …

  $\boxed{X}$ Abrechnungsverkehr.

  $\boxed{X}$ bargeldlosen Zahlungsverkehr.

 b Depotgeschäfte sind …

  $\boxed{X}$ die Verwahrung und Verwaltung von Wertpapieren.

178 Er will damit sagen, dass im Bankgeschäft wesentlich mehr Geld verdient wird, als man bei einem Bankraub erbeuten kann.

179 Je geringer der Zinssatz ist, den eine Bank einem Sparer auf z. B. sein Sparbuch gewährt und je höher die Zinsen sind, die ein Kreditnehmer an die Bank bezahlen muss, desto größer ist der Ertrag der Bank.

20 Girokonto

180 $\boxed{X}$ ein Girokonto

181 Die Banken möchten so verhindern, dass jemand unter falschem Namen ein Konto eröffnet und Missbrauch damit treibt.

182 Wenn man einen Ausbildungsvertrag abgeschlossen hat und die Eltern dort mit Unterzeichnung des gebräuchlichen Vertragsvordrucks bereits eine entsprechende Ermächtigung zur Kontoeröffnung gegeben haben, braucht man die Zustimmung der Eltern nicht mehr.

183 H = Haben, also Einnahmen
S = Soll, also Ausgaben

184 Kontoauszüge bekommst du …

☒ mit der Post.

☒ am Kontoauszugsdrucker.

☒ über das Onlinebanking.

185 Da Lukas noch keine 18 Jahre alt ist, darf er sein Konto nicht überziehen. Er kann also nicht tanken fahren.

186 Zusätzlich zu ihren Ersparnissen von 250 Euro benötigt Marie für den Autokauf noch 1 500 Euro. Da Marie bereits volljährig ist, kann sie ihr Girokonto bis zum Dreifachen ihres Gehalts (1 650 Euro) überziehen. Demnach müsste sie das Geld von der Bank bekommen. Marie sollte aber bedenken, dass mit der Anschaffung eines Autokaufs noch weitere Kosten (Versicherung, Kfz-Steuer, Kraftstoff, Reparaturen …) auf sie zukommen. Sie sollte sich den Kauf daher gut überlegen und sich von ihrer Bank auch ausführlich über alternative Finanzierungsmöglichkeiten beraten lassen.

187 Nein, Svenja kann die falsche Abbuchung nicht mehr berichtigen. Da bereits sieben Wochen vergangen sind, hat sie den Abschluss rechtlich anerkannt. Sie hat die gesetzliche Frist von sechs Wochen versäumt.

188 **a** Der Zahlungsverkehr von Konto zu Konto erfolgt **bargeldlos**.

     b Alle Einnahmen auf dem Konto werden als **Haben** bezeichnet.

     c Um ohne Zustimmung der Eltern ein Konto eröffnen zu können, muss man mindestens **18** Jahre alt sein.

     d Einen Überblick über die laufenden Geldbewegungen auf dem Konto geben die **Kontoauszüge**.

     e Auszubildende müssen meist keine **Kontoführungsgebühren** bezahlen.

21 Zahlungsverkehr

189 **a** Überweisung, Dauerauftrag, Lastschrift, Scheck

     b Nein, Überweisungen sind nur dann die richtige Methode, wenn es sich um einmalige Zahlungen handelt.

190

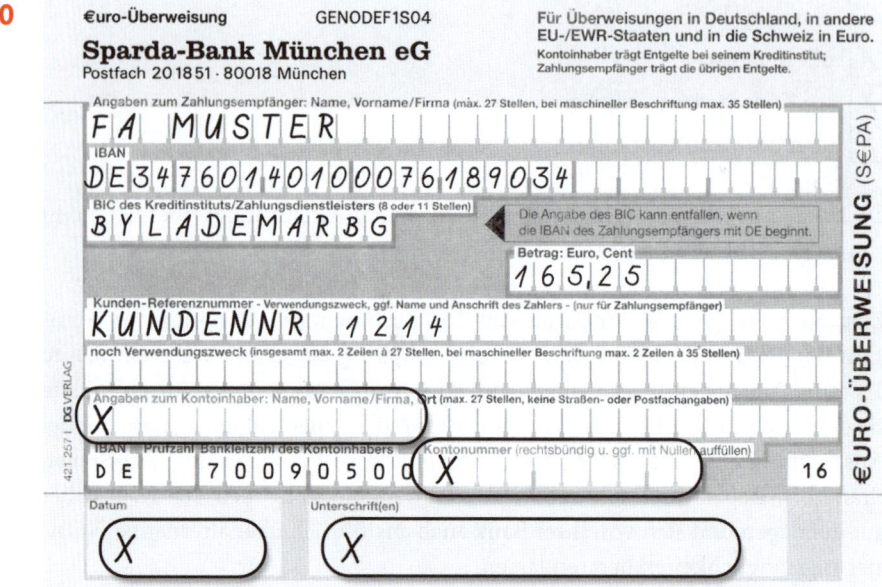

191 **a** Ein Dauerauftrag wird erteilt, wenn es sich um **gleichbleibende** Beträge an den **gleichen** Empfänger zu einem **bestimmten**, **wiederkehrenden** Termin handelt. Eine Lastschrift eignet sich für **regelmäßig wieder-kehrende** Zahlungen in **unterschiedlicher** Höhe.

b Man braucht keine Termine beachten. Man muss nicht jedes Mal einen neuen Überweisungsträger ausfüllen.

192 Ein Lastschriftmandat gehört zum ...

$\boxed{X}$ Lastschriftverfahren.

193 **a** Ja, da es sich um eine unberechtigte Abbuchung handelt.

b Die Bank kann nur innerhalb von acht Wochen Beträge zurückbuchen.

194 Folgende Nummern sind nötig: Die PIN (Persönliche Identifikationsnummer), um Zugang zum Konto zu erhalten, und die TAN (Transaktionsnummer), um Aufträge, z. B. Überweisungen, vorzunehmen.

195 Nachdem der Bankkunde die Auftragsdaten im Onlinebanking eingegeben hat, bekommt er die TAN per SMS auf sein Handy geschickt und kann damit den Vorgang freigeben.

196 Beim Barscheck erhält der Empfänger den Betrag von der Bank ausbezahlt oder kann ihn sich auf seinem Konto gutschreiben lassen. Beim Verrechnungsscheck kann der Betrag nur gutgeschrieben, nicht ausbezahlt werden. Der Vorteil des Verrechnungsschecks ist, dass man immer weiß, wessen Konto er gutgeschrieben wurde. Missbrauch wird so verhindert.

197

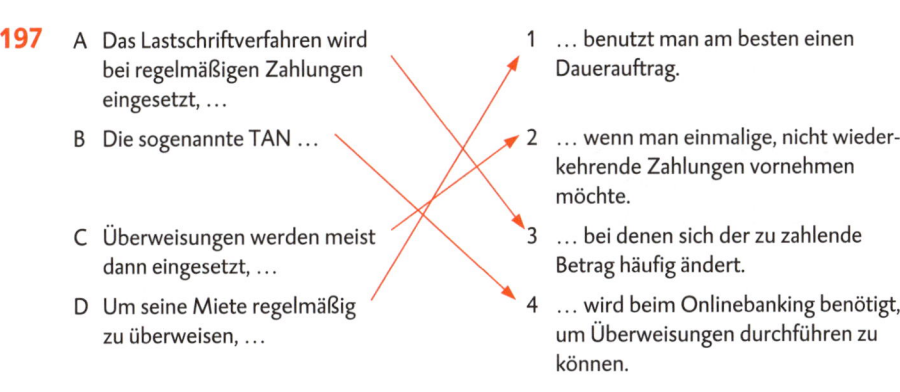

A Das Lastschriftverfahren wird bei regelmäßigen Zahlungen eingesetzt, …

B Die sogenannte TAN …

C Überweisungen werden meist dann eingesetzt, …

D Um seine Miete regelmäßig zu überweisen, …

1 … benutzt man am besten einen Dauerauftrag.

2 … wenn man einmalige, nicht wiederkehrende Zahlungen vornehmen möchte.

3 … bei denen sich der zu zahlende Betrag häufig ändert.

4 … wird beim Onlinebanking benötigt, um Überweisungen durchführen zu können.

A	B	C	D
3	4	2	1

22 Bankkarten

198 **a** Man unterscheidet Debitkarten und Kreditkarten.

b Bei der Debitkarte wird das Geld sofort abgebucht, bei der Kreditkarte in der Regel einmal monatlich.

c VISA, MasterCard, American Express, Diners Club

d Die Karte wird im Geschäft an einem Gerät gelesen, dann muss man seine PIN eingeben. Per Datenübertragung wird dann von der Bank geprüft, ob die PIN richtig, die Karte gültig und das Konto ausreichend gedeckt ist. Erst dann wird die Zahlung freigegeben. Als Kunde erhält man eine Quittung, der Betrag wird vom Konto abgebucht.

199 Da Simon noch keine 18 Jahre alt ist, kann er sein Konto nicht überziehen. Die Zahlung per Debitkarte wird abgelehnt.

200 **a** Karte und PIN genügen, um in Geschäften, Tankstellen, Kaufhäusern und Restaurants bargeldlos zu bezahlen.

d Mit der Geheimnummer kann man seine Karte am Geldautomaten aufladen und anschließend bargeldlos bezahlen. Dabei wird der Betrag vom Chip der Karte abgezogen.

c Kleinbeträge bis 20 Euro können kontaktlos und ohne PIN-Eingabe oder Unterschrift bezahlt werden.

b Mit Bankkarte und PIN (oder Unterschrift) kann mit diesem Symbol weltweit bargeldlos bezahlt werden.

201 Auf eine Karte mit Geldkartenfunktion kann man einen Geldbetrag bis 200 Euro laden. An Fahrkartenautomaten z. B., die diese Karte akzeptieren, kann man so bargeldlos bezahlen.

202 **a** Bei der Debitkarte überprüft die **Bank**, ob die Zahlung erfolgen kann.

b Als „elektronischen Geldbeutel" bezeichnet man die **Geldkarte**.

c Auch außerhalb der Öffnungszeiten kann man bei einer Bank am **Geldautomaten** Geld abheben oder seinen Kontostand überprüfen.

d Damit man im Geschäft per Debitkarte bezahlen kann, werden die dafür benötigten Daten auf dem **Chip** der Karte gespeichert.

e Neben einem Mindestalter von **18** Jahren muss man ein regelmäßiges **Einkommen** nachweisen, um eine Kreditkarte beantragen zu können.

f PIN bedeutet **Persönliche Identifikationsnummer**.

203 Nein, Sarah kann den Rat ihrer Tante nicht befolgen, denn sie ist noch keine 18 Jahre alt und hat, da sie noch zur Schule geht, wahrscheinlich auch kein regelmäßiges Einkommen.

204

Vorteile
Man braucht kein Bargeld bei sich zu tragen.
Sie ist klein und handlich.
Man hat immer „Geld" dabei.

Nachteile
Man verliert leicht den Überblick über seine Ausgaben.
Man kauft vieles sehr viel schneller, da man ja „Geld" dabei hat.
Verliert man die Karte, ist ein Missbrauch nicht ausgeschlossen.
Meiner Meinung nach
individuelle Lösung

23 Sorten- und Devisengeschäfte

205 ☒ In Deutschland gilt der Euro seit dem 1. 1. 2002 als neue Währung.
☒ Am 1. 1. 2015 hat auch Litauen den Euro eingeführt.

206 19

207 Sorten sind ausländisches Bargeld, Devisen sind ausländisches Buchgeld.

208 ☒ Der Wechselkurs wird ermittelt aus Angebot und Nachfrage.

209 280 USD ($250 \times 1,12 = 280$)
215 GBP ($250 \times 0,86 = 215$)
30 260 JPY ($250 \times 121,04, = 30\,260$)

210
▶ Die amerikanische Währung: US- … **D**ollar
▶ Die europäische Gemeinschaftswährung **E**uro
▶ Eine Genossenschaftsbank **V**olksbank
▶ Dort galt früher die Lira **I**talien
▶ Bezeichnung für ausländisches Bargeld **S**orten
▶ Eine Kreditkartenmarke: American … **Ex**press
▶ Anderer Name für Holland **N**iederlande

24 Möglichkeiten der Geldanlage

211 **a** Welchen Ertrag bringt die Anlage? Welche Sicherheit ist gegeben? Wie ist es um die Verfügbarkeit bestellt?

b Wie schnell kann ich an das Geld kommen? Also die Verfügbarkeit.

212 Ja, denn bis zu 2 000 Euro können im Monat abgehoben werden.

213 Bei Festgeld gilt: Je **länger** die Laufzeit, desto **höher** die Zinsen.

214 Mit Aktien kann man den größten Gewinn, aber auch den größten Verlust machen. Das hängt davon ab, wie sich der Kurs der Aktie entwickelt, d. h., wie hoch die Leistungskraft des Unternehmens eingeschätzt wird.

215 **a** ☒ der Bund

b Festverzinsliche Wertpapiere sind Kredite, die in diesem Fall dem Bund zur Verfügung gestellt werden. Dafür bekommt man vom Bund Zinsen und erhält nach Ende der Laufzeit die ganze Summe zurück.

216 **a** Bausparverträge schließt man mit dem Ziel ab, ein Haus oder eine Wohnung zu kaufen, zu bauen oder zu renovieren.

b 4 000 Euro müssen angespart werden (= 40 % des Bausparvertrags).

c 6 000 Euro sind ein Darlehen.

217 Vorteile:
▶ Im Todesfall sind die Hinterbliebenen abgesichert.
▶ Man erhält eine größere Summe Geld auf einmal oder eine festgelegte monatliche Rente.
Nachteile:
▶ Der Auszahlungsbetrag wird teilweise durch den hohen Kostenanteil für die Absicherung im Todesfall reduziert.
▶ Geld ist während der Laufzeit in der Regel nicht verfügbar.

218 **a** Sparbriefe …

☒ besitzen eine festgelegte Laufzeit mit fester Verzinsung.

b Festverzinsliche Wertpapiere …

☒ sind z. B. ein Kredit an den Bund.

219 Die Möglichkeit zu sparen hängt vom Einkommen und von den festen Ausgaben ab. Man kann nur so viel sparen, wie nach Abzug der festen Kosten vom Einkommen übrig bleibt.

220

L	A	C	O	**D**	I	**K**	**U**	**R**	**S**	L	**L**	D
X	F	I	K	**I**	G	S	M	**Z**	R	T	**A**	H
D	**B**	L	M	**V**	X	F	K	**I**	U	B	**U**	S
R	**A**	**K**	**T**	**I**	**E**	**N**	L	**N**	M	F	**F**	V
S	**U**	R	U	**D**	A	N	L	**S**	P	I	**Z**	B
T	**S**	**E**	**F**	**E**	**S**	**T**	**G**	**E**	**L**	**D**	**E**	G
A	**P**	R	V	N	M	**K**	I	**N**	H	G	**I**	O
Q	**A**	T	W	**D**	I	**O**	E	C	F	K	**T**	L
W	**R**	R	X	**E**	L	**N**	Z	D	R	M	J	U
A	**E**	**A**	Z	A	N	**T**	**R**	**I**	**S**	**I**	**K**	**O**
T	**N**	**G**	D	B	M	**O**	K	G	S	C	M	Z

221 **a** Sie sparen für die Altersvorsorge, für den Konsum, für Wohneigentum, für Kapitalanlagen, für den Notgroschen und für die Ausbildung der Kinder.

	richtig	falsch
b Ein Viertel der Sparer legt Geld für die Ausbildung der Kinder zurück.	☐	☒
Den Menschen ist das Sparen für Konsum wichtiger als das Sparen für Wohneigentum.	☒	☐
Rund zwei Drittel der Befragten sorgen für das Alter vor.	☐	☒
Sparen für Konsumzwecke ist den Menschen genauso wichtig wie die Altersvorsorge.	☒	☐
Über ein Viertel der Befragten spart in Form einer Kapitalanlage.	☒	☐

25 Kreditarten

222 **a** Der Kreditnehmer muss kreditfähig und kreditwürdig sein.

b Kreditfähig ist man, wenn man 18 Jahre alt und voll geschäftsfähig ist. Kreditwürdig ist man, wenn man persönlich und wirtschaftlich in der Lage ist, den Kredit zurückzubezahlen.

223 Für das Geld auf dem Sparkonto **zahlen** Banken Zinsen, für den Kredit **berechnen** sie Zinsen. Der Begriff **Kredit** leitet sich vom lateinischen „credere" ab. Zur Finanzierung eines Grundstücks nimmt man einen **Realkredit** auf. Bei einem **Ratenkredit** werden der Zinssatz und die Rückzahlungsrate bei der Kreditaufnahme für die Laufzeit des Kredits festgelegt. Bei einem **Dispositionskredit** werden keine festen Rückzahlungsraten vereinbart.

224 Dispositionskredit, Ratenkredit, Realkredit, Avalkredit

225 Bei einem Ratenkredit werden ein fester Zinssatz und eine feste Rückzahlungsrate vereinbart, die Laufzeit ist in der Regel auf maximal 72 Monate begrenzt.

226 Die Sicherheit bei Realkrediten ist für die Bank wesentlich höher.

227 **a** ▶ zu viele Kredite aufgenommen
  ▶ bei Kredithaien zu überhöhten Zinsen Schulden gemacht
  ▶ unkontrolliert mit der Kreditkarte bezahlt
  ▶ arbeitslos geworden
  ▶ Scheidung
  ▶ Krankheit

b Hilfe bei Überschuldung bieten die Schuldnerberatungsstellen der Verbraucherzentralen.

228 **a** 6,93 Mio. Menschen; etwa jeder zehnte Deutsche

b Die häufigsten Ursachen sind Arbeitslosigkeit (20 %); Erkrankung, Sucht, Unfall (15,8 %); Trennung, Scheidung, Tod des Partners (13,1 %).

229 Dein Onkel verdient vermutlich ganz gut und zwei Wochen sind eine überschaubare Zeit. Du kannst ihm bei dieser noch dazu geringen Höhe des Betrags zu einem Dispositionskredit raten.

230   Das Familienfest

Deine Mutter hat Geburtstag und alle Verwandten sind eingeladen. „Na, was habt ihr denn heute so in der Schule gemacht?", fragt dich dein Onkel Tom. „Wir schreiben nächste Woche eine Arbeit über Geld: Zahlungsverkehr, Sparen und so weiter. Heute haben wir über Kredite gesprochen." Weißt du denn, woher das Wort ‚Kredit' eigentlich kommt?", will deine Tante Susanne wissen. „Klar weiß ich das!", erwiderst du leise lächelnd. „Das Wort stammt vom lateinischen Begriff **credere** ab, was so viel wie *vertrauen auf*, *glauben bedeutet*." „Stimmt", wirft dein Opa ein. „Über welche Kreditarten habt ihr denn bislang gesprochen?" „Heute haben wir besonders ausführlich über den **Realkredit** gesprochen. So einen Kredit nimmt man in Anspruch, wenn man ein Haus oder ein Grundstück kaufen möchte. Bei dieser Art von Kredit sichert die Bank sich ab, indem der Kreditnehmer seine **Immobilie** verpfändet. Diese kann die Bank verkaufen, wenn der Kreditnehmer seinen Kredit nicht zurückzahlen kann."

„Und welcher Kredit kommt am häufigsten vor?", fragt dich dein Großvater. „Das ist der **Dispositionskredit**", antwortest du. „Für diesen Kredit zahlt man nur **Zinsen**, wenn man ihn in Anspruch nimmt." „Richtig", sagt dein Opa. „Man sollte diesen Kredit aber nur kurzfristig nutzen, da die **Zinsen** recht hoch sind. Wenn man sich etwas kaufen möchte wie beispielsweise neue Möbel, sollte man sich bei seiner Bank nach einem **Ratenkredit** erkundigen. Bei diesem Kredit werden ein fester **Zinssatz**, eine bestimmte **Kreditsumme** und eine **Rückzahlungsrate** festgelegt. Meistens läuft solch ein Kredit maximal **72** Monate. Auch hier gilt: Vergleichen lohnt sich!

„Ich habe jetzt auch einen Kredit aufgenommen", schaltet sich deine älteste Cousine Alexandra ein. „Wie du ja weißt, bin ich nach Köln gezogen und habe da eine neue Wohnung. Da mir das Geld für die Mietkaution fehlte, habe ich bei meiner Bank einen **Avalkredit** beantragt." „Darüber haben wir auch schon im Unterricht gesprochen", erwiderst du. „Die Bank verpflichtet sich hier gegenüber dem Vermieter, den im Aval genannten Betrag zu zahlen, wenn der Mieter seinen Mietverpflichtungen nicht nachkommt. Der Kreditnehmer muss weder **Zinsen** noch **Kreditraten** bezahlen, sondern nur eine **Provision**."

„Alle Achtung!", sagt dein Opa lächelnd. „Wegen der Klassenarbeit nächste Woche brauchst du dir keine Sorgen zu machen – du kannst ja schon alles!"

„Na, jetzt lass dich von Opa mal nicht auf den Gedanken bringen, dass du nicht mehr für die Arbeit lernen müsstest!", entgegnet dein Vater grinsend. „Ist schließlich noch kein Meister vom Himmel gefallen!"

„Und jetzt wird erst einmal gegessen!", sagt deine Mutter. „Für das Essen mussten wir zum Glück nicht extra einen Kredit aufnehmen!"

26 Kurze Geschichte des Geldes

231 Tauschmittel, Wertaufbewahrungsmittel, Recheneinheit

232
6	Buchgeld	2	Naturalgeld
3	Hack- oder Wägegeld	1	Naturaltausch
4	Münzgeld	5	Papiergeld

233 Probleme tauchen dann auf, wenn jemand Dinge braucht, die der Tauschpartner nicht hat. Beispielsweise wenn einem Fischer Felle angeboten werden, er aber eigentlich ein Netz braucht.

234 Es musste klein und handlich sein, leicht zu transportieren und durfte nur in begrenzter Menge zur Verfügung stehen.

235 **a** Wenn man wertvolle Dinge zu bezahlen hatte, dann brauchte man viele Münzen. Diese zu transportieren, war sehr schwierig, da sie ein großes Gewicht hatten. Außerdem war es sehr umständlich, Münzen für große Beträge abzuzählen.

　　　b Papiergeld erhält seinen Wert mit der Garantie des Staates, die den Wert der Scheine gewährleistet.

236 Heute müssen große Mengen an Geld sehr schnell über weite Strecken gebucht werden. Mithilfe von unsichtbarem Buchgeld wurde somit der bargeldlose Zahlungsverkehr eingeführt.

237 **a** Metallstücke mit Prägungen heißen **Münzen**.

　　　b Der Wert unseres Geldes wird garantiert vom **Staat**.

　　　c Das Münzsystem wurde von den **Lydern** erfunden, verfeinert wurde es von den Griechen und **Römern**.

　　　d Fischer tauschten Forellen gegen Harpunen oder Fangnetze. Das nennt man **Naturaltausch**.

　　　e Geld, das bargeldlos bewegt wird, heißt **Buchgeld**.

238

Beispiel	Funktion des Geldes
Du bekommst von deinen Großeltern ein Sparbuch mit 500 Euro Einlage zum Geburtstag geschenkt.	**Wertaufbewahrungsmittel**
Du kaufst dir für 450 Euro ein neues Mofa.	**Tauschmittel**
Für zwei Stunden Gartenarbeit erhältst du 20 Euro gutgeschrieben.	**Wertmesser**

239 Die Aussage ist sehr naiv. Bar bezahlen kann man kleinere Einkäufe, in Restaurants oder den Eintritt ins Kino. Schwieriger wird es bei größeren Beträgen. Ein Auto mit 20 000 Euro bar zu bezahlen, wäre sehr leichtsinnig und riskant. Gänzlich unmöglich wird es bei großen Summen wie z. B. beim Hauskauf.

27 Wirtschaftssysteme

240 Art des Eigentum, Planung und Lenkung, Preisbildung, Öffnung gegenüber anderen Volkswirtschaften

241 Sozialismus ⟶ Marktwirtschaft

Kapitalismus ⟶ Planwirtschaft/Zentralverwaltungswirtschaft

242 Als Marktwirtschaft wird ein **arbeitsteilig** organisiertes Wirtschaftssystem bezeichnet, dessen zentraler Aspekt das Zusammentreffen von **Angebot** und **Nachfrage** auf **Märkten** ist.

243 Folgende Merkmale gehören zur Marktwirtschaft:

- [X] Gewerbefreiheit
- [X] Recht auf freie Berufswahl
- [X] Freie Preisbildung
- [X] Freier Wettbewerb

244 Ein Unternehmen, das schlechte Waren produziert, wird sich auf dem Markt nicht behaupten können. Die Kunden kaufen bei einem anderen Anbieter, der bessere Qualität liefert. Zu hohe Preise umgehen die Verbraucher, indem sie bei günstigeren Anbietern kaufen. Ein Unternehmen muss also qualitativ gute und im Preis angemessene Waren auf den Markt bringen, da es ansonsten zu wenig verkauft. Der freie Wettbewerb trägt somit zur Verbesserung des Preis-Leistungsverhältnisses und der Qualität bei.

	trifft zu	trifft nicht zu
245 Je größer das Angebot, desto höher der Preis.		X
Je kleiner das Angebot, desto höher der Preis.	X	
Je größer das Angebot, desto niedriger der Preis.	X	
Je kleiner das Angebot, desto niedriger der Preis.		X

246 Es können sich Kartelle und Monopole bilden; es kann zu einer stark ungleichen Einkommensverteilung kommen.

247 Verstaatlichung der Produktionsmittel und Betriebe, zentrale Steuerung der Wirtschaft, staatliche Festlegung von Preisen und Löhnen

248 In einer Zentralverwaltungswirtschaft wird von einer Zentrale (Staat) für einen längeren Zeitraum vorgegeben, was, wann, in welcher Menge und in welchem Zeitraum produziert wird.

28 Die Soziale Marktwirtschaft

249 Ludwig Erhard wollte größtmögliche wirtschaftliche Freiheit mit sozialer Gerechtigkeit vereinbaren.

250 Freizügigkeit, Niederlassungsfreiheit, freie Konsumwahl, Garantie des Privateigentums, Gewerbefreiheit

251 Der Staat greift ein, wenn …

X Freiheiten missbraucht werden.

X Menschen unverschuldet in Not geraten.

252 a Wirtschaftswachstum

b Gerechte Einkommensverteilung

c Vollbeschäftigung

d Außenwirtschaftliches Gleichgewicht

e Preisstabilität

f Umweltschutz

253 Der Staat kann durch Gesetze eingreifen.

254

G	D	P	R	I	V	A	T	E	I	G	E	N	T	U	M
K	F	N	R	S	O	P	W	X	U	L	H	D	M	V	J
L	J	G	D	Z	L	E	W	S	M	A	R	K	T	I	Z
H	F	N	S	O	L	T	A	Q	W	P	Z	B	U	P	K
G	E	W	E	R	B	E	F	R	E	I	H	E	I	T	L
G	Y	S	T	Z	E	P	I	N	L	L	H	M	V	N	S
K	H	O	R	T	S	U	N	M	T	Z	V	M	L	P	A
F	D	Z	I	M	C	X	P	I	S	W	A	F	K	I	T
J	G	I	E	R	H	A	R	D	C	L	O	H	A	W	V
L	K	A	T	W	A	O	E	U	H	A	S	T	K	I	O
K	D	L	T	Z	E	O	I	D	U	S	A	N	O	Z	O
H	D	G	R	X	F	U	S	R	T	W	A	M	N	R	C
H	D	E	O	M	T	W	A	X	Z	R	X	J	S	U	O
R	X	S	Z	T	I	T	H	M	C	G	A	W	U	L	K
L	K	E	T	U	G	T	M	C	H	A	X	F	M	K	H
E	W	T	K	A	U	L	U	M	A	X	F	T	W	M	V
I	U	Z	A	S	N	G	E	W	E	R	B	E	U	T	M
W	B	E	M	L	G	L	O	U	A	D	F	Y	M	T	D

255 Nein, es gibt Ziele, die miteinander in Konflikt geraten können. Ein Beispiel wären die Ziele wirtschaftliches Wachstum und Umweltschutz. Wirtschaftswachstum bedeutet höheren Verbrauch (z. B. Energie), höherer Verbrauch bedeutet aber verstärkte Umweltbelastung.

29 Vollbeschäftigung und Arbeitslosigkeit

256 Jeder Bürger hat nach dem Grundgesetz das Recht …

☒ darauf, einen Arbeits- oder Ausbildungsplatz frei zu wählen.

257 ▸ Am Wohnort oder in der näheren Umgebung gibt es den Wuncharbeits- oder Wunschausbildungsplatz nicht.
▸ Wunschberuf und persönliche Voraussetzungen passen nicht zusammen.
▸ Aufgrund der Wirtschaftslage stehen zu wenige Ausbildungs- und Arbeitsplätze zur Verfügung.

258 konjunkturelle, strukturelle, saisonale und friktionelle Arbeitslosigkeit

259 Die Arbeitslosigkeit, die zwischen der Kündigung und dem Neuanfang in einer anderen Stelle entsteht, nennt man **friktionelle** Arbeitslosigkeit.

260 **a** Die Arbeitslosigkeit war im Jahr 2005 mit 4,86 Millionen Arbeitslosen am höchsten.

b Die Arbeitslosenquote ist von 7,3 % im Jahr 1991 auf 11,7 % im Jahr 2005 gestiegen und danach wieder auf 5,0 % im Jahr 2019 gesunken (Zahl für 2019: Prognose).

c 1991–1994, 1995–1997, 2001–2005, 2008–2009, 2012–2013: Anstieg der Arbeitslosigkeit
1994–1995, 1997–2001, 2005–2008, 2009–2012, 2013–2019: Rückgang der Arbeitslosigkeit

261 ☒ Bei einem Abschwung gehen Arbeitsplätze verloren.
☒ Bei einem Aufschwung werden mit einer zeitlichen Verzögerung Arbeitsplätze geschaffen.

262 Als Konjunktur bezeichnet man …
~~die Wirtschaftspolitik eines Landes~~.

263 Die saisonale Arbeitslosigkeit ist eine Form der Arbeitslosigkeit, die durch jahreszeitliche Änderungen der Nachfrage ausgelöst wird. Saisonale Arbeitslosigkeit gibt es hauptsächlich im Baugewerbe, in der Landwirtschaft (Erntehelfer) und im Fremdenverkehr.

264 Die Lohnkosten in der Textilindustrie sind in Deutschland sehr hoch. Dadurch waren die deutschen Textilprodukte viel teurer als die ausländischer Unternehmen. Um zu wettbewerbsfähigen Preisen zu kommen, hat man die Arbeitsplätze z. B. nach Asien verlagert. Die Textilherstellung wurde dadurch billiger, die Arbeitsplätze gingen aber in Deutschland verloren.

265 **a** Die Arbeitslosigkeit kostete den deutschen Staat im Jahr 2017 gut 53 Milliarden Euro.

      b Arbeitslose bedeuten für den Staat zum einen **Ausgaben** und zum anderen **Mindereinnahmen**.

      c Als Mindereinnahmen bezeichnet man Einnahmen, die dem Staat dadurch entgehen, dass ein erwerbsfähiger Bürger nicht arbeitet. Sie ergeben sich aus niedrigeren Sozialbeiträgen zur Renten-, Kranken-, Pflege- und Arbeitslosenversicherung, denn die Beiträge für arbeitslose Leistungsempfänger sind geringer als jene, die aus einem Arbeitseinkommen bezahlt werden. Außerdem nimmt der Staat weniger Steuern (z. B. Einkommens- bzw. Lohnsteuer, Umsatz- bzw. Mehrwertsteuer) ein.

266 ▶ guter Schulabschluss
      ▶ Ausbildung
      ▶ Fort- und Weiterbildung
      ▶ Umschulung
      ▶ Kontaktaufnahme zur Bundesagentur für Arbeit

267 Direkte Maßnahmen des Staates zur Bekämpfung der Arbeitslosigkeit sind …
      [X] Berufsberatung an Schulen.
      [X] Umschulungsmaßnahmen.
      [X] Angebote der Bundesagentur für Arbeit.
      [X] Arbeitsbeschaffungsmaßnahmen.

268 Indirekte Maßnahmen gegen die Arbeitslosigkeit sind die **Förderung** des **Wirtschaftswachstums** und Maßnahmen zur Verbesserung der **Wettbewerbsfähigkeit**.
Konkrete Maßnahmen der Bundesregierung zur indirekten Bekämpfung der Arbeitslosigkeit sind die Senkung der **Lohnnebenkosten** und **Steuerermäßigungen** für Unternehmen.

30 Soziale Sicherung

269 Als soziales Netz bezeichnet man die fünf großen Sozialversicherungen und staatliche Leistungen wie Wohngeld, Kinder- und Elterngeld sowie Sozialhilfe. Wie mit einem Netz beim Turnen sollen so die Menschen aufgefangen werden, die unverschuldet in soziale Not geraten, weil sie krank werden, ihre Arbeit verloren haben oder alt sind und nicht mehr arbeiten können.

270 So wird ein Ausgleich geschaffen ...
- ▸ zwischen **Jung** und Alt,
- ▸ zwischen Gesunden und **Kranken**,
- ▸ zwischen gut und **weniger** gut Verdienenden.

271 Arbeitslosenversicherung, Krankenversicherung, Pflegeversicherung, Rentenversicherung, Unfallversicherung

272 **a** Aufgaben der Krankenversicherung sind Vorbeugung, medizinische Hilfe im Krankheitsfall und finanzielle Unterstützung bei längerer Arbeitsunfähigkeit.

       b Die Rentenversicherung bietet neben der Rente noch finanziellen Schutz bei einer Gefährdung oder einer Minderung der Erwerbsfähigkeit (z. B., wenn man durch eine Krankheit erblindet).

273 Mitglied einer Pflegeversicherung wird man ...

       ☒ automatisch, wenn man einer gesetzlichen Krankenversicherung angehört.

274 **a** Arbeitslosengeld I erhalten Arbeitslose in der Regel in den ersten 12 Monaten der Arbeitslosigkeit. Arbeitslosengeld II erhalten erwerbsfähige Personen zwischen 15 und 65 bzw. 67 Jahren, die ihren Lebensunterhalt nicht selbst bestreiten können.

       b Das ALG II für eine alleinstehende Person beträgt 424 Euro.

       c Die Partner erhalten jeweils 382 Euro.

275

Leistung	Sozialversicherung
Blinddarmoperation	Krankenversicherung
Ambulante Pflegehilfe für Oma	Pflegeversicherung
Rente für den nach einem Arbeitsunfall arbeitsunfähigen Onkel	Unfallversicherung
Polio-Impfung	Krankenversicherung
Arbeitslosengeld	Arbeitslosenversicherung
Reha nach Betriebsunfall	Unfallversicherung
Rente für Opa	Rentenversicherung

276 Die Rentenversicherung hat große Probleme, weil immer weniger Beschäftigte die Renten für immer mehr Rentner bezahlen müssen. Das System, das auf dem Generationenvertrag basiert, funktioniert aufgrund des demografischen Wandels nicht mehr.

277 Die Unfallversicherung bietet Schutz …
- ▶ bei Arbeitsunfällen, Wegeunfällen (zur Arbeit) und Berufskrankheiten
- ▶ für alle Arbeitnehmer und Auszubildenden.

278 Die Unfallversicherung wird allein vom Arbeitgeber bezahlt.

279 Sozialstaatsgebot heißt, dass der Staat seinen Bürgern in Notsituationen Hilfe gewähren muss.

280 Das Subsidiaritätsprinzip gilt beim ALG II und bei der Sozialhilfe. Das heißt, vor ALG II und Sozialhilfe müssen erst alle anderen Sozialleistungen ausgeschöpft werden, ALG II und Sozialhilfe sind das letzte Mittel.

281 Wohngeld ist …
  ☒ ein Mietzuschuss.

282 Gründe hierfür sind:
- ▶ Unsere Bevölkerung wird immer älter, die Lebenserwartung steigt.
- ▶ Immer mehr Menschen gehen vorzeitig in den Ruhestand.
- ▶ Der medizinische Fortschritt verteuert die ärztliche Versorgung.
- ▶ Die Zahl der Sozialhilfeempfänger steigt.
- ▶ Der Sozialstaat wird von manchen Menschen missbraucht.

283 Mögliche Lösung: Die Erhöhung des Renteneintrittsalters auf 67 Jahre halte ich für nicht sehr gut. Wenn die Menschen noch länger arbeiten müssen, dann werden weniger Arbeitsplätze für junge Menschen frei; außerdem sollte man irgendwann auch einmal seinen Ruhestand genießen dürfen.

Oder: Der Beschluss ist folgerichtig, da die Menschen immer älter werden und immer länger Rente beziehen. Es ist deswegen nötig, dass sie auch länger in die Rentenkasse einbezahlen.

31 Wirtschaftliches Wachstum

284 Um seine Aufgaben erfüllen zu können, benötigt der Staat Geld. Dies nimmt er über die Steuerzahlungen der Bürger ein. Ist das Wirtschaftswachstum eines Staates zu gering, steigt die Arbeitslosigkeit an. Dies führt zu einer finanziellen Doppelbelastung des Staates: Zum einen nimmt er weniger Steuern ein, zum anderen muss er viel Geld für die Unterstützung der Arbeitslosen ausgeben. Wächst dagegen die Wirtschaft, können Arbeitsplätze geschaffen und Arbeitslosigkeit abgebaut werden. Mehr Erwerbstätige zahlen Steuern, die Einnahmen des Staates steigen wieder an und zugleich sinken die Ausgaben für die Arbeitslosenunterstützung.

285   **a**   ☒   Bruttoinlandsprodukt

      b   Unter dem BIP versteht man den Wert aller Waren und Dienstleistungen, die in einem Jahr innerhalb eines Landes produziert werden.

      c   Das Bruttoinlandsprodukt gilt als Maßstab für **Wirtschaftswachstum**.

286 Rationalisierungsmaßnahmen, Senkung der Herstellungskosten, Erschließung neuer Märkte

287   ☒   3 %

288   **a**   Auf der Zeichnung ist ein Mann im Anzug und einem Steuerpaket in der Hand zu sehen, der mit Engelsflügeln auf seinem Rücken durch die Luft fliegt. Ein Wegweiser zeigt ihm den Weg in Richtung „Aufschwung".

      b   Der Staat versucht durch seine Steuerpolitik, das Wirtschaftswachstum zu fördern, indem er die Kaufkraft der Verbraucher stärkt und die Unternehmen entlastet. Das geschnürte Steuerpaket, das von einem fliegenden Politiker überbracht wird und für Aufschwung sorgen soll, wird in der Zeichnung überspitzt als Wunderwaffe und Allheilmittel dargestellt.

289 **a** niedrigstes Wachstum: 2009 (−5,6 %)

b In den Jahren mit hohem Wirtschaftswachstum steigt die Zahl der Erwerbstätigen. Ein Absinken des Wirtschaftswachstums bedeutet ein Rückgang der Erwerbstätigenzahl.

290 Krisen führen zu einer Verschlechterung der Konjunktur. Die Pleite der Investmentbank Lehman Brothers im September 2008 hat eine weltweite Finanz- und Wirtschaftskrise ausgelöst. Auch in Deutschland fiel das Wirtschaftswachstum im Folgejahr 2009 auf den Tiefstand von −5,6 %.

291 Wirtschaftswachstum hat Grenzen:
- ▶ Rohstoffknappheit
- ▶ Knappheit natürlicher Ressourcen
- ▶ Begrenzte Vorräte an fossilen Energieträgern

Wirtschaftswachstum ist grenzenlos:
- ▶ Wachstum führt zu Wohlstand
- ▶ Wohlstand ermöglicht nachhaltiges Wirtschaften
- ▶ Forschung entwickelt neue Energieträger und Ersatz für Rohstoffe

32 Preisstabilität und Kaufkraft

292 **a** Die Verbraucherpreise stiegen im Zeitraum von 2015 bis 2018 insgesamt um 3,8 Prozent.

b „Nahrungsmittel und alkoholfreie Getränke" (6,0 %), „Alkoholische Getränke und Tabakwaren" (8,0 %), „Verkehr" (5,2 %), „Gaststätten-/Beherbergungsdienstleistungen" (6,7 %)

c „Post und Telekommunikation" (−3,4 %)

d 2017 (Die Preise stiegen in diesem Zeitraum von 100,8 auf 103,6 Prozentpunkte; + 2,8 Prozentpunkte.)

293 Man spricht von Preisstabilität, wenn die Preise im Durchschnitt innerhalb eines Jahres nicht stärker ansteigen als …

☒ 2 %.

294 Zur Ermittlung der durchschnittlichen Preiserhöhung von Waren und Dienstleistungen werden in einem „Warenkorb" die Preise für verschiedene Güter und Dienstleistungen wie Mieten, Energiepreise, Grundnahrungsmittel etc. zusammengestellt und in regelmäßigen Abständen verglichen.

295

A	B	C
2	1	3

296 **a** Bei starker Nachfrage **steigen**/~~sinken~~ die Preise.

b Bei schwacher Nachfrage ~~steigen~~/**sinken** die Preise.

297 **a** Unter Bruttolohn versteht man den gesamten Lohn ohne Abzüge.

b Als Nettolohn bezeichnet man den Lohn, den man nach Abzug der Steuern und Sozialversicherungsbeiträge ausbezahlt bekommt.

c Mit dem Reallohn wird die Kaufkraft des Lohns bezeichnet, d. h. der um die Inflation bereinigte Nominallohn.

298 Sein Reallohn liegt 0,5 % unter dem Nominallohn, d. h., er kann für seinen Lohn real weniger kaufen.

299 Ihr Reallohn erhöht sich um 0,3 %, d. h., sie kann sich real mehr von ihrem Lohn kaufen.

300 **a** Von Inflation spricht man, wenn die Preise anhaltend **steigen** und das Geld immer **weniger** Wert hat.

b Die Ursachen für eine Inflation sind …
  ▶ überhöhte Staatsausgaben.
  ▶ Lohnsteigerungen ohne Steigerung des Güterangebotes.
  ▶ Weitergabe erhöhter Lohnkosten an die Verbraucher.
  ▶ Erhöhung indirekter Steuern (z. B. Mehrwertsteuer).
  ▶ starkes Ansteigen der Preise von Importgütern.

c Sachwerte wie Grundstücke und Häuser behalten ihren Wert. Kann man solche Sachwerte kaufen, dann umgeht man den Wertverlust, den Geld mit sich bringt.

301 ▸ Weniger Kaufkraft → sinkende **Nachfrage**

▸ Weniger Produktion → **Entlassungen** in den Betrieben

▸ Geringe **Kaufkraft** → **Konsum** nimmt weiter ab

  → kein **Wirtschaftswachstum**

302 **a** Bei einer Deflation **sinken** die Preise für Güter und Dienstleistungen allgemein und **dauerhaft**.

b Ursache einer Deflation ist ein Überangebot an Gütern bei gleichzeitig geringer Nachfrage.

c Folgen der Deflation sind Massenarbeitslosigkeit, Ausfall von Kaufkraft und Firmenzusammenbrüche.

Übungsaufgabe 1

1 Duales System der Berufsausbildung

2 a Bei ungefähr 350 staatlich anerkannten Ausbildungsberufen kann es nicht für jeden Ausbildungsberuf eine eigene Berufsschulklasse geben. Verwandte Berufe werden deshalb in **Berufsfelder** zusammengefasst.

b ☒ 13

c

Berufsfeld	Beruf
Metalltechnik	z. B. Feinwerkmechaniker/in
Chemie/Physik/Biologie	z. B. Biologielaborant/in
Wirtschaft und Verwaltung	z. B. Verwaltungsfachangestellte/r
Holztechnik	z. B. Holzmechaniker/in

3

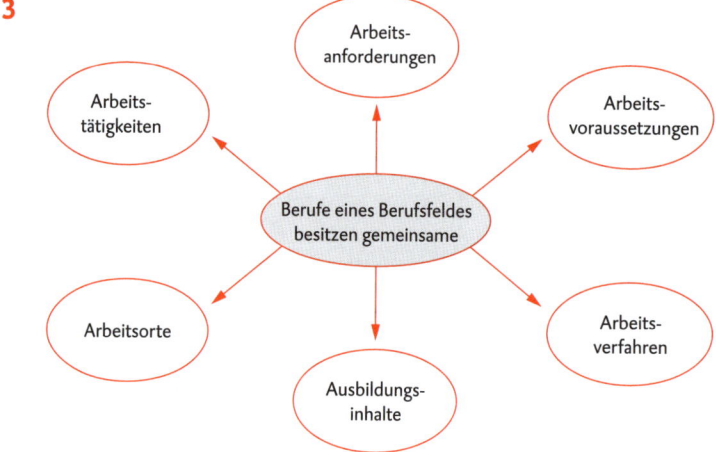

4 Vor Beginn einer **Berufsausbildung** müssen Auszubildender und Ausbilden-der (Betrieb) einen **Berufsausbildungsvertrag** abschließen. Ein Vertrag ist eine verbindliche **Vereinbarung** zwischen zwei oder mehreren Vertragspart-nern, die übereinstimmend **erklären**, was sie durch diesen Vertrag **regeln** wollen. Mit der **Unterschrift** beider Seiten wird das dabei entstandene Rechts-geschäft besiegelt.

5 Ausbildungsdauer, Pflichten des Ausbildenden und des Auszubildenden, Aus-bildungszeit und Urlaub, Kündigung

	richtig	falsch
6 Die Arbeitszeit von Jugendlichen darf grundsätzlich 35 Stunden wöchentlich und sieben Stunden täglich nicht überschreiten.	☐	☒
Akkordarbeit ist für jugendliche Arbeitnehmer grundsätzlich verboten.	☒	☐
Nach Beendigung der täglichen Arbeitszeit dürfen Jugendliche nicht vor Ablauf einer ununterbrochenen Freizeit von mindestens 12 Stunden beschäftigt werden.	☒	☐
Als Ruhepause gilt für Jugendliche nur eine Arbeitszeitunterbrechung von mindestens zehn Minuten.	☐	☒

7 Das JArbSchG gilt für Jugendliche zwischen ...

☒ 15 und 18 Jahren.

8 **a** Sophie ist berechtigt zu kündigen, da sie an ihrem jetzigen Ausbildungsplatz gesundheitliche Schäden davonträgt. Das ist ein schwerwiegender Grund, und sie braucht deshalb auch keine Kündigungsfrist einzuhalten. Sie muss allerdings schriftlich kündigen.

b Nach dem Jugendarbeitsschutzgesetz ist grundsätzlich 20.00 Uhr spätester Arbeitsschluss. Diese Grenze wird in Liliths Fall nicht überschritten. Zudem arbeitet sie, da sie eine Stunde Pause erhält, auch nicht mehr als acht Stunden. Es liegt daher kein Verstoß gegen das Jugendarbeitsschutzgesetz vor.

9

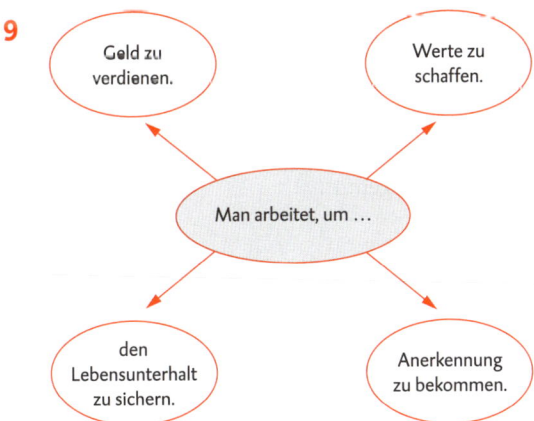

10 Die Fort- und Weiterbildung dient der Anpassung an technische und organisatorische Weiterentwicklungen, dem beruflichen Aufstieg und der beruflichen Umschulung.

11 **a** Krankenhausbehandlung (77,9 Mrd. Euro), Ärztliche Behandlung (43,9 Mrd. Euro), Arzneimittel (41,2 Mrd. Euro)

b Schutzimpfungen (1,2 Mrd. Euro), Schwangerschaft/Mutterschaft (1,5 Mrd. Euro), Zahnersatz (3,3 Mrd. Euro)

12

Das Risiko, arbeitslos zu werden, wird am stärksten vom Qualifikationsniveau bestimmt.
Ich stimme zu: ☒ ja ☐ nein
Begründung: Eine gute Qualifikation ist meist das wichtigste Kriterium für Arbeitgeber. Gut qualifizierte Mitarbeiter, z. B. diejenigen mit Berufsausbildung, tragen ein geringeres Risiko, arbeitslos zu werden als diejenigen ohne Ausbildung. Das zeigen auch die Statistiken.

13 Der Betriebsrat hat in einem Unternehmen folgende Aufgaben zu erfüllen:
- ▶ Überwachung der Einhaltung bzw. Umsetzung der zugunsten der Arbeitnehmer geltenden Gesetze, Verordnungen, Tarifverträge, Betriebsvereinbarungen und Unfallverhütungsvorschriften
- ▶ Durchsetzung der Gleichstellung von Frauen und Männern im Betrieb
- ▶ Förderung der Vereinbarkeit von Familie und Beruf
- ▶ Unterstützung der Eingliederung Schwerbehinderter oder sonstiger besonders Schutzbedürftiger
- ▶ Förderung und Sicherung der Beschäftigung im Betrieb

14 ☒ Wasser ☒ Wohnungsmiete
☒ Regelmäßige Instandhaltung ☒ Kaution
☒ Strom ☒ Müllgebühr

15 **a** H = **Haben**
S = **Soll** (Schulden, Ausgaben)

b Schüler und Lehrlinge unter 18 Jahren dürfen ihr Konto nicht überziehen, sie dürfen also auf ihrem Auszug nur ein H hinter dem Kontostand haben.

16

Aussagen	wirtschaftliche Grundfreiheit
Jeder Betrieb hat das Recht, sich an einem Ort seiner Wahl niederzulassen.	**Niederlassungsfreiheit**
Jeder hat das Recht, frei zu entscheiden, was er kaufen will und wo er kaufen will.	**Freie Konsumwahl**
Jeder Bürger hat das Recht, ein Gewerbe, also eine selbstständige Tätigkeit, zu betreiben, soweit er damit nicht gegen geltende Gesetze verstößt.	**Gewerbefreiheit**
Der Staat garantiert jedem Bürger Privateigentum, wodurch er in der Lage ist, Güter zu erwerben und Dienstleistungen in Anspruch zu nehmen.	**Garantie des Privateigentums**
Jeder Bürger hat das Recht, seinen Wohn- und Arbeitsort frei zu wählen.	**Freizügigkeit**

17 Unter dem Begriff „Tertiarisierung" versteht man den fortschreitenden Wandel von der Industrie- zur Dienstleistungsgesellschaft.

18 Der Solidarausgleich erfolgt zwischen …
- ▶ Jung und **Alt**,
- ▶ **Alleinstehenden** und Familien,
- ▶ Gesunden und **Kranken**,
- ▶ gut und **weniger** gut Verdienenden.

19 Arbeitslosenversicherung, Rentenversicherung, Krankenversicherung, Pflegeversicherung, Unfallversicherung

20 **a** [X] Soziale Marktwirtschaft

    b Ludwig Erhard

21 Bruttoinlandsprodukt

Übungsaufgabe 2

1 Mittlere Reife, qualifizierender oder erfolgreicher Hauptschulabschluss

2 Ein Lastschriftmandat gehört zum …
    [X] Lastschriftverfahren.

3 Die überbetriebliche Ausbildung ...
- macht vertraut mit den neuesten technischen **Entwicklungen**,
- vermittelt Erfahrungen mit neuesten **Maschinen**, Materialien und Arbeitsformen,
- ergänzt **praktische** Fähigkeiten und Kenntnisse,
- übernimmt die Ausbildung für **spezialisierte** Berufe.

4

Beruf	Berufsfeld
Chemikant/in	**Chemie/Biologie/Physik**
Hotelfachmann/-frau	**Ernährung und Hauswirtschaft**
Kosmetiker/in	**Körperpflege**
Wagner/in	**Holztechnik**
Bürokaufmann/-frau	**Wirtschaft und Verwaltung**
Kfz-Mechatroniker/in	**Elektrotechnik**

5 Die berufsübergreifende Grundbildung in den Berufsfeldern fördert die berufliche Mobilität und Flexibilität. So wird eine allzu frühe Spezialisierung vermieden und ein Wechsel unter verwandten Berufen erleichtert.

6 Marc muss am Mittwoch im Betrieb arbeiten, er ist vom Betrieb lediglich für den Besuch der Berufsschule freigestellt, Ferien wie andere Schüler haben Berufsschüler nicht.

7 Jugendliche dürfen in der Regel nicht mehr als **acht** Stunden täglich und nicht mehr als **40** Stunden wöchentlich beschäftigt werden.
Jugendliche dürfen grundsätzlich nur in der Zeit von **6.00** Uhr bis **20.00** Uhr beschäftigt werden.
Jugendliche dürfen nicht beschäftigt werden mit Arbeiten, die ihre körperliche und **psychische** Leistungsfähigkeit übersteigen.

8

Arbeit als Erwerbstätigkeit spielt für die Gesellschaft eine ganz wichtige Rolle.
Ich stimme zu: [X] ja   [ ] nein
Begründung: Ohne Arbeit würden keine Rohstoffe gewonnen und keine Güter produziert werden. Die Produktion von Waren und Dienstleitungen und die Arbeit selbst bedeuten für den Staat Steuereinnahmen, die er braucht, um seine Aufgaben erfüllen zu können.

9 **a** Die Karikatur zeigt drei Unternehmer oder Mitarbeiter der Führungsebene, die sich über das Thema „Betriebsrat" unterhalten.

b Der Karikaturist kritisiert Unternehmer, die gerne auf einen Betriebsrat verzichten würden, weil sie sich in ihrer Entscheidungsfreiheit nicht einschränken lassen möchten.

10 Man spricht von Preisstabilität, wenn die Preise im Durchschnitt innerhalb eines Jahres nicht stärker ansteigen als …

☒ 2 %.

11

Arbeitnehmer müssen bereit sein, an unterschiedlichen Orten zu arbeiten, unter Umständen auch für einige Zeit im Ausland.	**Mobilität**
Körperlich sehr anstrengende Arbeiten nehmen immer mehr ab, diese werden verstärkt von Robotern übernommen.	**Mechanisierung**
Erhält ein Betrieb viele Aufträge, dann arbeiten alle Mitarbeiter länger und nehmen in dieser Zeit keinen Urlaub. In Zeiten schwacher Auftragslage arbeiten sie dafür kürzer.	**Arbeitszeitflexibilität**
In der Arbeitswelt nehmen Dienstleistungen ständig zu.	**Tertiarisierung**
Auf dem in der Ausbildung Erlernten kann man sich nicht ausruhen, sondern man muss ständig Neues dazulernen.	**Lifelong learning**

12 Unternehmensleitung, Personalwesen, Rechnungswesen, Beschaffung, Absatz, Produktion

13

	Vorteil	Nachteil
Moderner Unternehmensaufbau	**Entscheidungen laufen schnell und direkt ab.**	**Die Unternehmensleitung wird nicht in alle Entscheidungen einbezogen.**
Traditioneller Unternehmensaufbau	**Die Unternehmensleitung ist immer beteiligt.**	**Wichtige Entscheidungen dauern oft zu lange.**

14 **a** DG = Dachgeschoss

b NK = Nebenkosten

c EBK = Einbauküche

15

A	B	C
2	1	3

16 Geldkartenfunktion bedeutet, dass die Debitkarte einen Chip enthält, auf dem ein Guthaben gespeichert ist, von dem man Beträge abbuchen lassen kann. Es geht dabei meist um kleinere Beträge.

17 Beim Prämiensparen kann der Sparer die monatliche **Sparrate** und die **Laufzeit** des Vertrags selbst bestimmen. Je **länger** der Vertrag läuft, desto **höher** fällt die jährliche Sparprämie aus.

18 Bausparvertrag

19 Dispositionskredit, Ratenkredit, Avalkredit und Realkredit

20

Fall	Sozialversicherung
Christiane stürzt am Arbeitsplatz und bricht sich das Handgelenk.	Unfallversicherung
Die Firma Stewens schließt, weil der Inhaber in den Ruhestand geht. Alle Mitarbeiter werden entlassen.	Arbeitslosenversicherung
Frau Pieper ist 65 Jahre alt und hört zu arbeiten auf.	Rentenversicherung
Tina hat eine starke Mandelentzündung und kann eine Woche nicht zur Arbeit gehen.	Krankenversicherung
Herr Schwarz hatte einen Herzinfarkt. Nun kann er sich nicht mehr allein versorgen und ist auf Betreuung angewiesen.	Pflegeversicherung

21 **a** Konjunkturelle Arbeitslosigkeit

    b Friktionelle Arbeitslosigkeit

    c Strukturelle Arbeitslosigkeit

    d Saisonale Arbeitslosigkeit

Benotung:

Note 1	Note 2	Note 3	Note 4	Note 5	Note 6
60–54 P.	53–48 P.	47–36 P.	35–24 P.	23–12 P.	11–0 P.